Wolfgang Ott

Unternehmenskauf aus der Insolvenz

Wolfgang Ott

Unternehmenskauf aus der Insolvenz

Ein Praxisleitfaden

2., überarbeitete
und erweiterte Auflage

Bibliografische Information der Deutschen Nationalbibliothek
Die Deutsche Nationalbibliothek verzeichnet diese Publikation in der
Deutschen Nationalbibliografie; detaillierte bibliografische Daten sind im Internet über
<http://dnb.d-nb.de> abrufbar.

1. Auflage 2005
2., überarbeitete und erweiterte Auflage 2011

Alle Rechte vorbehalten
© Gabler Verlag | Springer Fachmedien Wiesbaden GmbH 2011

Lektorat: Stefanie A. Winter

Gabler Verlag ist eine Marke von Springer Fachmedien.
Springer Fachmedien ist Teil der Fachverlagsgruppe Springer Science+Business Media.
www.gabler.de

Umschlaggestaltung: KünkelLopka Medienentwicklung, Heidelberg
Gedruckt auf säurefreiem und chlorfrei gebleichtem Papier
Printed in Germany

ISBN 978-3-8349-2612-8

Vorwort

Die freundliche Aufnahme der Erstauflage 2005 hat den Verlag veranlasst, eine zweite Auflage in Angriff zu nehmen. Hierfür zunächst herzlichen Dank, insbesondere Frau Stefanie Winter, die die zweite Auflage in souveräner und konstruktiver Weise betreut hat.

Allein die Anzahl wichtiger Gesetzesnovellen der letzten fünf Jahre rechtfertigte eine gründliche Überarbeitung. So sind mit Blick auf den „Unternehmenskauf aus der Insolvenz" zu nennen:

- Das Gesetz zur Vereinfachung des Insolvenzverfahrens vom 13.04.2007 (BGBl. I 2007, S. 509), das in seinen wesentlichen Passagen zum 01.07.2007 in Kraft getreten ist. Neben einer Reihe verfahrensrechtlicher Vorschriften hat die Gesetzesnovelle im Wesentlichen die Legalisierung des Unternehmenskaufs aus der Insolvenz bereits *vor* dem Berichtstermin gebracht. In diesem Zusammenhang wurde auch klargestellt, dass ein Verkauf während des Eröffnungsverfahrens unzulässig ist.

- Das Finanzmarktstabilisierungsgesetz vom 17.10.2008 (BGBl. I 2008, S. 1982), das eine zunächst bis zum 31.12.2010 befristete Rückkehr zum modifizierten, zweistufigen Überschuldungsbegriff brachte, der bereits vor Inkrafttreten der InsO (01.01.1999) galt. Die Übergangsregelung wurde mit Gesetz vom 24.09.2009 (BGBl. I 2009, S. 3151) bis zum 31.12.2013 verlängert.

- Das Gesetz zur Modernisierung des GmbH-Rechts und zur Bekämpfung von Missbräuchen (MoMiG), BGBl. I 2008, S. 2026, welches zum 01.11.2008 in Kraft trat. Das Gesetz hat für die Insolvenzpraxis erhebliche Bedeutung, da es insbesondere die – bislang gesellschaftsrechtlich determinierte – Eigenkapitalersatzproblematik von Gesellschafterleistungen inhaltlich modifiziert und auf eine allein mit insolvenzrechtlichem Instrumentarium zu lösende Grundlage stellt. Für den Unternehmenskauf aus der Insolvenz allerdings hat diese Änderung der Gesetzeslage nur marginale Bedeutung.

- Die nächste große Gesetzesreform der Insolvenzordnung steht u. a. durch den Diskussionsentwurf des Bundesministeriums der Justiz für ein Gesetz zur weiteren Erleichterung der Sanierung von Unternehmen („ESUG") vor der Tür. Der im Sommer 2010 (Bearbeitungsstand: 30.06.2010) vorgestellte Diskussionsentwurf (DiskE-ESUG, NZI Beilage zu Heft 16/2010; ZIP, Beilage zu Heft 28/2010) soll Regelungen einführen, die insbesondere das Institut der Eigenverwaltung sowie das Insolvenzplanverfahren, für den Unternehmenskauf aus der Insolvenz zentrale Regelwerke, für die Rechtspraxis attraktiver, will heißen „anwenderfreundlicher" machen sollen. Auch weitere Themen wie die Auswahl des Insolvenzverwalters oder ein Konzerninsolvenzrecht stehen auf der Reformagenda der jetzigen Bundesregierung. Wie schnell und in welcher Fassung die Reformvorhaben dann Gesetz werden, bleibt abzuwarten.

Die Insolvenzordnung mit ihrer inzwischen 33. Änderung seit ihrer Verabschiedung am 05.10.1994, davon nicht weniger als neun Gesetzesänderungen, die bereits vor ihrem Inkrafttreten am 01.01.1999 zum Tragen kamen, bleibt wohl auch in Zukunft die befürchtete gesetzgeberische „Baustelle", gar eine „Dauerbaustelle".[1]

Hinzu kommt eine nach wie vor lebhafte obergerichtliche und höchstrichterliche Rechtsprechung, die bisweilen die gesetzgeberischen Aktivitäten erst auslöst. Die Entwicklung der Rechtsprechung ist und bleibt wohl auch in Zukunft ein Indikator für zu erwartende Aktivitäten des Gesetzgebers.

Der Dynamik der Rechtsentwicklung kann sich auch die Neuauflage des Praxisleitfadens nicht entziehen. Dies, obgleich auch die zweite Auflage an dem Konzept festhält, kein vertieftes rechtliches Fachwissen vermitteln zu wollen, sondern den interessierten Leser wie Manager, potenzielle Investoren, wirtschaftliche Berater, in allgemein verständlicher Weise mit den Besonderheiten des Unternehmenskaufs aus der Insolvenz vertraut zu machen. Im Vordergrund steht das Verständnis der Gesamtumstände und rechtlichen wie wirtschaftlichen Zusammenhänge sowie praktischen Abläufe, in die der Kauf eines insolventen, aber operativ noch tätigen Unternehmens in einem beantragten und eröffneten Insolvenzverfahren eingebunden ist. Es geht um die allgemeine Herangehensweise eines ernsthaft interessierten Käufers, um generelle Verhandlungsvorbereitung und Regelungsschwerpunkte, nicht um die vertragliche Gestaltung im konkreten Einzelfall. Hierzu gibt es umfangreiche, hervorragende Fachliteratur und zu beachtende, höchstrichterliche Rechtsprechung, auf die, soweit für das Verständnis angezeigt, jeweils ergänzend verwiesen wird.

Das Ausscheiden von Burkard Göpfert als Mitautor hat hierbei auch eine Änderung des Gesamtkonzeptes ausgelöst. Nicht mehr der dualistische Ansatz aus Verkäufer- und Käufersicht steht im Vordergrund, sondern eine durchgängige Sichtweise, geprägt durch rechtliche und wirtschaftliche Sachzwänge, denen der (vorläufige) Insolvenzverwalter beim Unternehmenskauf aus der Insolvenz nolens volens unterworfen ist. So sind insbesondere die Kapitel 6 bis 9 völlig neu gefasst worden. Zum besseren Verständnis sollen auch Fallbeispiele, meist aus der langjährigen Praxis des Verfassers als Insolvenzverwalter beitragen.

Möge der Praxisleitfaden auch in seiner zweiten Auflage dazu beitragen, die ebenso komplexen wie nach wie vor spannenden Fragen im Zusammenhang mit dem Unternehmenskauf aus der Insolvenz transparenter und verständlicher zu machen. Für Anregungen, gar kritische Anmerkungen sei bereits an dieser Stelle gedankt.

---

[1] So Vallender und Pape bereits 2003/2007; Nachweise und Bestätigung bei: Uhlenbruck/Vallender, NZI 2009, 1 (2)

Für wichtige Hinweise und kritische Durchsicht des Manuskripts schulde ich meinen Kollegen Sabine Prager, Dr. Christian Schmitt und Dr. Theo Rezbach Dank. Frau Susann Weiß hat, wie seit Jahren bei anderen Veröffentlichungen, mit gewohnter Zuverlässigkeit und Sachkenntnis das Manuskript betreut – auch hierfür herzlichen Dank!

München, im Januar 2011   Wolfgang Ott

Inhaltsverzeichnis

Abkürzungsverzeichnis

Abs.	Absatz
a.F.	alte Fassung
AG	Aktiengesellschaft
AktG	Aktiengesetz
AmtsG	Amtsgericht
AnSVG	Anlegerschutzverbesserungsgesetz
AO	Abgabenordnung
Aufl.	Auflage
Az.	Aktenzeichen
B.	Beschluss
BAG	Bundesarbeitsgericht
BB	Betriebsberater
BetrVG	Betriebsverfassungsgesetz
BFH	Bundesfinanzhof
BGB	Bürgerliches Gesetzbuch
BGBl.	Bundesgesetzblatt
BGH	Bundesgerichtshof
BGHZ	Entscheidung des Bundesgerichtshofs in Zivilsachen (amtliche Sammlung)
BKR	Zeitschrift für Bank- und Kapitalmarktrecht
BMF	Bundesminister der Finanzen
BörsG	Börsengesetz
BStBl.	Bundessteuerblatt
BVerfG	Bundesverfassungsgericht
BVerwG	Bundesverwaltungsgericht
bzw.	beziehungsweise
DB	Der Betrieb
d. h.	das heißt
DiskE-ESUG	Diskussionsentwurf des Bundesministeriums der Justiz für ein Gesetz zur weiteren Erleichterung der Sanierung von Unternehmen – Stand: 30.06.2010
DNotZ	Deutsche Notar-Zeitschrift

DStR	Deutsches Steuerrecht
EGBGB	Einführungsgesetz zum Bürgerlichen Gesetzbuch
EGInsO	Einführungsgesetz zur Insolvenzordnung
EStG	Einkommenssteuergesetz
etc.	et cetera, und so weiter
EU	Europäische Union
EuGH	Europäischer Gerichtshof
EuZW	Europäische Zeitschrift für Wirtschaftsrecht
EWiR	Entscheidungen zum Wirtschaftsrecht
f. ff.	folgende
FamFG	Gesetz über das Verfahren in Familiensachen und in Angelegenheiten der freiwilligen Gerichtsbarkeit
FG	Finanzgericht
FN	Fußnote
FR	Finanz-Rundschau
gem.	gemäß
GesO	Gesamtvollstreckungsordnung
GmbH	Gesellschaft mit beschränkter Haftung
GmbHG	Gesetz betreffend die Gesellschaften mit beschränkter Haftung
GmbHR	GmbH-Rundschau
GWR	Gesellschafts- und Wirtschaftsrecht
HGB	Handelsgesetzbuch
h. M.	herrschende Meinung
Hrsg.	Herausgeber
i. d. F.	in der Fassung
IDW	Institut der Wirtschaftsprüfer
InsO	Insolvenzordnung
InsVV	Insolvenzrechtliche Vergütungsverordnung
i. S. d.	im Sinne des
i. V. m.	in Verbindung mit

JuS	Juristische Schulung
KG	Kommanditgesellschaft
KO	Konkursordnung
KStG	Körperschaftssteuergesetz
M & A	Merger and Acquisition, Unternehmenszusammenschluss und -erwerb
MBO	Management Buy Out
MDR	Monatszeitschrift für Deutsches Recht
Mio.	Million(en)
MoMiG	Gesetz zur Modernisierung des GmbH-Rechts und zur Bekämpfung von Missbräuchen
m. w. N.	mit weiteren Nachweisen
n. F.	neue Fassung
NJW	Neue Juristische Wochenschrift
NZA	Neue Zeitschrift für Arbeitsrecht
NZA-RR	NZA-Rechtsprechungsreport Arbeitsrecht
NZG	Neue Zeitschrift für Gesellschaftsrecht
NZI	Neue Zeitschrift für Insolvenzrecht
NZS	Neue Zeitschrift für Sozialrecht
OLG	Oberlandesgericht
Ref.-E	Referentenentwurf
RGBl.	Reichsgesetzblatt
RGZ	Entscheidungen des Reichsgerichts in Zivilsachen (amtliche Sammlung)
Rn.	Randnummer
ROI	Return on Investment
S.	Seite, Satz
SGB	Sozialgesetzbuch
sog.	so genannt
s. o.	siehe oben

s. u.	siehe unten
TUG	Transparenzrichtlinien-Umsetzungsgesetz
U.	Urteil
u. a.	und andere/s, unter anderem/n
UStG	Umsatzsteuergesetz
vgl.	vergleiche
VglO	Vergleichsordnung
WpAIV	Wertpapierhandelsanzeige- und Insiderverzeichnisverordnung
WpHG	Wertpapierhandelsgesetz
WuB	Entscheidungssammlung zum Wirtschafts- und Bankrecht
z. B.	zum Beispiel
ZBB	Zeitschrift für Bankrecht und Bankwirtschaft
ZGS	Zeitschrift für das gesamte Schuldrecht
ZHR	Zeitschrift für das gesamte Handelsrecht und Wirtschaftsrecht
Ziff.	Ziffer
ZInsO	Zeitschrift für das gesamte Insolvenzrecht
ZIP	Zeitschrift für Wirtschaftsrecht
ZPO	Zivilprozessordnung
ZVG	Gesetz über die Zwangsversteigerung und die Zwangsverwaltung
ZVI	Zeitschrift für Verbraucherinsolvenzrecht

Einleitung

Öffentlichkeitswirksame Fälle haben in letzter Zeit den „Unternehmenskauf aus der Insolvenz" weiter an das allgemeine Tageslicht befördert und etwas dem Schattendasein entrissen, das er selbst bei der wirtschaftlich interessierten Öffentlichkeit bislang führte: Der spannende und letztlich erfolgreiche Poker um Karstadt (Arcandor), das (weitgehende) Scheitern im Falle von Grundig und Quelle, das – fast märchenhafte – Auftreten einer indischen Retterin für Escada – all dies ist nur die Spitze des Eisberges von jährlich zu verzeichnenden „Unternehmenskäufen aus der Insolvenz". Die meisten Fälle wecken – dann allerdings umso lebhafter – Interesse nur bei den unmittelbar Betroffenen, (vorläufigem) Insolvenzverwalter und Käufer einerseits, Mitarbeitern des betroffenen Schuldnerunternehmens sowie Kunden, Lieferanten und natürlich den wirtschaftlich primär von der Insolvenz betroffenen Gläubigern andererseits. Viele Versuche einer Sanierung durch Insolvenz, belegt durch einen erfolgreichen „Unternehmenskauf aus der Insolvenz", gelingen, etliche scheitern aber auch. Die Gründe für das Scheitern sind vielfältig: Oftmals ist das Schuldnerunternehmen für den Markt nicht (mehr) attraktiv genug, Kaufinteressenten anzulocken. Immerhin darf nicht vergessen werden, dass einer Unternehmensinsolvenz auch und immer noch die Funktion zufällt, eine bisweilen notwendige Marktbereinigung durchzuführen. Jedoch dürfte es bei fast jedem Unternehmen, insbesondere wenn es sich um traditionsreiche Firmen handelt, noch Betriebe und Betriebsteile geben, die eine Fortführung durch Übernahme sinnvoll erscheinen lassen. Scheitert ein Verkauf in diesen Fällen, so liegt dies oftmals daran, dass zu lange bis zur Stellung des Insolvenzantrages gewartet wurde, das Schuldnerunternehmen also bereits zu tief in der Krise steckte, bisweilen wurde aber auch zu wenig professionell bei dem Verkaufsprozess vorgegangen. Die besondere Situation, in der Gespräche und Verhandlungen geführt werden, ist den Kaufinteressenten und auch ihren Beratern nicht hinlänglich bekannt. Rechtliche Gestaltungsmöglichkeiten werden nur unzureichend genutzt, Sanierungspotenziale, welche die Insolvenzordnung bietet, zu wenig ausgeschöpft. Der Zeitdruck, unter dem die Verhandlungen in der Regel stehen, wird oftmals als taktisches Manöver des (vorläufigen) Insolvenzverwalters hingestellt, welchem man durch besonders langwierige, verzögernde Verhandlungen am besten zu begegnen glaubt. Gerade dies kann bei einem zu ausgedehnten Poker um Kaufgegenstand und Kaufpreis letztlich zum Scheitern der Verhandlungen insgesamt führen.

Der Leitfaden versucht, den gesamten Anbahnungs- und Verkaufsprozess chronologisch darzustellen und so für ernsthaft interessierte Investoren verständlicher zu machen. Es wird zunächst die Ausgangslage (Kapitel 1) referiert, die der bis dahin mit dem Schuldnerunternehmen nicht vertraute (vorläufige) Insolvenzverwalter vorfindet. Sie ist meist geprägt von Ratlosigkeit im Management, Demotivation bei den Mitarbeitern, wenig Transparenz in den Geschäftsbüchern sowie deutlichen Vertrauensverlusten am Markt. Umso wichtiger ist es, schnell und konstruktiv in Gespräche und Verhandlungen einzutreten und damit positive Signale zu senden. Hierfür sind Kaufinteresse und Beweggründe des Kaufinteressenten offenzulegen und zu analysieren. Da es sich bei dem Kaufgegenstand um ein noch tätiges Unternehmen handelt, das meist attraktive, aber auch den Markt weniger interessierende Geschäftsfelder beackert, müssen sich die Gesprächspartner rasch über den Kaufgegenstand sowie die sich aus seiner Festlegung ergebenden Kaufmodalitäten einig werden. Dabei treten branchenspezifische Besonderheiten auf, die zu beachten sind (Kapitel 3). Dass das Schuldnerunternehmen seit längerem in der Krise steckte, ehe es zum Insolvenzantrag kam, liegt auf der Hand. Für den ernsthaften Kaufinteressenten liefert eine erste Krisenanalyse sowie der bisherige Verlauf des vorläufigen Insolvenzverfahrens wertvolle Hinweise, wie tief und ernst die Schwierigkeiten des Schuldnerunternehmens tatsächlich sind (Kapitel 4). Die Gespräche und Verhandlungen werden dadurch sehr erleichtert, dass in den Grundzügen die wirtschaftlichen und rechtlichen Handlungsräume des (vorläufigen) Insolvenzverwalters transparent gemacht werden. Gleiches gilt für die Zielkonflikte, in welchen sich der (vorläufige) Insolvenzverwalter aufgrund teils divergierender Gläubigerinteressen befindet. Nur ein Ausleuchten dieser Situation ermöglicht dem Kaufinteressenten zu unterscheiden, ob die vom (vorläufigen) Insolvenzverwalter vorgetragenen Gründe verhandlungstaktischer Natur sind oder die Verhandlungsvorbereitungen sowie die Verhandlungen bis zu Abschluss und Umsetzung des Kaufvertrages tatsächlich in der mitgeteilten Weise determinieren (Kapitel 5).

Die Vorbereitungen der Kaufverhandlungen müssen sich angesichts der oftmals desolaten Informationslage beim Schuldnerunternehmen, aber auch des bestehenden Zeitdrucks auf wesentliche Themen fokussieren. Das ansonsten beim normalen Unternehmenskauf extensive Prüfungsverfahren reduziert sich meist auf wesentliche Teile des zu übernehmenden Aktivvermögens. Selbst hierbei sind bleibende Informationslücken oftmals nicht zu vermeiden (Kapitel 6). Die Vertragsverhandlungen selbst sollten zügig, am besten bereits während der vorläufigen Insolvenzverwaltung aufgenommen und idealiter bis zur Eröffnung des Insolvenzverfahrens weitgehend abgeschlossen werden. Dabei ist es ratsam, sich auf wesentliche Vertragsinhalte zu konzentrieren (Kapitel 7). Entscheidende Bedeutung kommt der Nutzung bestehender Sanierungspotenziale zu. Diese liegen nicht nur in oftmals notwendigen Maßnahmen zur Personalanpassung im Rahmen eines planenden, auf die wohlüberlegten Bedürfnisse der Zielgesellschaft ausgerichteten Personalmanagements. Sie bestehen auch im Bereich von gegenseitigen Verträgen sowie gewissen Dauerschuldverhältnissen (Kapitel 8). Dass auch der (vorläufige) Insolvenzverwalter einer deutlichen Kontrolle durch das Insolvenzgericht, von diesem eingeschalteten externen Prüfer sowie nicht zuletzt den Gläubigern unterliegt, machen die kraft Gesetzes zustimmungspflichtigen Rechtshandlungen deutlich. Diese sind bei Vertragsabschluss sowie seiner Umsetzung zu beachten (Kapitel 9). Letztlich spielt die Informationspolitik – bei Unternehmenskäufen gleich welcher Größenordnung – eine entscheidende Rolle. Wird hier von den Parteien des Kaufvertrages abgestimmt und offensiv – jenseits betriebsverfassungsrechtlicher Notwendigkeiten – informiert, schafft dies bei den Beteiligten Vertrauen und letztlich Zustimmung. Die Umsetzung des Verhandlungsergebnisses wird hierdurch deutlich erleichtert (Kapitel 10). Nicht zuletzt veranlassen die gesetzgeberischen Bemühungen um eine Belebung der Eigenverwaltung sowie die Entschlackung des Insolvenzplanverfahrens – bei aller Vorläufigkeit des derzeitigen Diskussionsstandes – einen Exkurs zu diesem auch für den Unternehmenskauf aus der Insolvenz bedeutsamen insolvenzrechtlichen Instrumentarium (Kapitel 11). Sollte die Rechtspraxis die mit Inkrafttreten der Insolvenzordnung am 01.01.1999 meist ungenutzten Möglichkeiten zur Unternehmenssanierung durch Insolvenz mit über 10-jähriger Verspätung doch noch annehmen, böten sich auch für den Unternehmenskauf aus der Insolvenz in einem Restrukturierung und Insolvenz ganzheitlich begreifenden Ansatz zur Krisenbewältigung hervorragende Perspektiven.

1 Ausgangslage

Der Kauf von Unternehmen aus der Insolvenz ist kein neues Phänomen jüngster Rechtspraxis, wie dies die gesamtwirtschaftliche Entwicklung der letzten Jahre insbesondere in Deutschland vermuten ließe. Bereits die Konkursordnung vom 10.02.1877 (KO)[2] ließ ausreichend gesetzlichen Spielraum für Transaktionen von konkursbefangenen Unternehmen, Betrieben oder Betriebsteilen, wenngleich sie sich den Verkauf des insolventen Unternehmens – und damit seinen Erhalt – nicht ausdrücklich zur Aufgabe machte. Ihr erklärtes Ziel war die „gemeinschaftliche Befriedigung", § 3 Abs. 1 KO, aller Konkursgläubiger, was nach den ursprünglichen Vorstellungen durch Zerschlagung des Schuldnervermögens und Verteilung des Erlöses an die Konkursgläubiger zu erfolgen hatte. Erst der bald 40 Jahre später aufgekommene Gedanke eines Zwangsvergleichs sollte das sanierungsfähige und sanierungswürdige Schuldnerunternehmen vor der Zerschlagung bewahren.[3] Damit war gleichzeitig auch der gesetzgeberische Impuls zur Unternehmenssanierung durch den Kauf von Unternehmen aus der Insolvenz gelegt. Die Praxis hat dann über die Jahre schrittweise die notwendigen handwerklichen Instrumente für erfolgreiche Unternehmenskäufe aus der Insolvenz entwickelt, nämlich den Unternehmenskauf in Gestalt des Vermögenskaufs (Asset-Deal).

Diese Entwicklung fand jedoch zunächst im Stillen statt. Das Wissen um die Techniken bei Unternehmenskäufen aus der Insolvenz war im Wesentlichen Insiderwissen: Unternehmerisch denkende und handelnde Konkursverwalter stießen auf Kaufinteressenten, welche die Chance erkannten und nutzen, ihr Portfolio zu günstigen Konditionen sinnvoll zu erweitern oder strategisch zu ergänzen. So konnten insolvente Unternehmen, Betriebe oder zumindest Betriebsteile erhalten und durch Verkauf an einen neuen Rechtsträger auf eine neue, tragfähige Grundlage gestellt werden (übertragende Sanierung) – im Erfolgsfalle ein Gewinn für beide Seiten.

An dieser Situation hat sich auch unter der seit dem 01.01.1999 geltenden Insolvenzordnung (InsO) vom 05.10.1994 überraschend wenig geändert. Zwar hat die InsO den „Erhalt des Unternehmens", § 1 Satz 1 InsO, nunmehr ausdrücklich zu einem wichtigen gesetzgeberischen Ziel erklärt. An dem hierzu in der Praxis eingesetzten Instrumentarium zum Erhalt des insolventen Unternehmens hat sich jedoch wenig geändert. Das vom Gesetzgeber zum Erhalt des insolventen Unternehmens eigens geschaffene Insolvenzplanverfah-

---

ren[4], §§ 217 – 269 InsO, führt in der Rechtspraxis ein eher kümmerliches Dasein. Abgesehen von wenigen bekannt gewordenen Großverfahren, in denen ein Insolvenzplanverfahren erfolgreich abgeschlossen werden konnte[5], wird dieser Weg von der Praxis nach wie vor kaum angenommen. Die seit 01.01.1999 ebenfalls mögliche Eigenverwaltung, §§ 270 – 285 InsO, wird von der Rechtsprechung nur unter solch hohen Anforderungen zugelassen, dass man ihr praktisch einen gesunden Dornröschenschlaf attestieren kann. So nimmt es nicht Wunder, dass die Politik, getrieben von der Finanzkrise, nunmehr versuchen will, die Schwachstellen der InsO durch Stärkung der Eigenverwaltung und Vereinfachung des Insolvenzplanverfahrens in einem „ersten" Reformschritt zu beheben[6].

Jedoch sind auch die Spielregeln über den seit nunmehr vielen Jahrzehnten praktizierten Vermögenskauf (Asset-Deal) selbst bei Beratern erstaunlich wenig bekannt. Beispielhaft sei aus einem 2010 erschienen Werk hochkarätiger Berater von PricewaterhouseCoopers (PwC) zitiert: „Aufgrund der im Allgemeinen in Deutschland zu findenden Ansicht, dass eine Insolvenz vor allem ineffizient und risikohaft ist, ist sie in den meisten Fällen die letzte Handlungsoption. In der Regel besteht insbesondere das Risiko, dass in der Insolvenz zusätzliche Werte vernichtet werden (indem z. B. Kundenbeziehungen langfristig verloren gehen) und vor allem auch die Prozessunsicherheit steigt, da die Insolvenz ein gerichtlich überwachtes Verfahren ist und der Insolvenzverwalter letztlich entscheidend über den weiteren Verlauf des Verfahrens bestimmt. Daher wird zwar in fast allen Situationen versucht, die möglichen Zerschlagungs- und Insolvenzwerte zu ermitteln (als Notfallszenario), doch in der Regel wird angestrebt, diese Handlungsoptionen zu vermeiden."[7] Und an anderer Stelle wird unter dem Titel „Grundsätzliche Handlungsmöglichkeiten ... in der Sanierung„ die Insolvenz eines Unternehmens lediglich als Unterfall der Liquidation betrachtet. Bei dem dort ebenfalls behandelten Verkauf des Unternehmens als Sanierungsmöglichkeit wird der Unternehmenskauf aus der Insolvenz noch nicht einmal erwähnt.[8]

Die, wie vorstehende Beispiele zeigen, immer noch verbreitete Zurückhaltung, um nicht zu sagen Enthaltsamkeit, den Unternehmenskauf aus der Insolvenz als taugliche Form der Unternehmenssanierung anzuerkennen und anzuwenden, erklärt sich aus der fehlenden Bereitschaft, das Thema „Unternehmenssanierung„ ganzheitlich anzugehen: Die Sanierung außerhalb der Insolvenz ist, so sie gelingt, als erste Sanierungsstufe sicherlich zu

---

[4] Siehe Rechtsausschuss des Deutschen Bundestages, abgedruckt bei Balz/Landfermann, vor § 217, S. 460

[5] Kirch Media, Herlitz, Ihr Platz, Arcandor (Karstadt) etc.

[6] Kapitel 11; Diskussionsentwurf des BMJ für ein Gesetz zur weiteren Erleichterung der Sanierung von Unternehmen (DiskE-ESUG) – Stand: 30.06.2010

[7] Englert/Ziechmann, Finanzielle Restrukturierung, in: Evertz/Krystek (Hrsg.), Restrukturierung und Sanierung von Unternehmen, S. 75

[8] Wulff, Probleme der Bewertung von Unternehmen in Krisensituationen, in: Evertz/Krystek (Hrsg.), Restrukturierung und Sanierung von Unternehmen, S. 103 f.

bevorzugen. Es sollte jedoch parallel auch der mögliche Misserfolg eingeplant werden. Statt Liquidation in der Insolvenz bleibt, wie die Praxis zeigt, auf der zweiten Stufe eines ganzheitlichen Sanierungskonzeptes die Sanierung durch Insolvenz.[9] Tragende Säule hierbei ist der Unternehmenskauf aus der Insolvenz. Voraussetzung für seinen Erfolg ist allerdings die Kenntnis der spezifischen Problemlagen und Techniken. Der Versuch, die Techniken, die beim Kauf von „gesunden" Unternehmen durchaus Erfolg versprechend sind, kaum verändert auch beim Kauf von Unternehmen aus der Insolvenz anzuwenden, ist wenig zielführend. Dies kann nur misslingen, unterliegt der Kauf von Unternehmen aus der Insolvenz doch wesentlich anderen Determinanten und Spielregeln. Diese zu kennen und zu beachten ist unverzichtbare Voraussetzung für einen erfolgreichen Kauf von Unternehmen aus der Insolvenz.

1.1   Unternehmen in der Krise

Dem Kauf von Unternehmen aus der Insolvenz geht die betriebswirtschaftlich nicht bewältigte Krise des späteren Kaufgegenstands voraus. Sie mündet in einen – oftmals zu spät gestellten[10] – Insolvenzantrag. Damit begibt sich das insolvente Unternehmen in die Hände des gerichtlich zu bestellenden, bislang ad personam unbekannten (vorläufigen) Insolvenzverwalters[11], der letztlich in Abstimmung mit den Gläubigern, §§ 157, 158 InsO, entscheidet, ob und in welcher Weise das in der Krise befindliche Unternehmen fortgeführt und saniert werden kann und soll. Der gelungene Verkauf des in der Insolvenz fortgeführten Unternehmens wird somit zum praktischen Paradebeispiel für eine gelungene Unternehmenssanierung durch Insolvenz.

1.1.1   Krisenfall

Der Kauf von Unternehmen aus der Insolvenz setzt den eingetretenen Krisenfall[12] voraus. Dabei definiert sich der Krisenfall unbeschadet seiner sonstigen rechtlichen (§ 32 a Abs. 1

---

[9] Näher hierzu: Kapitel 11

[10] Abschnitt 4.2.1

[11] Es ist geplant, die Verwalterbestellung durch Mitwirkungsrechte von Schuldnern und/oder „wesentlichen" Gläubigern bei Wahrung der Unabhängigkeit des zu bestellenden Verwalters transparenter zu machen; näher hierzu: Abschnitt 4.4

[12] Näheres in Abschnitt 4.1

GmbHG a.F.[13]) oder betriebswirtschaftlichen Inhalte[14] als insolvenzrechtlicher Begriff. Der Krisenfall ist dann eingetreten, wenn – aufgrund in der Regel gesetzlicher Verpflichtung, § 15 a InsO – das betroffene Unternehmen wegen Zahlungsunfähigkeit (§ 17 InsO), drohender Zahlungsunfähigkeit (§ 18 InsO) oder Überschuldung (§ 19 InsO[15]) selbst Insolvenzantrag (= Eigenantrag) stellen muss oder kann oder ein solcher Antrag von einem Gläubiger (= Fremdantrag) beim Insolvenzgericht eingereicht werden kann.[16] Für den Unternehmenskauf aus der Insolvenz dokumentiert der gestellte Insolvenzantrag den Krisenfall. Der Insolvenzantrag löst ein doppeltes Signal aus:

- Zum einen wird durch den Insolvenzantrag das betroffene Unternehmen (Schuldnerunternehmen) zum potenziellen Kaufgegenstand. Sein Verkauf steht grundsätzlich zur Disposition. Der Markt erlangt spätestens jetzt hiervon Kenntnis.

- Zum anderen ist der Verkauf des Schuldnerunternehmens ein hervorragendes Mittel, das noch tätige Schuldnerunternehmen oder zumindest Teile hiervon zu sanieren. Ein erfolgreicher Kauf von Unternehmen aus der Insolvenz ist gleichzeitig immer auch eine gelungene „Sanierung des Unternehmens durch Insolvenz". Er dient somit volks- wie betriebswirtschaftlich der Schadensbegrenzung.

1.1.2   Fortgeführtes Krisenunternehmen

Ein Kauf von Unternehmen aus der Insolvenz kommt sinnvollerweise nur dann in Betracht, wenn es gelingt, das Schuldnerunternehmen auch nach Eintritt des Krisenfalles (Insolvenzantrag) fortzuführen. Sobald der laufende Geschäftsbetrieb für längere Zeit ruht oder gar für immer eingestellt ist, ist ein Kauf von Unternehmen aus der Insolvenz, also einer noch operativ funktionsfähigen, wirtschaftlichen Einheit, auszuschließen. Eine Reaktivierung des Geschäftsbetriebes ist nicht mehr möglich. Was dann noch bleibt, ist die Zerschlagung des Unternehmens, der Verkauf von einzelnen Gegenständen des Betriebsvermögens.

---

[13] § 32 a Abs. 1 GmbHG gilt noch für vor dem 01.11.2008 eröffnete Insolvenzverfahren, Art. 103 d EGInsO; er lautet auszugsweise: „Hat ein Gesellschafter der Gesellschaft in einem Zeitpunkt, in dem ihr die Gesellschafter als ordentliche Kaufleute Eigenkapital zugeführten hätten (Krise der Gesellschaft), stattdessen ein Darlehen gewährt, ..."

[14] Zur Krise aus betriebswirtschaftlicher Sicht: Krystek, Unternehmenskrisen, Wiesbaden 1987; Ehlers, ZInsO 2005, 169: Kurzer Abriss der Krisensymptome; Evertz/Krystek, Das Management von Restrukturierung und Sanierung in: diess (Hrsg.), Restrukturierung und Sanierung von Unternehmen, S. 19 ff. (21)

[15] Der Insolvenzgrund der Überschuldung, § 19 InsO, gilt bis zum 31.12.2013 in modifizierter Form; hierzu: Abschnitt 4.2.1

[16] Wellensiek/Oberle in Priester/Mayer (Hrsg.), Münchner Handbuch des Gesellschaftsrechts, Bd. 3, § 66 Rn. 3 ff.

Dagegen signalisiert ein – trotz gestelltem Insolvenzantrag – fortgeführtes Unternehmen dem Markt – und damit auch dem potenziellen Käufer –:

- Wir sind zwar in der (insolvenzrechtlichen) Krise, also überschuldet oder zahlungsunfähig oder drohend zahlungsunfähig. Die Vorwärtsstrategie unseres Managements, dokumentiert durch rechtzeitig gestellten Insolvenzantrag, möchte jedoch die Chancen der „Sanierung durch Insolvenz" nutzen. Wir sind zu diesem Schritt bereit.

- Wir haben trotz der bestehenden Krise noch ausreichend Substanz, den Geschäftsbetrieb fortzuführen. Diese Substanz liegt nicht nur in den für die Fortführung notwendigen Sach- und Finanzmitteln, sondern ebenso in Marktakzeptanz, Solidarität der Mitarbeiter sowie – zumindest – *eines* starken, die Betriebsfortführung tragenden Segmentes.

- Management und der gerichtlich bestellte (vorläufige) Insolvenzverwalter sind bestrebt, die notwendigen Maßnahmen zu ergreifen, um den weiteren Fortbestand des Unternehmens sicher zu stellen.

- Wir sind bereit, unsere Sanierungschance offensiv mit einem neuen Partner (Käufer) zu nutzen und hierbei unsere unternehmerischen Stärken, Wissen und – auch aus der Krise gewonnenen – Erfahrungen einzubringen.

1.2   Insolvenzspezifische Besonderheiten

Jede gute Investitionsentscheidung will wohl überlegt sein. Hierin unterscheidet sich der Kauf von Unternehmen aus der Insolvenz nicht von der „normalen" M & A-Transaktion eines gesunden Unternehmens. Fragestellungen und Vorgehensweisen sind vordergründig identisch: Informationserlangung – Prüfungsphase und Akquisitionsentscheidung – Planungsphase – (Vor-)Verhandlungs- und Umsetzungsphase.[17] Bei näherer Betrachtung gibt es jedoch beachtliche Unterschiede, die sowohl Verkäufer als auch Kaufinteressent kennen und konstruktiv beachten müssen:

1.2.1   Faktor „Zeit"

Ein Unternehmenskauf aus der Insolvenz ist eine Übernahme im Zeitraffer, geprägt durch die besondere, nämlich insolvente Situation, in welcher sich das zum Verkauf anstehende Unternehmen befindet. Der Faktor „Zeit" macht den Unternehmenskauf oftmals zu einem Lauf gegen die Uhr.

---

[17] Neuere Literatur zum Unternehmenskauf: Beck'sches Mandatshandbuch Unternehmenskauf, München 2004; Picot (Hrsg.), Unternehmenskauf und Restrukturierung, 3. Aufl., München 2004; Hölters (Hrsg.), Handbuch Unternehmenskauf, 7. Aufl. 2010; Holzapfel/Pöllath, Unternehmenskauf in Recht und Praxis, 14. Aufl. 2010; Windhöfel/Ziegenhagen/Denkhaus, Unternehmenskauf in Krise und Insolvenz, 2008

■ Die Zeitachse: Aus der Krisensituation definiert sich eine endliche, bestenfalls nach Monaten zu bemessende Zeitachse. Planungs-, Entscheidungs-, Verhandlungs- und Umsetzungsprozesse erfordern schnelle Entscheidungen. Dies stellt an die Verhandlungspartner besondere Anforderungen.

■ Die Publizität: Dass sich das Krisenunternehmen, also der potenzielle Kaufgegenstand, in einem förmlichen Insolvenzantragsverfahren (Eröffnungsverfahren) befindet, ist spätestens mit Anordnung der vorläufigen Insolvenzverwaltung allgemein bekannt. Diese Sicherungsmaßnahme ist vom Insolvenzgericht öffentlich bekannt zu machen, § 23 Abs. 1 InsO. Der Markt weiß, dass das insolvente Unternehmen oder Teile hiervon zum Verkauf anstehen. Die Zeiten ruhiger Vorbereitungen, Planungen oder gar monatelanger Prüfungen jenseits der Publizität sind vorbei.

■ Die Krise: Das zum Verkauf anstehende Unternehmen befindet sich in der Krise. Die Eigenressourcen des betroffenen Unternehmens sind erschöpft, zumindest begrenzt. Der Markt reagiert in der Regel zurückhaltend: Lieferanten und Kunden sind nur noch bedingt bereit, mit dem Krisenunternehmen Geschäfte zu machen. Bei Geschäften, die sich über Monate erstrecken (z. B. Baubranche, Maschinenbau), ihrer Natur nach langfristig angelegt sind (z. B. Zuliefererindustrie) oder notwendige Serviceleistungen (z. B. EDV, Industrieroboter) nach sich ziehen, ist es kaum möglich, in der insolvenzrechtlichen Krise Neuaufträge zu akquirieren. Das Vertrauen des Marktes in das Unternehmen, aber auch das Vertrauen des Unternehmens in den Markt sind einem sich stetig beschleunigenden Zersetzungsprozess unterworfen. Auch die Zuversicht der Mitarbeiter in ihr eigenes Unternehmen und ihre eigene Loyalität lassen sich nicht unbegrenzt aufrechterhalten.

Die nachstehenden, jeweils durch umfangreiche öffentliche Berichterstattung allgemein bekannten, jüngsten Insolvenzverfahren sollen dies verdeutlichen:

Der Insolvenzfall Arcandor liefert gleich zwei Beispiele für die zeitliche Brisanz:

■ Bei dem Versandhaus Quelle war die vorgegebene Zeitschiene so knapp, dass trotz massiver Unterstützung durch den Freistaat Bayern in Form eines Kredites über € 50 Mio. zum Drucken der Versandkataloge Herbst/Winter 2009/2010 es nicht gelang, das laufende Geschäft derart zu stabilisieren, um in der – durch verfügbare Liquidität bedingt – verbleibenden Zeit einen Kaufinteressenten zu finden. Der Geschäftsbetrieb musste nur wenige Monate nach Anordnung der vorläufigen Insolvenzverwaltung endgültig eingestellt werden. Die Mitarbeiter wurden schrittweise, zuletzt nach vollständiger Liquidation des noch vorhandenen Anlage- und Umlagevermögens entlassen.[18]

---

[18] Vgl. Berichte in der Süddeutschen Zeitung vom 20.10.2009 (http://sueddeutsche.de/wirtschaft/arcandor-pleite-quelle-wird-liquidiert-1.25716), 30.10.2009 (http://sueddeutsche.de/wirtschaft/insolvenz-von-quelle-rauswurf-dann-ausverkauf-1.140858) und 11.11.2009 (http://sueddeutsche.de/wirtschaft/quelle-insolvenzverwalter-keine-alternative-zur-liquidation-1.146328)

■ In anderer Weise hat sich der Zeitfaktor bei dem gelungenen Verkauf der Karstadt-Warenhäuser an den Investor Nicolas Berggruen bemerkbar gemacht. Hier dauerte der in der Presse ausführlich beschriebene Übernahmepoker mehrere Monate. Diese Zeitspanne konnte nur deshalb durchstanden werden, da es zwischenzeitlich gelungen war, das operative Geschäft derart zu stabilisieren, dass keine weiteren, nicht kompensierbaren Verbindlichkeiten durch die Betriebsfortführung aufliefen. Die Gefahr bestand jedoch darin, dass letztlich durch den Übernahmekampf das gesamte Insolvenzplanverfahren zu scheitern drohte. Immerhin musste der gerichtliche Termin zur Bestätigung des Insolvenzplans, die Voraussetzung für die im Insolvenzplan angestrebte Entschuldung des Unternehmens ist, mehrfach verschoben werden. Hätte dieser gesetzlich geforderte Schlussakt nicht herbeigeführt werden können, wäre möglicherweise die gesamte Transaktion gescheitert. [19]

■ Schließlich gibt es, wie das Beispiel Escada zeigte, zusätzlich auch branchenspezifische Terminnöte. Dies gilt vor allem in der Textil- und Modebranche, die durch saisonale Zyklen determiniert ist. Gelingt es hier nicht, bis zur nächsten, zeitlich sehr eng fixierten Präsentation und Bemusterung der neuen Kollektion verbindliche Aussagen über die Lieferfähigkeit zu machen, droht nicht nur ein Debakel für die anstehende Liefersaison, sondern höchst wahrscheinlich das endgültige Aus. In dieser Situation blieb dem (vorläufigen) Insolvenzverwalter bei Escada gar nichts anderes übrig, als sich einschließlich seinen M&A-Beratern sowie den gefundenen Kaufinteressenten eine sehr kurze zeitliche Vorgabe für den geplanten Unternehmenskauf zu machen. Erst als in Megha Mittal als Käuferin feststand und die Unterzeichnung des Kaufvertrages am 06.11.2009, also nur sechs Tage nach Eröffnung des Insolvenzverfahrens öffentlich bekannt gegeben werden konnte,[20] waren die Unsicherheiten über die künftige Lieferfähigkeit ausgeräumt.

1.2.2 Von der Akquisition zur Umsetzung

Der Insolvenzantrag des fortgeführten Unternehmens löst den Startschuss für den Kauf des Unternehmens aus der Insolvenz aus. Die nun folgenden Phasen stehen in der Regel, wie bereits gesehen, sämtlich unter enormen Zeitdruck. Dieser ist keine taktische Erfindung von um Schnelligkeit bemühten Insolvenzverwaltern, sondern dem objektiven Umstand geschuldet, dass das Krisenunternehmen in der Regel weitere operative Verluste erzeugt, die trotz parallel eingeleiteter Sanierung nur zeitlich begrenzt gegenfinanziert werden können. Der ernsthaft interessierte, seriöse Kaufinteressent weiß um diese Situation und stellt sich hierauf ein:

---

[19] Das von Nicolas Berggruen bereits im Mai 2010 bekundete Übernahmeinteresse kommt erst am 03.09.2010 zum Tragen (s. Süddeutsche Zeitung vom 03.09.2010, S. 17)

[20] Vgl. Süddeutsche Zeitung vom 07.11.2009, S. 29

Akquisitionsentscheidung:

Die Besonderheit der Akquisitionsentscheidung liegt in ihrer Schnelligkeit, Ernsthaftigkeit und Überzeugungskraft. Dies gilt umso mehr, je begehrter der Kaufgegenstand ist. Aber selbst dann, wenn der Kaufinteressent glaubt, einziger Bieter zu sein, sind für Verhandlungspoker und Verhandlungsmarathon selten ausgedehnte Freiräume vorhanden. Um dies zu verstehen, muss man nicht nur die Interessenlage des Verkäufers kennen. Diese ist oftmals relativ einfach: Dem Verkäufer bleibt aufgrund der bestehenden Insolvenzsituation die Alternative, das Unternehmen (ganz oder teilweise) zu verkaufen oder zu schließen. Zu bedenken ist auch, welchen Handlungszwängen der Verkäufer eines in der Krise befindlichen Unternehmens vor dem Hintergrund der das Insolvenzverfahren prägenden Gläubigerautonomie ausgesetzt ist. Hier entsteht im Unterschied zum normalen Unternehmenskauf oftmals Interessenpolarität zwischen den verschiedenen Gläubigergruppen. Diese zu kennen und richtig zu verorten, ist ein wichtiges Plus für den Kaufinteressenten. Sie sollte bei seiner Akquisitionsentscheidung, aber auch bei seinem weiteren Vorgehen angemessen berücksichtigt werden.

Prüfungs- und Planungsphase:

Auch die Prüfungs- und Planungsphase ist geprägt von dem steten Zeitdruck, der bei Unternehmenskäufen aus der Insolvenz besteht.

Die Prüfungs- und Planungsphase schließt, wie bei Unternehmenskäufen allgemein üblich, die Zeitspanne zwischen Vorprüfung, getroffener Akquisitionsentscheidung, Bekundung eines konkreten Kaufinteresses, Untersuchung der Unternehmensdaten (Due Diligence) bis zur Abgabe eines Kaufangebotes ein. Diese Phase ist angesichts der atypischen Ausgangssituation bei Unternehmenskäufen aus der Insolvenz nicht ganz einfach zu verstehen und sinnvoll zu handhaben. Sie wird dann verständlicher und damit gestaltbar, wenn man die einschlägigen Spielregeln der Insolvenz kennt und beachtet.

Hinzu kommt als spezifische Besonderheit der Umstand, dass der Kaufgegenstand nicht weiter in Mitleidenschaft gezogen wird. Die mögliche Sicht eines Kaufinteressenten, eine längere Verhandlungsphase könne für ihn doch nur vorteilhaft sein, da sie den Kaufpreis letztlich nur günstig beeinflusse, also reduziere, greift zu kurz: der durch langwierigen Verhandlungspoker entstehende Vertrauensverlust am Markt und im Unternehmen selbst gefährdet den Zusammenhalt des Unternehmens und kann damit den geplanten Verkauf leicht insgesamt in Gefahr bringen. Die dann seitens des Kaufinteressenten bereits getätigten Aufwendungen waren völlig umsonst. Der größere Schaden liegt aber möglicherweise darin, dass eine für einen (seriösen) Kaufinteressenten wichtige Investitionsmöglichkeit unumkehrbar verloren gegangen ist. Es gilt daher, während der gesamten Planungsphase auch den Zusammenhalt des Kaufgegenstandes, geprägt durch den Verlauf seines operativen Geschäfts, nicht aus den Augen zu verlieren.

Diese Situation mag ein Fall aus dem Film- und Filmrechtehandel eines immerhin börsennotierten Schuldnerunternehmens verdeutlichen: Die Anfang Dezember 2009 aufgrund gestellten Eigenantrages der Schuldnerin angeordnete vorläufige Insolvenzverwaltung brachte ein erhebliches, für eine börsennotierte Aktiengesellschaft kaum verständliches Chaos an den Tag: Der handelsregistermäßig ausgewiesene Vorstand war Ende November 2009 ausgeschieden. Der bisherige Aufsichtsratsvorsitzende hatte sich zum Vorstand, jedoch ohne Eintragung in das Handelsregister, bestellen lassen. Die Kassen waren leer. Die Geschäftsunterlagen befanden sich, soweit überhaupt verfügbar, in einem eher lückenhaften Zustand. Das operative Geschäft wurde maßgeblich von einer im Ausland ansässigen Tochtergesellschaft betrieben, die jedoch liquiditätsmäßig wiederum von der insolventen deutschen Muttergesellschaft alimentiert wurde.

Es gelang nach etlichen, etwa einen Monat andauernden Bemühungen wenigstens, eine grobe Informationsstruktur zu schaffen, wesentliche Unterlagen – nach längerem Poker – von der ausländischen Tochter zu beschaffen, einen M & A-Prozess zu strukturieren und tatsächlich Kaufinteressenten zu finden. Es wurden dann mit einem der über den M & A-Prozess gefundenen Kaufinteressenten intensive Vertragsverhandlungen bis hin zum Abschluss eines detailliert ausformulierten Vorvertrages geführt. Dieser Vorvertrag wurde auch rechtsverbindlich unterschrieben mit dem Ziel, innerhalb einer bestimmten Frist den Hauptvertrag abzuschließen. Noch während des laufenden Vorvertrages besann sich der – vertraglich gebundene – Käufer darauf, dass der vereinbarte Kaufpreis aus seiner Sicht zu hoch sei. Er erklärte kurzerhand, dass der Kaufpreis im Hauptvertrag deutlich reduziert werden müsse. Dieses Spiel setzte sich über die nächsten Monate mehrmals fort mit dem Ergebnis, dass letztlich die geplante Transaktion in Gänze scheiterte. Eine Vergleichsrechnung hatte nämlich zwischenzeitlich dem Insolvenzverwalter gezeigt, dass eine Einzelverwertung zu zumindest den gleichen, wenn nicht gar besseren wirtschaftlichen Ergebnissen führte, als die Fortsetzung des endlosen Verhandlungspokers.

Verhandlungs- und Umsetzungsphase:

Je besser, intensiver und professioneller die bisherigen Phasen durchlaufen wurden, um so kürzer gestaltet sich die Verhandlungsphase. Das soll nicht heißen, dass die Verhandlungen leicht zu führen und somit kurzfristig abzuschließen sind. Kommen doch neben den üblichen Fragestellungen wie Definition des Kaufgegenstandes, Festlegung des Kaufpreises, zeitliche Fixierung der Umsetzung als spezifisches Novum die Nutzung von Restrukturierungspotenzialen hinzu. Diese gilt es seriös zu diskutieren und zur Optimierung des Unternehmenskaufs auszuloten.[21] Die Kenntnis und Ausschöpfung der Restrukturierungspotenziale ist die eigentliche Würze beim Unternehmenskauf aus der Insolvenz. Um diese Möglichkeit muss der Kaufinteressent wissen. Sie planvoll in das Verhandlungskonzept einzubeziehen, ist ein entscheidender Faktor für ein gutes Gelingen.

Dabei ist die Vereinbarung, Restrukturierungspotenziale auszuschöpfen, das eine, ihre Umsetzung das andere. Da die Sonderrechte (z. B. Kündigungsrechte) nur dem Insolvenzverwalter in Person zustehen, also nicht auf den Käufer übertragen werden können, liegt oftmals zwischen Abschluss des Kaufvertrages und seiner Umsetzung eine größere Zeit-

---

[21] Kapitel 8

spanne. Diese sollte in Abstimmung zwischen Verkäufer und Käufer optimal genutzt werden. Hierzu ist das Verständnis des jeweiligen Rollenspiels der Vertragspartner unverzichtbar. Der vordergründig eintretende Zeitverlust durch eine erst spätere Vertragsumsetzung ist in Wahrheit ein unternehmerischer Gewinn. Bereits mit Bekanntgabe des Vertragsabschlusses tritt am Markt wie im Unternehmen eine deutliche Entspannung ein. Eine zwischen Abschluss des Kaufvertrages und seiner Umsetzung offensiv betriebene Informationspolitik gegenüber allen Beteiligten schafft Vertrauen und Beruhigung zugleich.[22]

1.2.3 Information und Ansprechpartner

Es liegt auf der Hand, dass der Kaufinteressent mit einem gelungenen Start in den Unternehmenskauf aus der Insolvenz sich gegenüber möglichen Kaufkonkurrenten einen nicht unbedeutenden Vorsprung verschaffen kann. Um einen erfolgreichen Start zu sichern, ist die Frage kritisch zu beantworten, welche Information für die Kaufentscheidung wirklich notwendig und von wem diese Information schnellst- und bestmöglichst zu erlangen ist.

1.2.3.1 Information über das Schuldnerunternehmen

Natürlich ist es für jeden Kaufinteressenten nahe liegend, so umfassend wie möglich über das zum Verkauf anstehende Unternehmen, seinen Werdegang, seine Stärken und Schwächen, seine Produkte, Produktionsverfahren, Vertriebswege, Patente und Schutzrechte, Kundenbeziehungen und Mitarbeiter bestmöglich informiert zu sein. In der Regel liegen diese Informationen jedoch nicht in aufbereiteter Form vor. Die bei normalen Unternehmenskäufen üblichen Anforderungs- und Checklisten sind daher nur sehr eingeschränkt tauglich. Jeder Kaufinteressent sollte sich daher ernsthaft fragen, welche Informationen er wirklich benötigt. Je kürzer die Anforderungsliste ist umso realistischer die Chance, die zur Entscheidung unverzichtbaren Kerninformationen zu erhalten.[23]

1.2.3.2 Ansprechpartner

Wer aber ist der „richtige" Ansprechpartner? Neben die vertrauten Ansprechpartner wie Gesellschafter, Geschäftsleitung und Aufsichtsorgane tritt der (vorläufige) Insolvenzverwalter. Es ist nämlich inzwischen gängige Gerichtspraxis, bei Insolvenzanträgen über das Vermögen von Schuldnerunternehmen, die noch über einen laufenden Geschäftsbetrieb verfügen, als Sicherungsmaßnahme unverzüglich nach gestelltem Insolvenzantrag die vorläufige Insolvenzverwaltung anzuordnen. Wie ist das Rollenspiel zwischen den genannten Personen in der Krise? Von wem erhält der Kaufinteressent die für seine Kaufentscheidung notwendigen Informationen?

---

[22] Kapitel 10

[23] Abschnitt 6.3

Gesellschafter

Die Gesellschafter bleiben auch in der Krise Eigentümer des Schuldnerunternehmens. Sie behalten ihre uneingeschränkte Verfügungsbefugnis über die Geschäftsanteile. Da das in den Geschäftsanteilen verkörperte Eigenkapital jedoch in der Regel wegen eingetretener Überschuldung i. S. d. § 19 Abs. 2 InsO aufgebraucht ist und spätestens mit Eröffnung des Insolvenzverfahrens über das Vermögen des Rechtsträgers die Zwangsliquidation bis zur Vollbeendigung eintritt,[24] verlieren die Geschäftsanteile in der Insolvenz ihren Wert. Deutlich ablesbar ist dies beispielsweise an den Aktienwerten börsennotierter Aktiengesellschaften[25]. Unbeschadet dessen bleiben aber die Gesellschafter auch weiterhin befugt, ihre wenig werthaltigen Geschäftsanteile zu veräußern. Rechtliche Einschränkungen durch das (beantragte) Insolvenzverfahren gibt es nicht.

Die Gesellschafter sind jedoch nur dann gefragte Gesprächspartner für den potenziellen Käufer, wenn dieser Interesse am Erwerb des Rechtsträgers selbst, also letztlich den Gesellschaftsanteilen hat. Auch muss der Gesellschafterkreis überschaubar sein, um überhaupt als potenzieller Ansprechpartner in Betracht kommen zu können. Abgesehen von höchstspekulativen Aktienkäufen wird das Interesse, Geschäftsanteile an insolventen Gesellschaften zu übernehmen, jedoch nur dann bestehen, wenn es zugleich gelingt, den Rechtsträger zu restrukturieren und in sanierter Form wieder in das wirtschaftliche Erwerbsleben zurückzuführen. Die Sanierung des Rechtsträgers durch Insolvenz steht in diesen Fällen zunächst im Vordergrund. Die hierzu bestehenden Wege, nämlich Beseitigung der Eröffnungsgründe und anschließende Einstellung des Insolvenzverfahrens, §§ 212, 213 InsO, oder Durchführung eines erfolgreichen Insolvenzplanverfahrens, §§ 217 ff. InsO, sind noch zu erläutern.[26] Zielt das Kaufinteresse somit auf den Erwerb des Rechtsträgers selbst ab, ist es richtig, auch den Gesellschafterkreis anzusprechen. Allerdings macht dies erst und nur dann Sinn, wenn der Kaufgegenstand endgültig festgelegt ist[27] und die Wege zur Restrukturierung des Schuldnerunternehmens definiert sind.

Geschäftsführer/Vorstand

Der Geschäftsführer/Vorstand des insolventen Rechtsträgers sollte kraft seiner Position die beste und umfassendste Kenntnis der Krisenursachen sowie der Maßnahmen zu ihrer Behebung haben. Diese vordergründige Binsenweisheit entspricht in der Praxis nur selten der Realität. Immerhin ist es der Geschäftsleitung nicht gelungen, die Insolvenz abzuwenden. Dies muss seine Gründe haben.

---

[24] Abschnitt 3.2.1.2.2

[25] Abschnitt 3.3.5

[26] Abschnitt 3.2.1 (Insolvenzplanverfahren) und 3.2.1.1 (Einstellung des Insolvenzverfahrens)

[27] Abschnitt 3.1

Die Insolvenz des Unternehmens hat ihre Ursachen meist in Umständen, die seitens der Geschäftsleitung nicht, nicht richtig oder nicht rechtzeitig erkannt und durch geeignete Gegenmaßnahmen behoben worden sind. Nur ganz selten wird die Geschäftsleitung durch die Insolvenzsituation überrascht.[28] Dem Eintritt der Insolvenz liegen Fehleinschätzungen, gar Fehlentscheidungen der Geschäftsleitung zu Grunde. Dies aber kommt einem Eingeständnis unternehmerischen Versagens gleich. Ein solches Eingeständnis erfordert menschliche Stärke, die in der für die Geschäftsleitung schwierigen Insolvenzsituation nicht immer vorausgesetzt werden kann. Die Folgen davon sind in der Regel höchst subjektive Analysen und Einschätzungen, welche die Krisenursachen und ihre probaten Gegenmittel mehr verschleiern als objektiv analysieren. Die von der Geschäftsleitung zu erlangenden Informationen sind daher mit deutlicher Vorsicht zu genießen.

Eine andere Ausgangssituation ergibt sich dann, wenn ein Sanierungsmanagement eingesetzt ist, welches den Turn-around trotz erheblicher, konzeptioneller und zielgerichteter Maßnahmen nicht mehr geschafft hat. Eine solche Geschäftsleitung ist frei von „Altlasten„. Sie kann ohne den latenten Vorwurf versagt zu haben, offen über die erkannten Krisenursachen sprechen. Ihr Verdienst besteht darin, die Krisenursachen aufgedeckt und Sanierungskonzepte entwickelt, diese aber aus Gründen, die sie selbst nicht zu verantworten hat, nicht mehr vollständig umgesetzt zu haben. Dies ist eine völlig andere Ausgangssituation. Ein solches Sanierungsmanagement ist oftmals ein geeigneter Gesprächspartner für den Kaufinteressenten. Es hat auch keine Ängste, seine Position mit erfolgreichem Unternehmenskauf aus der Insolvenz zu verlieren, da in diesem Fall die Sanierung erfolgreich abgeschlossen ist.

Ein gutes Beispiel für diese Situation liefert Escada: Wie aus der Presse hinreichend bekannt, hatte es erst etwa ein Jahr vor gestelltem Insolvenzantrag mit Bruno Sälzer an der Spitze einen kompletten Wechsel im Management gegeben. Diesem war es zwar bis zur Stellung des Insolvenzantrages gelungen, im operativen Bereich deutliche Fortschritte zu erzielen. Die außergerichtliche Sanierung scheiterte schließlich jedoch an den noch vom alten Management herbeigeführten, mehr als komplexen Finanzierungsstrukturen. Die über ein Insolvenzverfahren zu lösenden Sanierungsprobleme lagen somit weniger im operativen Bereich, denn in der Bereinigung der von ausländischen Fonds gewährten Finanzmittel. Es bestand somit weder für die Insolvenzverwaltung noch die künftige Eigentümerin Anlass, dass Management auch nach Abschluss des Unternehmenskaufvertrages auszutauschen.

Dennoch fehlt es in der Insolvenz auch dem kooperativen Sanierungsmanagement an der *rechtlichen* Kompetenz, einen Unternehmenskauf umzusetzen, selbst wenn es sich hierbei „lediglich" um einen Asset-Deal handelt. Diese Kompetenz steht allein dem (vorläufigen)

---

[28] Der Verfasser kennt aus seinem in über 28 Jahren bearbeiteten Bestand an ungezählten Insolvenzverfahren einen einzigen Fall, von dem er überzeugt ist, dass die Geschäftsleitung aufgrund unerwarteter Änderung der (EU-)Rechtslage keine Möglichkeit hatte, der hierdurch herbeigeführten Insolvenz des Unternehmens auszuweichen.

Insolvenzverwalter zu. Die Rolle des Sanierungsmanagements beschränkt sich auf Kooperation, soll heißen das Liefern wertvoller Unternehmensdaten und -informationen, Krisenanalysen, aber auch Unterstützung im operativen Bereich.

Aufsichtsorgane

Den Aufsichtsorganen wie Aufsichtsräten und Beiräten kommt als Kontaktpersonen für den Kaufinteressenten keine entscheidende Bedeutung zu. Sie sind zu weit vom Tagesgeschehen entfernt, als dass sie in der Insolvenzphase für einen anstehenden Unternehmenskauf wesentliche Impulse geben können. Oftmals stellt man auch fest, dass Mitglieder von Aufsichtsgremien die Ersten sind, die spätestens mit Stellung des Insolvenzantrages ihr Mandat durch einseitige Erklärung niedergelegt haben. Hierdurch ändert sich allerdings nichts an ihrer Verantwortung für das Schuldnerunternehmen, die sie mit ihrem Amt übernommen haben.

Gläubiger

Dass Gläubiger eines Unternehmens Kontaktpersonen für einen potenziellen Käufer sein können, überrascht zunächst. Es erklärt sich allein durch die besonderen Spielregeln des Insolvenzverfahrens. Sie weisen den Gläubigern eine entscheidende Mitsprache beim Verkauf des insolventen Unternehmens zu. Seinen Grund hat dies darin, dass es das gesetzlich definierte Ziel eines Insolvenzverfahrens ist, die „gemeinschaftliche" Befriedigung der Gläubiger dadurch zu erreichen, dass das Vermögen des Schuldners verwertet und der Erlös unter den Gläubigern nach den Bestimmungen der Insolvenzordnung verteilt wird, § 1 Satz 1 InsO. Folglich haben die Gläubiger ein vitales Interesse, ihr Haftungssubstrat, also das Schuldnervermögen, bestmöglich verwertet zu wissen. Allein dies macht sie aber nicht von alleine zu direkten Gesprächspartnern eines Kaufinteressenten. Dies wäre bei einer Vielzahl von Gläubigern mit teils unterschiedlichen Interessen[29] auch nicht praktikabel. Der potenzielle Käufer muss aber wissen, dass der Unternehmenskauf letztlich zentrale Gläubigerinteressen berührt. Rechtlich wird dieses Interesse durch entsprechende Zustimmungsvorbehalte gestützt, unter denen ein Unternehmenskauf aus der Insolvenz steht.[30]

Hinzu kommen besondere Mitwirkungsbefugnisse von Sicherungsgläubigern. Hat beispielsweise ein Gläubiger Sicherungsrechte an dem Kaufgegenstand, so ist oftmals die rechtzeitige Einbindung des konkreten Sicherungsgläubigers in die Verkaufsverhandlungen nicht nur rechtlich geboten, sondern auch opportun, um nicht im Nachhinein böse Überraschungen zu erleben. So können nämlich Sicherungsgläubiger nur bedingt gezwungen werden, ihre Sicherungsrechte im Falle der Verwertung freizugeben. Dies wird besonders deutlich bei Immobilien. Bei Immobilienverkäufen muss der Grundpfandrechtsgläubiger in jedem Fall die Pfandfreigabe durch Löschungsbewilligung erklären.

---

[29] Abschnitt 6.4

[30] Abschnitt 9.1

Ansonsten kann der Käufer nicht lastenfrei erwerben. Hier sind die zwangsläufig auftretenden Einzelinteressen rechtzeitig auszuloten und zu bündeln.

(Vorläufiger) Insolvenzverwalter

Es fokussiert sich somit alles auf die Person des (vorläufigen) Insolvenzverwalters. Diesem fällt bei Unternehmenskäufen aus der Insolvenz von Anfang an eine entscheidende Rolle zu:

Der vorläufige Insolvenzverwalter, gleich ob in der Variante als „starker" oder „schwacher" vorläufiger Insolvenzverwalter[31], hat in seiner Funktion wesentliche Kompetenzen, die er ergebnisorientiert in die Verkaufsanbahnung wie die Kaufvertragsverhandlungen einbringen kann.

So ist der (vorläufige) Insolvenzverwalter zunächst eine neutrale Person, also weder mit dem bisherigen Schicksal des Unternehmens verbunden noch den beteiligten Parteien verpflichtet, seien es Gesellschafter, Geschäftsführer oder Gläubiger. In seiner Unabhängigkeit – übrigens eine entscheidende und gesetzlich vorgegebene Voraussetzung, § 56 Abs. 1 InsO zur Übernahme dieses Amtes[32] – liegen gleichermaßen Stärke und Chance für das Gelingen eines Unternehmenskaufs aus der Insolvenz. Er verfügt darüber hinaus über Erfahrungen im Umgang mit Krisensituationen, kennt die Möglichkeiten, das Unternehmen zu stabilisieren und fortzuführen, weiß aber auch um die Sensibilitäten in solchen Situationen. Er hat darüber hinaus Zugriffsmöglichkeiten auf alle betriebsnotwendigen Informationen, aber auch auf die Informanten. Schließlich stellt er kraft Amtes das Bindeglied zum Insolvenzgericht, vor allem aber den Gläubigern (Sicherungsgläubigern) dar.

Dabei muss man wissen, dass es auch dem vorläufigen Insolvenzverwalter rechtlich verwehrt ist, den Unternehmenskauf bereits in diesem Stadium abzuschließen oder gar umzusetzen. Hierzu ist er nicht berechtigt.[33] Da aber in der Regel der vorläufige Insolvenzverwalter mit Eröffnung des Insolvenzverfahrens zum endgültigen Insolvenzverwalter bestellt wird, können bereits mit ihm alle notwendigen Maßnahmen zu einer erfolgreichen Unternehmenstransaktion besprochen und verhandelt werden. Hierdurch gewinnt man wertvolle Zeit bei der Umsetzung des geplanten Unternehmenskaufs.

Erst mit Eröffnung des Insolvenzverfahrens geht die Verwaltungs- und Verfügungsbefugnis auf den gerichtlich bestellten Insolvenzverwalter über. Nur er ist rechtlich autorisiert, einen Unternehmenskaufvertrag rechtswirksam abzuschließen. Da Kaufvertragsabschluss und Umsetzung desselben jedoch bereits unmittelbar nach Eröffnung des Insolvenzverfahrens vollzogen werden können, ist es umso wichtiger, bereits in der Vorphase mit ihm als vorläufigem Insolvenzverwalter in Kontakt zu treten.

---

[31] Abschnitt 4.2.5

[32] Zur Frage, wer zum Insolvenzverwalter bestimmt wird, Abschnitt 4.4

[33] Abschnitt 7.1

Damit wird der vorläufige Insolvenzverwalter bereits im Eröffnungsverfahren, erst recht aber im eröffneten Verfahren zur Schlüsselfigur für einen erfolgreichen Unternehmenskauf. Er koordiniert je nach Kaufinteresse die notwendigen Gespräche und Verhandlungen und schafft im Rahmen der ihm vorgegebenen Handlungsräume[34] die Voraussetzungen für das Gelingen der geplanten Unternehmenstransaktion.

1.3 Chancen und Risiken

Der Kauf von Unternehmen aus der Insolvenz bietet enorme Chancen, birgt aber auch gegenüber dem Kauf von „gesunden" Unternehmen spezifische Risiken. Sie zu kennen und richtig zu bewerten ist unverzichtbarer Bestandteil jedes Unternehmenskaufes aus der Insolvenz.

Dass man aus der Insolvenzmasse preisgünstig kaufen kann, dürfte zum Allgemeinwissen gehören. Hierbei unterlaufen jedoch den unbedarften Kaufinteressenten vielfach an sich vermeidbare Fehler: so wird „preisgünstig" oftmals mit „unentgeltlich" verwechselt, ein den Kauferfolg deutlich verzögernder, wenn nicht gar verhindernder Irrtum. Auch der Insolvenzverwalter hat nichts zu verschenken, wenngleich er weiß, dass er preisgünstig sein muss. Hier sollte der Kaufinteressent rechtzeitig den „richtigen" Preiskorridor finden.[35] Nur dann wird er Erfolg haben.

Der Preisvorteil allein macht nicht den Anreiz für einen Unternehmenskauf aus der Insolvenz aus. Andere Faktoren sind bares Geld wert und werden oftmals von Kaufinteressenten unterschätzt: so hat der Insolvenzverwalter, wie bereits angesprochen, eine Vielzahl von Möglichkeiten, notwendige Restrukturierungsmaßnahmen in die Wege zu leiten und aufgrund gesetzlicher Sonderrechte zu Gunsten des späteren Käufers kostengünstig umzusetzen. Diese Maßnahmen liegen gleichermaßen in der gesetzlichen Ermächtigung, kostenintensive Dauerschuldverhältnisse wie Miet-, Pacht- oder Leasingverträge vorzeitig zu beenden, aber auch in Sonderrechten, unvermeidbare Personalanpassungsmaßnahmen bereits zu Lasten der Insolvenzmasse durchzuführen und damit den Erwerber vor entsprechenden Kosten zu bewahren.

Die wirkliche Chance für den Unternehmenskauf aus der Insolvenz liegt somit in einer Gesamtschau von einem günstigen Preis-Leistungsverhältnis, bestehend aus einem fairen Kaufpreis in Verbindung mit der Einleitung und Umsetzung von Restrukturierungsmaßnahmen, die im Idealfall mit dem späteren Käufer bereits in der Verhandlungsphase besprochen und festgelegt werden. Um diese Möglichkeiten voll auszuschöpfen, muss der Kaufinteressent die Sonderrechte des Insolvenzverwalters in den Grundzügen kennen und

---

[34] Vertiefend: Abschnitt 5.2 Rechtliche Handlungsräume sowie Abschnitt 5.3 Wirtschaftliche Handlungsräume

[35] Hierzu in Abschnitt 2.2.1 und 5.4.4

gemeinsam mit ihm nutzen.[36] Nur dann können die gesetzlich vorgegebenen Restrukturierungspotenziale optimal ausgeschöpft werden.

Andererseits sind mit dem Kauf aus der Insolvenz auch deutliche, insolvenzspezifische Risiken verbunden: so wird sich das bei normalen Unternehmenskäufen schwierige Kapitel von Gewährleistungen und Garantien im Falle des Unternehmenskaufs aus der Insolvenz auf ein Minimum reduzieren. Die ansonsten üblichen Garantie- und Gewährleistungszusagen entfallen meist gänzlich. Bestimmte Geschäfte laufen Gefahr, Opfer insolvenzrechtlicher Anfechtungsvorschriften zu werden oder dem Makel der Insolvenzzweckwidrigkeit anheim zu fallen. In beiden Fällen droht der mühsam verhandelte und abgeschlossene Kaufvertrag rechtsunwirksam zu sein und damit zu scheitern. Diesen und anderen Fallstricken gilt es auszuweichen. Die Kenntnis der insolvenzspezifischen Risiken ist unverzichtbar, soll der Unternehmenskauf aus der Insolvenz gelingen.[37]

---

[36] Kapitel 8

[37] Abschnitt 7.2.2 (Insolvenzzweckwidrigkeit und Anfechtung) und 7.2.3 (Gewährleistung)

2 Kaufinteresse und Kaufinteressent

2.1 Kaufmotivation

Das Interesse an Informationen über Unternehmen, deren Betrieb in der Insolvenz fortgeführt wird, ist oft groß, das *seriöse* Kaufinteresse macht hiervon – je nach Bekanntheit des Unternehmens – jedoch nur einen mehr oder weniger hohen Prozentanteil aus. Es melden sich Kaufinteressenten aus völlig unterschiedlichen Beweggründen: ernsthafte und bloß neugierige, seriöse, aber bisweilen auch nur Hasardeure. Dies bedeutet, dass auf Verkäuferseite sehr schnell selektiert werden muss, ob eine Anfrage nur von Informationsinteresse oder ernsthaftem Kaufinteresse getragen ist. Ist doch das in der Krise befindliche Unternehmen allein auf wirkliche, sich bonitätsmäßig zweifelsfrei präsentierende Kaufinteressenten angewiesen. Anfragen, die lediglich auf einem vorgeschobenen Kaufinteresse bruhen, münden insbesondere bei erfahrenen Insolvenzverwaltern sehr schnell in der Sackgasse. Reine Neugierde oder gar die Absicht, das Krisenunternehmen als lästigen Wettbewerber lediglich ausspionieren zu wollen, tragen nicht: solche Kontakte sind meist schon beendet, ehe sie überhaupt richtig begonnen haben.

Dabei ist kaum eine Ausgangssituation denkbar, die für einen ernsthaften, kurzfristig entschlossenen Kaufinteressenten derart außergewöhnliche Chancen bietet, wie dies beim Unternehmenskauf aus der Insolvenz der Fall ist. Eine in diesem Sinne seriöse Anfrage kann auf unterschiedlichen, sich oftmals ergänzenden Beweggründen beruhen. Hieraus definiert sich der Kreis möglicher Kaufinteressenten.

2.2 Kaufinteressent

Die Bandbreite der Kaufinteressenten folgt der Kaufmotivation. Sie reicht vom bloß neugierigen Hasardeur zum ernsthaft interesseierten strategischen Investor, vom reinen Finanzinvestor zu den neuerdings verstärkt auftretenden Family Offices. Auch Kombinationen sind denkbar, so etwa in Form der Verbindung von reinen Geldgebern mit führenden Mitarbeitern des Schuldnerunternehmens, um ein MBO-Modell zu kreieren.

2.2.1 „Schnäppchenjäger"

Ein wesentliches und völlig legitimes Motiv, ein Unternehmen aus der Insolvenz zu erwerben, stellt der in der Regel (äußerst) günstige Kaufpreis dar. Dabei darf der Kaufinteressent getrost davon ausgehen, dass auch der Verkäufer die besondere Marktsituation oder gar Zwangssituation, geprägt durch die allgemein bekannte Krise, kennt, in welcher sich das Unternehmen befindet. Das Motiv des Kaufinteressenten, ein „Schnäppchen" zu ergattern, schreckt die Verkäuferseite nicht. Das „Schnäppchen" für den Kaufinteressenten muss allerdings auch für den Verkäufer noch vertretbar sein. Liegt der Liquidationswert des Unternehmens – beispielsweise wegen eines bauplanungsrechtlich entwickelbaren, betriebsnotwendigen Immobilienvermögen – über dem durch Betriebsfortführung erzielbaren Kaufpreis, dürfte ein Verkauf des Unternehmens mit laufendem Geschäftsbetrieb kaum in Betracht kommen, wenn der Kaufinteressent nicht bereit ist, auch diese Entwicklungspotenziale angemessen in seine Kaufpreisüberlegungen einzubeziehen.[38] Feste Preisregeln, gar in Prozentsätzen von den ansonsten bei gesunden Unternehmen marktüblichen Preisen, lassen sich kaum nennen.[39] Hier entscheidet letztlich nur der Einzelfall.[40] Ein Kaufpreisrahmen von etwa einem Drittel bis zu zwei Dritteln des ansonsten marktüblichen Preises dürfte jedoch als grober Anhaltspunkt ein in der Regel seriöser Preiskorridor sein.

2.2.2 Strategischer Investor

Eine ernsthafte Kaufentscheidung hat in den vielen Fällen einen strategischen Hintergrund. Der Kaufinteressent möchte seine eigenen Geschäftsfelder stärken und/oder ergänzen. Strategisch motivierte Kaufinteressenten liefern der Verkäuferseite oftmals die überzeugendsten Argumente, rasch und profund in ernsthafte Verkaufsgespräche einzutreten. Sie kennen nicht nur das operative Geschäft, seine Stärken und Schwächen, sondern verfügen auch über eigene, exzellente Marktkenntnisse, ausgewiesene Führungskräfte und haben einen Blick für Problemerkennung und probate Problemlösungen für das in der Krise befindliche Unternehmen. Oftmals wird bereits in den ersten Gesprächen deutlich, dass der Gesprächspartner das Krisenunternehmen bereits seit Monaten beobachtet und sehr genaue Kenntnisse und Vorstellungen hat.

Allerdings sind neben dem seriösen Interesse bisweilen auch Beweggründe festzustellen, welche die Verkäuferseite weniger locken:

Zum einen soll das Krisenunternehmen zu einem möglichst günstigen Preis nur deshalb erworben werden, um einen lästigen Mitwettbewerber mit einem möglicherweise starken Konkurrenzprodukt endgültig aus dem Markt zu drängen. Dies ist aus Wettbewerbsüberlegungen sicherlich legitim, führt jedoch schon sehr bald zu einer Beendigung, bestenfalls

---

[38] § 163 Abs. 1 InsO regelt beispielsweise den Fall, dass ein Unternehmen oder Betrieb an einen Bieter veräußert werden soll, der weniger als ein Dritter bietet, durch Entscheid der Gläubigerversammlung, wenn das Insolvenzgericht eine solche auf Anfrage des Schuldners oder einer qualifizierten Gläubigermehrheit anberaumt wird.

[39] Zu Bewertungs- und Preisfindungsmodellen: Windhöfel/Ziegenhagen/Denkhaus, Rn. 908 ff.; Holzapfel/Pöllath, Rn. 855 ff.

[40] Zutreffend – auch für den Unternehmenskauf aus der Insolvenz – ist die Feststellung von Semler: „Die Bestimmung des Kaufpreises erfolgt durch die Parteien auf der Grundlage der beiderseitigen Wertvorstellungen, die nach den bei Vertragsschluss vorhandenen Erkenntnissen gebildet werden." in: Hölters (Hrsg.), Handbuch Unternehmenskauf, Teil VII, Rn. 157

zum Hinauszögern der Verkaufsgespräche: das Kaufinteresse am Unternehmen ist nur vorgeschoben. Tatsächlich geht es dem Kaufinteressenten nur um einen strategischen Marktvorteil.

Ebenso wenig zielführend sind Anfragen selbst nicht sehr stark am Markt aufgestellter Kaufinteressenten. Diese haben oftmals nur das Ziel, sich die Absatzwege und Kundenpotenziale des insolventen Unternehmens anzueignen, ohne jedoch wirklich an einem Unternehmenskauf mit Betriebsfortführung interessiert zu sein. Auch derartige Gespräche fahren sich ziemlich schnell fest. Es überrascht in diesen Fällen dann nicht, wenn der selbst geschwächte Kaufinteressent sich noch während der laufenden Gespräche ebenfalls als Insolvenzkandidat entpuppt.

Ein etwas atypisches und doch bezeichnendes Beispiel für eine strategische Investition liefert Call a bike. Die Idee, in Ballungsräumen, insbesondere Großstädten eine überall präsente Fahrradvermietung aufzubauen, hatte ein junger Softwareingenieur. Über eine von ihm entwickelte, patentierte Software in Verbindung mit einem Callcenter kann mittels eines Mobiltelefons der Mietvertrag geschlossen und das codierte Fahrradschloss für den jeweiligen Mieter freigeschaltet werden. Für den in München gestarteten Pilotversuch fehlten letztlich weitere Finanzmittel. Über die Insolvenz erwarb die Deutsche Bahn Rechte und Fahrradbestand, um in einer inzwischen auch in anderen Städten von der Bahn verfolgten ganzheitlichen Mobilitätsstrategie den Weg zwischen Bahnhof und Zielort des Bahnreisenden auch mittels Fahrrad bewältigen zu können.

2.2.3　Finanzinvestor

Wie bei Unternehmenskäufen allgemein üblich, kann Anlass für den Unternehmenskauf auch eine reine Finanzinvestition sein. Dieses Motiv ist überall dort zu finden, wo sich eine eigentlich gute Geschäftsidee wegen knapper, finanzieller Ressourcen am Markt nicht durchsetzen konnte. Investoren sind private Finanzinvestoren (Private Equity), meist Fonds, die mit klaren Renditevorstellungen außerhalb der über die Börse geregelten Kapitalbeschaffungsmärkte Investitionsmöglichkeiten suchen.[41] Da sie von einem bestimmten Mindestinvestment ausgehen, treten sie beim Unternehmenskauf aus der Insolvenz nur in größeren Verfahren auf. Entsprechend seinem (hohen) Renditeziel wird der reine Finanzinvestor sehr genau Ertragskraft, Qualität des Managements sowie Motivation der Mitarbeiter prüfen, bevor er sich zu einem Einstieg in das insolvente Unternehmen entscheidet. Er orientiert sich ausschließlich an einem „interessanten" Return on Investment (ROI). In seinem Focus stehen Rendite und Exitstrategien: Voraussetzung für sein Engagement ist neben einer angemessenen Verzinsung auch die Möglichkeit, die eingegangene Beteiligung nach einiger Zeit gewinnbringend verkaufen zu können. Da diese Anforderungen in einem zunehmend schwieriger gewordenen Markt von einem insolvenzbedingt noch zu restrukturierenden Unternehmen nur selten erfüllt werden können, sind ernsthafte Anfragen

---

[41] Zu Private Equity: Holzapfel/Pöllath, Rn. 514 ff.

von reinen Finanzinvestoren in letzter Zeit stark zurückgegangen. Es sind jedoch vorsichtige Beobachtungen zu machen, dass das Investitionsinteresse, insbesondere von Privatanlegern wieder leicht anzieht. Dabei können sich für mutige, professionelle Finanzinvestoren angesichts restriktiver Finanzierungsbereitschaft von Kreditinstituten erhebliche Chancen bieten: gelingt es ihnen beispielsweise in Zusammenarbeit mit einem branchenerfahrenen Interimsmanagement, die Reorganisation des aus der Insolvenz günstig erworbenen Unternehmens erfolgreich zu beenden, winkt ein unter Renditegesichtspunkten beachtlicher Profit, also ein für einen Finanzinvestor gelungener deal. In diesem Bereich liegen noch viele Felder mit beachtlichen Möglichkeiten brach.

Schließen sich Finanzinvestor und strategischer Partner zusammen, können dies ideale Voraussetzungen für einen zügigen und erfolgreichen Unternehmenskauf aus der Insolvenz sein. Während der strategische Partner das operative Know-how liefert, stellt der Finanzinvestor die für die notwendige Restrukturierung und damit Sicherung des Geschäftserfolges erforderlichen Finanzmittel zur Seite. Aus Sicht des Verkäufers bietet diese Paarung schlüssige Voraussetzungen für konzentrierte und erfolgreiche Gespräche. Allerdings sollten die Innenbeziehungen wie Beteiligungsverhältnisse, Geschäftsführungs- und Aufsichtsverantwortung, Finanzierungsbedingungen und Exitstrategien zwischen Finanzinvestor und strategischem Partner schon in wesentlichen Zügen festgelegt sein und nicht das für die eigentlichen Kaufverhandlungen knapp verfügbare Zeitkontingent belasten.

2.2.4   Management Buy Out (MBO)

Bisweilen versuchen auch Mitarbeiter des Schuldnerunternehmens aus der Insolvenz heraus einen Neubeginn. Am ehesten finden solche Bemühungen wegen des geringen Eigenkapitalbedarfs in der Dienstleistungsbranche statt: Leistungsträger schließen sich in einer neu gegründeten Gesellschaft zusammen und bekunden ihr Übernahmeinteresse an bestimmten Assets (Vermögensteilen) des Schuldnerunternehmens. Die hauptsächlichen Probleme liegen in den meist fehlenden Finanzmitteln. Dabei ist es weniger der ohnehin bescheidene Kaufpreis, der den Neustart zum Scheitern bringt, als vielmehr die in der Regel ein Mehrfaches ausmachende Anschubfinanzierung des beabsichtigten Geschäfts. Hier kommt es dann bisweilen zu einer fruchtbaren Symbiose mit einem Finanzinvestor: Betriebswissen und branchenkundige Managementerfahrung verbindet sich mit den notwendigen Finanzierern.[42] Findet sich kein Finanzpartner, so bleiben gelungene MBO-Transaktionen aus der Insolvenz erfahrungsgemäß eher Ausnahmefälle.[43] Die erfolgreichen Fälle beschränken sich dann meist auf kleine und kleinste und damit von den Initiatoren selbst finanzierbare Einheiten.

---

[42] Näher hierzu: Holzapfel/Pöllath, Rn. 517

[43] Eine gelungene MBO-Transaktion erfolgte im Fall der Romonta GmbH. Das Unternehmen war im Zusammenhang mit dem Flowtex-Skandal in die Insolvenz geraten, welche durch den Verkauf an das Management abgewendet werden konnte, s. Süddeutsche Zeitung vom 14.02.2005. Ein weiterer Fall eines in Teilbereichen versuchten, aber nicht vollständig geglückten MBO liefert das Insolvenzverfahren Fairchild-Dornier.

2.2.5 Family Offices

Nicht nur in Zeiten der (auslaufenden) Finanzkrise sind größere Familienvermögen (Family Offices) gern gesehene und willkommene Investoren. Die Globalisierung hat es mit sich gebracht, dass die Suche nach dieser Investorengruppe weltweit und durch gezielte Ansprache der vom (vorläufigen) Insolvenzverwalter beauftragten M & A-Berater erfolgt.

Dabei sind auch die Vertreter von Family Offices weder Glücksritter noch von deutlich altruistischen Motiven geprägt. Sie haben ebenso klare unternehmerische wie profitorientierte Vorgaben. Hinzu kommt jedoch – und dies unterscheidet sich deutlich von reinen Privat-Equity-Investoren – ein persönliches, oftmals emotionales Kaufmotiv, haben kurze Entscheidungswege, da das handelnde und meist auch entscheidungsfähige Familienmitglied in der entscheidenden Gesprächs- und Verhandlungsphase mit am Tisch sitzt oder zumindest kurzfristig verfügbar ist, und verfügen über den notwendigen finanziellen Hintergrund, um eine eventuell notwendige Finanzierung des Kaufpreises kurzfristig zu dokumentieren.

Beispiele aus jüngsten, publizitätsträchtigen Unternehmenskäufen aus der Insolvenz liefern Karstadt und Escada:

Megha Mittal, Schwiegertochter des indischen Stahlmagnaten Lakshmi Mittal, hat am 06.11.2009 die angeschlagene Escada-Gruppe aus der Insolvenz erworben. Obwohl mehrere Bieter vorhanden waren, hat sich der Insolvenzverwalter in Abstimmung mit dem Gläubigerausschuss letztlich für das überzeugendere Angebot von Megha Mittal entschieden.[44]

Auch Nicolas Berggruen ist als Investor der Gruppe der Family Offices zuzurechnen. Er hat sich nach langem Verhandlungsmarathon als Erwerber der insolventen Warenhauskette Karstadt durchgesetzt.[45]

---

[44] Vgl. Süddeutsche Zeitung vom 07.11.2009, S. 29

[45] Vgl. Süddeutsche Zeitung vom 03.09.2010, S. 17

3 Kaufgegenstand und Kaufmodalitäten

3.1 Kaufgegenstand

Der Kauf von Unternehmen aus der Insolvenz bietet die Chance, den Kaufgegenstand individuell zu gestalten und damit aus Sicht des potenziellen Erwerbers zu optimieren. Es kann, aber muss nicht die ganze Gesellschaft, der vollständige Betrieb übernommen werden. Ein spezifischer Zuschnitt auf die jeweiligen Investitionsbedürfnisse des Kaufinteressenten bis hin zu einzelnen, organisatorisch wie funktional definierten Abteilungen ist möglich und in der Praxis auch üblich. Wertlose Unternehmensteile werden nicht gekauft. Sie bleiben in der Insolvenzmasse zurück und belasten daher nicht den Kaufinteressenten mit Kosten für aussichtslose Sanierungsbemühungen oder Stilllegungen.

Kaufgegenstand können sein:

3.1.1 Gesellschaft

Es ist trotz Insolvenz möglich, das insolvente Unternehmen in seiner ursprünglichen juristischen Form, beispielsweise also als GmbH, vollständig zu erwerben. Dass dies bei einer operativ noch aktiven Gesellschaft ein komplexer Vorgang ist, liegt auf der Hand: So müssen zunächst einmal die Insolvenztatbestände, meist Zahlungsunfähigkeit und Überschuldung beseitigt werden, um die Gesellschaft aus der Insolvenz herauszuführen. Da die Passivseite der Bilanz nur durch Forderungsverzichte der Gläubiger im Rahmen des hierfür von der InsO vorgesehenen Insolvenzplanverfahrens bereinigt werden kann, muss dieses Verfahren mit seiner ganzen Komplexität erfolgreich durchlaufen werden. Dabei fällt als weitere Hürde die steuerrechtliche Behandlung der durch die Forderungsverzichte entstehenden Sanierungsgewinne an. Schließlich ist die der Gesellschaft fehlende Liquidität aufzubringen, eine ungesunde Eigenkapitalstruktur in der Regel durch Kapitalschnitte zu bereinigen und die zur Reaktivierung der insolventen und damit gesellschaftsrechtlich aufgelösten Gesellschaft notwendigen Gesellschafterbeschlüsse zu fassen – ein beschwerlicher Weg, der bislang nur selten erfolgreich war.

Dieser seit Inkrafttreten der InsO zum 1.1.1999 wenig befriedigende Zustand hat nunmehr den Gesetzgeber auf den Plan gerufen.[46] Wenn und soweit an der insolventen Gesellschaft als Rechtsträger Beteiligungen – gleich welcher Art – hängen, gehen diese als Folge des

---

gewählten Erwerbskonstrukts ebenfalls auf den Erwerber über. Aber auch dies ist für den erstrebten Einzelfall verhandel- und damit vertraglich gestaltbar.

3.1.2   Unternehmen

Bei einem Unternehmenskauf aus der Insolvenz können auch die von dem insolventen Rechtsträger (Gesellschaft) gehaltenen Vermögenswerte wie das komplette Anlage- und Umlaufvermögen, Patente, gewerbliche Schutzrechte etc. oder auch nur jeweils Teile hiervon ohne den Rechtsträger (Gesellschaft) im Wege des Vermögenskaufs erworben werden (Asset-Deal). Der Kaufinteressent kann also beispielsweise das Aktivvermögen einer GmbH mit sämtlichen Betrieben, Betriebsteilen, Zweigniederlassungen usw. erwerben. Mit der Passivseite muss er sich nur bedingt befassen. Hier sind meist nur arbeitsrechtliche Besonderheiten zu beachten.[47]

3.1.3   Betrieb/Betriebsteil

Der Kaufgegenstand beim Unternehmenserwerb aus der Insolvenz lässt sich auch noch weiter herunterbrechen: So ist es möglich, lediglich einzelne Betriebe oder Betriebsteile ebenfalls über einen Vermögenskauf (Asset-Deal) zu erwerben. Zu denken ist in diesem Zusammenhang beispielsweise an einzelne Produktionslinien (selbständige Produktionseinheiten), Forschungs- und Entwicklungsabteilungen, Vertriebsbereiche etc.

3.1.4   Beteiligungen

Selbstverständlich ist auch der Erwerb von Beteiligungen, gar Tochtergesellschaften einer insolventen Muttergesellschaft möglich. Zu denken ist hierbei nicht nur an einzelne, operativ tätige Tochtergesellschaften einer insolventen Konzernmutter. Auch die Herauslösung ganzer Geschäftsfelder, die in jeweils abhängigen, nicht insolventen Tochtergesellschaften platziert sind, kann in der Insolvenz der Muttergesellschaft problemlos erfolgen. Das rechtliche Vehikel ist der Anteilskauf (Share-Deal).[48]

Ein Fall aus der Textilbranche mag diese Situation verdeutlichen: Ein über 100jähriger familiengeführter Konzern geriet in die Insolvenz. Eigenkapital war in den operativ tätigen Tochtergesellschaften noch ausreichend vorhanden. Es gab jedoch massive Liquiditätsprobleme, die letztlich durch fällig gestellte Bankenkredite zum Insolvenzantrag der lediglich als Holdinggesellschaft tätigen Mutter (GmbH) führten. Dies erklärt sich dadurch, dass die Banken zunächst nur originäre Kredite der Muttergesellschaft fällig stellten, nach weiteren Kündigungen von Krediten, für welche die Muttergesellschaft mit verhaftet war,

---

[47] Abschnitt 8.3.2

[48] Abschnitt 3.2.3

wurde ein „Stand-Still-Abkommen" geschlossen, um die drohende Atomisierung des Konzerns mit auch im Ausland ansässigen Tochtergesellschaften zu vermeiden.

Aus der insolventen Holding heraus wurde in einem langwierigen Restrukturierungsprozess das operative Geschäft saniert. Es gelang schließlich, die konzernzugehörigen Tochtergesellschaften zu stabilisieren. Auf diese waren die einzelnen Produktions- und Veredelungsstufen aufgeteilt. Marketing und Vertrieb wiederum war die Aufgabe einer anderen Tochtergesellschaft. Dieses restrukturierte Konzerngebilde wurde schließlich in einem weltweiten M&A-Prozess am Markt angeboten. Kaufgegenstand war der Gesamtkonzern unterhalb der Muttergesellschaft, aber auch einzelne Tochtergesellschaften.

3.2 Kaufmodalitäten

Der Kaufgegenstand bestimmt die Kaufmodalität. Es sei dem Kaufinteressenten daher dringend angeraten, sich in einem ersten Schritt rasch darüber klar zu werden, was er überhaupt kaufen möchte: Die über ein Insolvenzplanverfahren zu entschuldende, insolvente Gesellschaft, das Unternehmen, Betriebe oder Betriebsteile im Wege des Asset-Deal oder Beteiligungen der insolventen (Mutter-)Gesellschaft durch einen Anteilskauf (Share-Deal). Die Festlegung des Kaufgegenstandes ist unumgänglich, um rechtzeitig die richtige Kaufmodalität, also den zum Kauferfolg führenden rechtlichen Weg einzuschlagen. Seine Entscheidung, welchen Kaufgegenstand er erwerben möchte, ist somit auch Indiz für die Ernsthaftigkeit, Seriosität und professionelle Vorgehensweise des Kaufinteressenten.

3.2.1 Insolvenzplanverfahren

Ist Kaufgegenstand das insolvente Unternehmen als Ganzes, so ist der erste Schritt[49] auf diesem Weg dessen notwendige Entschuldung. Der praktisch bedeutsamste Fall ist der einer insolventen Kapitalgesellschaft (z. B. GmbH, AG). Dürfte es doch kaum im Interesse des Erwerbers sein, die Verbindlichkeiten der Gesellschaft vollständig abzulösen. Es muss daher ein Weg gefunden werden, die Gläubiger im Wesentlichen zu Forderungsverzichten zu bewegen. Rechtliches Instrumentarium hierzu ist das Insolvenzplanverfahren, §§ 217 ff. InsO. Ein erfolgreich durchlaufenes Insolvenzplanverfahren führt im gesetzlichen Regelfall dazu, dass mit Erfüllung der den Insolvenzgläubigern im angenommenen und gerichtlich bestätigten Insolvenzplan angebotenen Befriedigung die Befreiung des Schuldners von seinen restlichen Verbindlichkeiten eintritt, § 227 Abs. 1 InsO.

---

[49] Die zeitliche Abfolge der einzelnen Schritte ist wegen der Bedingungsfeindlichkeit der Planbestätigung rechtlich umstritten (vgl. Uhlenbruck/Luer, § 249 Rn. 1 ff).

Diese Zielerreichung setzt im Wesentlichen folgende Stufen voraus, die in diesem Zusammenhang jedoch nur skizzenhaft dargestellt werden können:[50]

Das Insolvenzplanverfahren beginnt mit der Einreichung eines Insolvenzplans beim Insolvenzgericht. Hierzu berechtigt sind der Schuldner und der Insolvenzverwalter, § 218 Abs. 1 S. 1 InsO. Letzterer kann hierzu auch von der Gläubigerversammlung mit entsprechenden Zielvorgaben beauftragt werden, § 157 Satz 2 InsO. In diesem Fall hat der Insolvenzverwalter den Insolvenzplan „binnen angemessener Frist", § 218 Abs. 2 InsO, bei Gericht einzureichen. Ist der Schuldner Planverfasser, so sollte er den Insolvenzplan zeitgleich mit dem Insolvenzantrag vorlegen, um hierdurch einen zügigen Verfahrensablauf zu ermöglichen (prepackaged plan).

Der Insolvenzplan selbst gliedert sich in einen *darstellenden* Teil und einen *gestaltenden* Teil, §§ 219 – 221 InsO. Im darstellenden Teil sind die Maßnahmen zu erläutern, die nach Eröffnung des Insolvenzverfahrens geplant sind, um die für eine notwendige Restrukturierung des Schuldnerunternehmens erforderlichen Zugeständnisse der Gläubiger zu erhalten, im Wesentlichen also Forderungsverzichte. Um diese Vorstellung für die Gläubiger akzeptabel zu machen, ist es unverzichtbar, die entsprechenden Maßnahmen verständlich zu erläutern, also insbesondere die Planauswirkungen für die einzelnen Gläubiger bzw. Gläubigergruppen zu erklären.

Die jeweiligen Eingriffe in Gläubigerpositionen sind im gestaltenden Teil des Insolvenzplans darzustellen. Hier ist auszuführen, welche konkreten Eingriffe in die Gläubigerrechte erfolgen sollen. In der Regel sind dies die zur Entschuldung notwendigen Verzichtsleistungen, aber auch Vertragsänderungen sind durchaus im Wege des Insolvenzplans durchsetzbar.

Viel taktisches Geschick erfordert die Bildung verschiedener Gläubigergruppen, §§ 222, 223 InsO. So stimmen nämlich nicht die Gläubiger insgesamt einheitlich ab wie ansonsten in der Gläubigerversammlung. Vielmehr sieht das Gesetz die Bildung verschiedener Gläubigergruppen vor. Zu unterscheiden sind die kraft Gesetzes zwingend vorgeschriebenen Gläubigergruppen wie

- die absonderungsberechtigten Gläubiger, wenn in ihre Sicherungsrechte eingegriffen wird,

- die nicht nachrangigen, also „normalen" Insolvenzgläubiger,

- die nachrangigen Insolvenzgläubiger, soweit nicht ihre Forderungen ohnehin als erlassen gelten.

---

[50] Zur Vertiefung: Hess/Obermüller: Insolvenzplan, Restschuldbefreiung und Verbraucherinsolvenz; ferner Erläuterungen in den Fachkommentaren zu §§ 217 ff. InsO.

Daneben lässt der gesetzliche Rahmen jedwede Gestaltungsmöglichkeit zu, weitere Gläubigergruppen mit gleichartigen wirtschaftlichen Interessen zu bilden. Einzige Voraussetzung hierfür ist, dass die Gruppenabgrenzung sachgerecht erfolgen muss. Die hierfür angewandten Kriterien sind im Plan zu erläutern, § 222 Abs. 2 InsO. Innerhalb einer Gläubigergruppe sind die einzelnen Gläubiger gleich zu behandeln, § 226 Abs. 1 InsO.

Die Gruppenbildung ist entscheidend für das Abstimmungsergebnis. Der Insolvenzplan kommt nämlich nur dann zustande, wenn in jeder Gruppe die Mehrheit der abstimmenden Gläubiger dem Plan zugestimmt (Kopfmehrheit) und hierbei die Summe der zustimmenden Gläubiger mehr als die Hälfte der Summe der Ansprüche aller innerhalb der jeweiligen Gruppe abstimmenden Gläubiger beträgt (Summenmehrheit). Gezählt werden hierbei allein die von den jeweiligen Gläubigern geltend gemachten und „stimmberechtigten" Insolvenzforderungen, §§ 76, 77 InsO. Stimmberechtigt sind Forderungen, die zur Insolvenztabelle anerkannt sind oder solche, bei denen sich Insolvenzverwalter und in der Gläubigerversammlung anwesende Gläubiger auf das Stimmrecht geeinigt haben, § 77 Abs. 1 S. 1, Abs. 2 S. 1 InsO. Gelingt dies nicht, entscheidet das Gericht – in nicht anfechtbarer Weise – über das Stimmrecht, § 77 Abs. 2 S. 2 InsO.

Gelingt es, die Gruppen nach sachgerechten Abgrenzungskriterien so zu bilden, dass in jeder Gruppe die ausreichenden Kopf- und Summenmehrheiten gesichert sind, so kann rein rechnerisch ein Insolvenzplan auch dann zustande kommen, wenn lediglich 50 Prozent + X der jeweiligen Gruppenmehrheit zustande kommt. Mit anderen Worten können 50 Prozent - X in jeder Gruppe einen entsprechend konzipierten Insolvenzplan nicht zu Fall bringen.

Selbst wenn jedoch beispielsweise von drei Gläubigergruppen in nur zwei Gruppen die gesetzlich notwendigen Mehrheiten zustande kommen, ist ein Insolvenzplan dann noch nicht gescheitert, wenn die Versagung der Zustimmung in der dritten Gruppe dem Obstruktionsverbot unterfällt, § 245 InsO. Das rechtlich nicht ganz einfach zu verstehende Obstruktionsverbot, lässt sich auf folgende wirtschaftliche Kernaussage reduzieren: Die Zustimmung der obstruierenden Gruppe gilt dann als erteilt, wenn sie mit Insolvenzplan wirtschaftlich im Ergebnis nicht schlechter stünde als ohne Planverfahren. Ein gut vorbereiteter Insolvenzplan erläutert daher rein vorsorglich die Situation der einzelnen Gläubigergruppen ohne Planverfahren, ist sich der Planverfasser nicht sicher, die Planzustimmung in einer Gruppe zu erhalten.

Der Insolvenzplan ist mit den Gläubigern zu erörtern und anschließend über ihn abzustimmen (Erörterungs- und Abstimmungstermin), § 235 InsO. Die Termine können getrennt werden mit der Folge, dass in einem gesonderten Abstimmungstermin das Stimmrecht auch schriftlich ausgeübt werden kann, §§ 241, 242 InsO. Bei der Abstimmung votiert jede Gruppe gesondert.

Das recht komplizierte Abstimmungsverfahren bringt es mit sich, dass die Stimmauszählung je nach Größe des Verfahrens erhebliche Zeit beanspruchen kann. Geduld und Ausdauer sind daher gute Begleiter, insbesondere wenn Erörterungs- und Abstimmungstermin in einem Termin stattfinden.

Der von den Gläubigern in einer Gläubigerversammlung (Abstimmungstermin) angenommene Insolvenzplan bedarf der gerichtlichen Bestätigung, § 248 InsO. Dabei konzentriert sich die gerichtliche Prüfung auf wesentliche Verfahrensfehler. Die materielle Prüfungskompetenz des Gerichts konzentriert sich darauf, ob die Zustimmung zum Plan nicht durch „unlautere" Mittel, insbesondere die Begünstigung eines Gläubigers erkauft wurde, § 250 InsO. Nicht zuletzt kann die gerichtliche Entscheidung, also Planbestätigung oder versagung im Wege der sofortigen Beschwerde von den Gläubigern und dem Schuldner angefochten werden. Oftmals lässt die landgerichtliche Entscheidung einige Zeit auf sich warten und hält das Insolvenzplanverfahren – mit ungewissem Ausgang – weiter in der Schwebe.

Einwendungen von Gläubigern im Erörterungstermin können den Planverfasser auch veranlassen, den Insolvenzplan zu ändern oder zu ergänzen, um das Planziel zu erreichen. Das macht das Verfahren einerseits flexibler, andererseits aber noch zeitaufwendiger. Gerade der erhebliche Zeitaufwand ist oftmals ein wesentliches Erschwernis, ein in der Krise befindliches Unternehmen über diesen Weg wieder aus der Krise herauszuführen.

Den üblichen Ablauf eines Insolvenzplanverfahrens soll folgendes Schema verdeutlichen:

Abbildung 3.1   Ablauf eines Insolvenzplanverfahrens

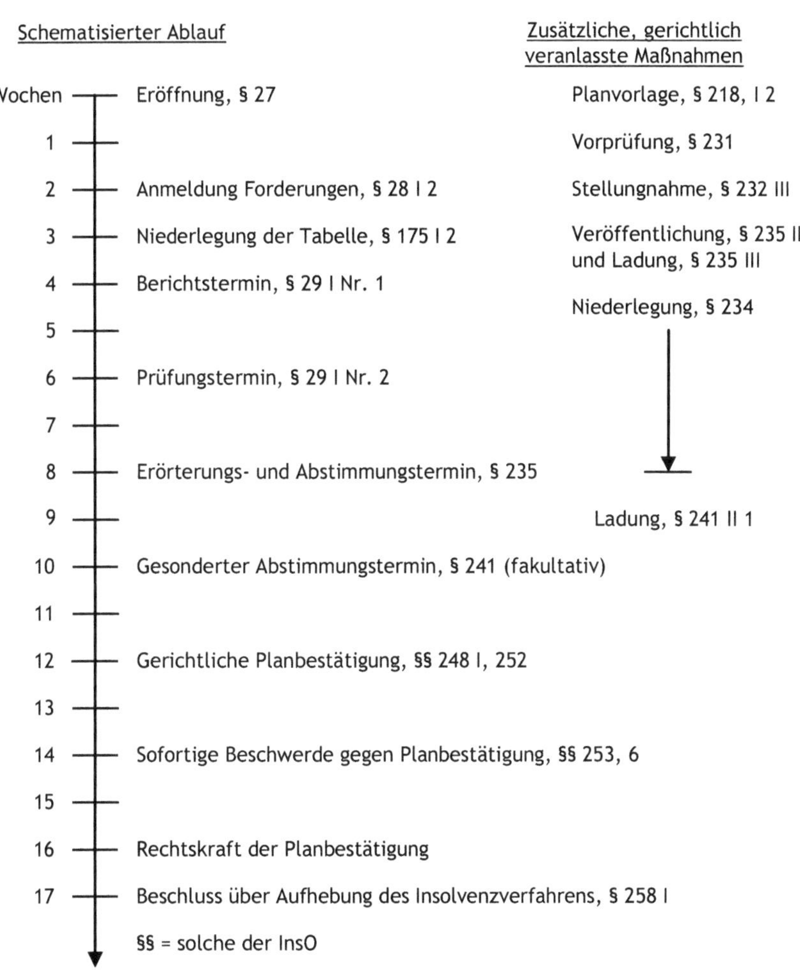

Die schematisierte Darstellung umfasst insgesamt 17 Wochen. Sie beginnt idealiter mit der Eröffnung des Insolvenzverfahrens und der Annahme, dass bereits zu diesem Zeitpunkt ein vom Schuldner erarbeiteter Insolvenzplan vorliegt. Das Verfahren durchläuft dann die verschiedenen Gläubigerversammlungen (Berichtstermin, Prüfungstermin, Erörterungs- und Abstimmungstermin, gesonderter Abstimmungstermin) bis zur gerichtlichen Planbestätigung. Wird hiergegen kein Rechtsmittel (sofortige Beschwerde) eingelegt, so erlangt der Beschluss über die gerichtliche Planbestätigung binnen zwei Wochen Rechtskraft. Es bleibt die dann im Beschlusswege anzuordnende Aufhebung des Insolvenzverfahrens, § 258 Abs. 1 InsO.- Auf der rechten Seite des Schaubildes sind weitere, von Seiten des Insolvenzgerichts zu veranlassende Maßnahmen aufgelistet, die eingehalten werden müssen.

Der Ablauf des Insolvenzplanverfahrens lässt sich bei guter Vorbereitung um etwa acht Wochen verkürzen. Dies ist dann der Fall, wenn von der gesetzlich bestehenden Möglichkeit Gebrauch gemacht wird, *sämtliche* Gläubigerversammlungen auf einen Tag zu konzentrieren. In diesem Fall können Berichtstermin, Prüfungstermin sowie Erörterungs- und Abstimmungstermin miteinander verbunden werden, §§ 29 Abs. 2, 236 InsO. Ist das Insolvenzgericht darüber hinaus bereit und in der Lage, die Planbestätigung im Erörterungs- und Abstimmungstermin selbst auszusprechen, § 252 Abs. 1 S. 1 InsO, so können – in der schematischen Darstellung – die maßgeblichen Ereignisse auf Woche vier vorverlegt werden. Dies ist allerdings ein äußerst ehrgeiziges Ziel und dürfte nur bei überschaubarer Verfahrensgröße sowie optimaler Vorbereitung erreichbar sein. Weitere Voraussetzung hierfür ist, dass die auf der rechten Seite des Schaubilds festgehaltenen gerichtlichen Maßnahmen mit dem Ablauf koordiniert, also insbesondere Veröffentlichung, Ladungsfristen sowie die Niederlegung des Insolvenzplans beachtet und in den Ablauf integriert werden.

Auch ein optimal vorbereitetes Insolvenzplanverfahren wird daher erfahrungsgemäß ab Planeinreichung einen Zeitraum von wenigstens zwei Monaten beanspruchen.

3.2.1.1   Exkurs: Einstellung des Insolvenzverfahrens

In formaler Hinsicht wesentlich einfacher ist die Möglichkeit, den Wegfall der ursprünglichen Eröffnungsgründe im Verhandlungswege mit den Gläubigern zu erreichen, dies dem Gericht glaubhaft zu machen und zu beantragen, das Insolvenzverfahren einzustellen. Dieses Verfahren ist in §§ 212 ff. InsO geregelt. Die Kunst besteht hierbei darin zu gewährleisten, dass nach der Einstellung des Insolvenzverfahrens weder (drohende) Zahlungsunfähigkeit noch Überschuldung bestehen. Insoweit hängen die Trauben recht hoch.

Die Bemühungen des Schuldners, dieses Ziel zu erreichen, finden außerhalb des geregelten Insolvenzverfahrens statt. So wird sich der an diesem Weg interessierte Investor darum bemühen, beispielsweise durch Aufkauf der Insolvenzforderungen ein ausreichendes Verzichtspotenzial zu erlangen, Kleingläubiger dabei überwiegend zu befriedigen sowie mit Sicherungsgläubigern, in der Regel Banken, Individualabsprachen zu treffen. Ist das über diesen Weg erreichte Verzichtspotenzial ausreichend, um die Überschuldung zu beseitigen, bleibt noch, die (drohende) Zahlungsunfähigkeit zu beseitigen. Dieser Schritt geht in der Regel einher mit entsprechenden Stundungsabsprachen, was die – nach Gläubigerverzicht – verbleibenden Restansprüche betrifft.

In der Sache stellt dieser Weg letztlich nichts anderes, als ein außergerichtliches Vergleichsverfahren dar. Es setzt außergerichtliche Absprachen mit den Gläubigern voraus, die allesamt das Ziel haben, die Eröffnungsgründe zu beseitigen. Dass dieser Weg im Einzelfall schwierig, je nach Anzahl und Verschiedenheit der Gläubiger gar unmöglich ist, bedarf keiner weiteren Erläuterung. Er ist jedoch dann empfehlenswert, wenn die Anzahl der Gläubiger überschaubar ist und damit die Zielerreichung innerhalb eines eingegrenzten Zeitraums möglich erscheint.

Bevorzugt beschritten wird dieser Weg durch die Altgesellschafter. Diese erhalten damit letztlich wieder die Verfügungsbefugnis über „ihre" Gesellschaft. Insofern erscheint dieser Weg für einen Unternehmenskauf vordergründig nicht geeignet. Dennoch kann auch dieses Ziel von einem Kaufinteressenten dann erreicht werden, wenn er sich zuvor die Gesellschaftsanteile von den Altgesellschaftern für symbolische Entgelte mindestens in dem Umfang übertragen lässt, dass er die gesellschaftsrechtlich notwendige Mehrheit für einen satzungsändernden Beschluss (in der Regel 75 Prozent + 1 Stimme) erlangt.

3.2.1.2 Gesellschaftsrechtliche Fragen

Eine weitere Hürde beim Kauf der insolventen Gesellschaft sind im Wesentlichen zwei gesellschaftsrechtliche Themen: Wiederherstellung einer ausreichenden Eigenkapitalstruktur sowie Reaktivierung der Gesellschaft selbst, also die Rückführung von einer aufgelösten in eine wieder am Geschäftsleben teilhabende, also „werbende" Gesellschaft. Als besondere Schwierigkeit kommt hinzu, dass die gesellschaftsrechtlichen Fragen vom Insolvenzplanverfahren getrennt sind, also auf Gesellschafterebene nach Maßgabe der dort geltenden satzungsmäßigen und gesetzlichen Regeln gelöst werden müssen. Dieser Kompetenzdualismus zwischen Gläubigern und Gesellschaftern macht den Ausgang eines Insolvenzplanverfahrens für einen Kaufinteressenten nochmals um einiges komplizierter und unberechenbarer.

3.2.1.2.1 Kapitalmaßnahmen

Die festgestellte Überschuldung i. S. d. § 19 InsO bedeutet nichts anderes, als dass auch das Eigenkapital aufgebraucht ist, allerdings mit folgender Einschränkung:

- Das buchmäßige Eigenkapital kann bereits aufgebraucht sein, ohne dass eine insolvenzrechtliche Überschuldung vorliegt. Dies ist beispielsweise dann der Fall, wenn insbesondere im Anlagevermögen noch erhebliche stille Reserven liegen, die bei der insolvenzrechtlichen Verkehrswertbetrachtung aktivisch zu Tage treten. In diesem in der Praxis eher seltenen Fall ist dann die (drohende) Zahlungsunfähigkeit Insolvenzantrags- und -eröffnungsgrund. Soll das Unternehmen über ein Insolvenzplanverfahren wieder saniert werden, muss in jedem Fall das buchmäßige Eigenkapital wieder hergestellt werden.

- In der Praxis häufig anzutreffen ist der umgekehrte Fall: Eine bilanzielle Überschuldung wird nicht ausgewiesen, eine insolvenzrechtliche Überschuldung besteht jedoch bereits. Hierunter fallen nicht nur die Fälle bewusster „Bilanzkosmetik", sondern vor allem diejenigen einer viel zu optimistischen Bewertung des Anlage- und Umlaufvermögens. Hier hätte handelsrechtlich längst eine Wertberichtigung vollzogen werden müssen, ist aber aufgrund des bei Geschäftsführern/Vorständen in der Krise weit verbreiteten Optimismus, der bis zum reinen Wunschdenken gehen kann, unterblieben. Selbstverständlich ist auch hier spätestens mit Eröffnung des Insolvenzverfahrens und den hiermit verbundenen, bilanziellen Korrekturen, nicht zuletzt aber der insolvenzrechtlich zwingenden Verkehrswertbetrachtung evident, dass kein Eigenkapital mehr besteht.

Die Wiederherstellung des buchmäßigen Eigenkapitals ist nicht nur zwingende Voraussetzung, um die Gesellschaft nach eröffnetem Insolvenzverfahren wieder reaktivieren zu können, sondern auch und vor allem Einfallstor für den gesellschaftsrechtlichen Einstieg eines Käufers (Investors). Sofern er nicht bereits vor Einleitung der notwendigen Kapitalschnitte die Anteile zu symbolischen Entgelten erworben hat und damit über notwendige Kapitalmaßnahmen weitgehend selbst entscheiden kann, müssen die nunmehr folgenden Schritte so ausgestaltet sein, dass der Investor die von ihm angestrebte Kapitalmehrheit erhält und damit auf der Gesellschafterebene handlungsfähig wird.

Das rechtliche Instrumentarium hierzu sind notwendige Kapitalschnitte, also die Herabsetzung des noch ausgewiesenen, aber weitgehend ausgehöhlten Buchkapitals sowie die Kapitalheraufsetzung durch Ausgabe neuer Gesellschaftsanteile. Die neuen Gesellschaftsanteile sind dann aufgrund eines entsprechenden Gesellschafterbeschlusses mit einem Bezugsrecht zu Gunsten des Käufers (Investors) auszustatten.

Die gesetzlichen Vorschriften über die Kapitalschnitte sind hierbei je nach Gesellschaftsform unterschiedlich geregelt:

Bei der GmbH gibt es grundsätzlich zwei Möglichkeiten: Die Kapitalerhöhung kann durch Erhöhung des Nennbetrages bereits bestehender Geschäftsanteile erfolgen, aber auch durch Bildung neuer Geschäftsanteile, § 57 h GmbHG. Welcher Weg im konkreten Fall einzuschlagen ist, hängt maßgeblich davon ab, ob der Kaufinteressent die bestehenden Geschäftsanteile bereits in seinem Verfügungsbereich hält oder er sich auf den Erwerb der neu auszugebenden Anteile eingestellt hat. Hinzu kommt noch die Möglichkeit einer vereinfachten Kapitalherabsetzung, § 58 a GmbHG. Gerade dieser Weg ist geschaffen worden, um in Sanierungsfällen ohne allzu große Formalitäten handlungsfähig zu sein. Ob dieses partielle Bemühen des Gesetzgebers, nämlich nur im gesellschaftsrechtlichen Bereich Vereinfachungen zu schaffen, auf fruchtbaren Boden gefallen ist, mag eher bezweifelt werden. Es wird deutlich konterkariert durch die nach wie vor bestehende Trennung der insolvenzrechtlichen von den gesellschaftsrechtlichen Zuständigkeiten sowie durch ein überformalisiertes Insolvenzplanverfahren.

Das Recht der Aktiengesellschaft kennt im Wesentlichen dieselben Möglichkeiten, Kapitalschnitte herbeizuführen, wie das Recht der GmbH. Allerdings ist der Minderheitenschutz in der Aktiengesellschaft deutlich ausgeprägter, §§ 327 a ff. AktG. Jedoch sind die Vorschriften über eine zwingende Barabfindung von Minderheitsaktionären bei einer insolvenzbefangenen Aktiengesellschaft nicht anzuwenden.[51] Insoweit gleichen sich – was Kapitalschnitte betrifft – in der Rechtspraxis die Gesetzeslagen bei Aktiengesellschaften und Gesellschaften mit beschränkter Haftung an.

---

[51] Grub/Streit BB 2004, 1397 (1406) unter Hinweis auf die Macrotron-Entscheidung des BGH (U. v. 25.11.2002, ZIP 2003, 387 ff.)

3.2.1.2.2 Gesellschaftsrechtliche Fortführungsbeschlüsse

Nicht zu vergessen sind die zur Reaktivierung von Kapitalgesellschaften notwendigen Fortführungsbeschlüsse der Gesellschafter. Der rechtssystematische Grund hierfür besteht darin, dass nach deutschem Gesellschaftsrecht die Zwangsauflösung der Kapitalgesellschaft (GmbH, AG) mit Eröffnung des Insolvenzverfahrens eintritt. Anstelle des werbenden, also durch die Erwerbstätigkeit definierten Gesellschaftszwecks tritt nunmehr zunächst die Auflösung der Gesellschaft. In logisch zwingendem Zusammenhang hiermit ist einer weiteren, verbreiteten Fehleinschätzung entgegenzuwirken: Unzutreffend ist die Auffassung, eine in Insolvenz befindliche Kapitalgesellschaft gehe mit Eröffnung des Insolvenzverfahrens unter, höre also auf zu existieren. Das Ableben einer Kapitalgesellschaft gestaltet sich viel subtiler: Mit Eröffnung des Insolvenzverfahrens über ihr Vermögen tritt sie zunächst in das Auflösungsstadium ein, ändert somit ihren Gesellschaftszweck: Statt weiterhin uneingeschränkt am Markt werbend tätig zu sein, ist sie nach der Vorstellung des Gesetzgebers lediglich in Auflösung begriffen. Das Auflösungsstadium, auch bekannt als Liquidationsstadium, dient dazu, das Schuldnervermögen vollständig zu verwerten und die Schulden hieraus bestmöglich zurückzuführen. Dass dies im Rahmen eines Insolvenzverfahrens nur in Form einer oftmals geringen Insolvenzquote gelingt, liegt in der Natur der Sache. Da, wie noch zu vertiefen sein wird,[52] Eröffnungsgrund auch die so genannte Überschuldung ist, also bestehende Verbindlichkeiten, die den Verkehrswert des Aktivvermögens übersteigen, enden die Insolvenzverfahren in der Regel lediglich mit einer anteiligen, also quotalen Befriedigung der Gläubiger. Erst wenn das gesamte Schuldnervermögen verwertet ist, die Gesellschaft also vermögenslos ist, tritt auch in der Insolvenz kraft Gesetzes die Löschung der Gesellschaft im Handelsregister ein.[53] Die Löschung bedeutet rechtlich die Vollbeendigung der Gesellschaft. Erst mit ihrer Löschung im Handelsregister existiert sie nicht mehr.[54]

Bis zur Löschung im Handelsregister wird der Liquidationszweck (Auflösungsstadium) vom Insolvenzzweck überlagert. Ist dieser durch das Insolvenzplanverfahren auf Rückführung der Gesellschaft in das aktive Erwerbsleben gerichtet, muss notwendigerweise der von Gesetzes wegen zwangsweise vorgesehenen Löschung und damit Vollbeendigung der Gesellschaft ein Riegel vorgeschoben werden. Dies geschieht durch einen so genannten Fortsetzungsbeschluss, in welchem die Gesellschafter mit qualifizierter Mehrheit beschließen, die Gesellschaft wieder in das Erwerbsleben zurückzuführen.[55]

Die Parallelität von insolvenzrechtlicher und gesellschaftsrechtlicher Konstruktion ohne gesetzlich vorgesehene Verknüpfung ist für die Praxis wenig vorteilhaft. Der hierdurch produzierte Mehraufwand, vor allem aber die fehlende Steuerungsmöglichkeit und damit

---

[52] Abschnitt 4.2.2.2

[53] § 294 Abs. 1 S. 2 FamFG

[54] Die Ausnahmefälle der partiellen Rechtsfähigkeit bei trotz Löschung noch vorhandenem Restvermögen können in diesem Zusammenhang vernachlässigt werden.

[55] §§ 60 Abs. 1 Nr. 4 GmbHG, 274 Abs. 2 Nr. 1 AktG

Planungssicherheit, ist ein wesentlicher Grund, dass der Weg der Reorganisation des Schuldnerunternehmens äußerst selten beschritten wird. Diskutierte Vereinfachungsvorschläge,[56] welche im Wesentlichen aus der Praxis stammen, scheinen bei der Politik nunmehr Gehör zu finden. Es werden im DiskE-ESUG Vorschläge diskutiert, das duale Kompetenzsystem zu beseitigen.[57] So sollen – unter Beteiligung der Gesellschafter – Eingriffe in Rechte der Anteilseigner im Insolvenzplanverfahren diskutiert und mitentschieden werden. Dies soll insbesondere die Entscheidung über die Fortsetzung der aufgelösten Gesellschaft, aber auch die Übertragung von Anteilsrechten bis hin zur Umwandlung von Forderungen in Eigenkapitalanteile (Debt-Equity-Swap) betreffen.[58] So begrüßenswert allein die geplante Aufhebung der bestehenden Zweigleisigkeit von Insolvenz- und Gesellschaftsrecht ist, bleibt abzuwarten, welche Gesetzeslage künftig bestehen wird.

3.2.1.3 Steuerrechtliche Fragen

Ein großer Anreiz, die sanierte und reaktivierte Gesellschaft selbst zu kaufen, lag in der Nutzung der in der insolventen Gesellschaft aufgelaufenen steuerlichen Verluste. Diesen Weg hat der Gesetzgeber jedoch weitgehend verbaut:

Der seit 1977 bis einschließlich zum Veranlagungsjahr 1997[59] geltende § 3 Ziff. 66 EStG sah eine vollständige Steuerbefreiung für Erhöhungen des Betriebsvermögens vor, die durch teilweisen oder völligen Schuldenerlass zum Zwecke der Sanierung entstanden waren (Sanierungsgewinn). Bestehende Verlustvorträge blieben in der Unternehmenssanierung unangetastet und konnten im Rahmen der gesetzlichen Zeitspannen mit künftigen Gewinnen verrechnet werden. Dies war ein erheblicher Investitionsanreiz.

Die seit 01.01.1999 geltenden Vorschriften über das Insolvenzplanverfahren und die hiermit in einem gesetzlich geregelten Verfahren neu[60] gestaltete Möglichkeit, das Unternehmen zu entschulden, kamen nicht mehr in den Genuss der steuerbefreiten Sanierungsgewinne. Es vergingen bald weitere fünf Jahre, bis die Steuerverwaltung nach erheblichem Drängen der Insolvenzpraxis den wirtschaftspolitischen Fehltritt einsah, jedoch nur zu einer halbherzigen Lösung fand: In Abstimmung mit den obersten Finanzbehörden der Länder hat der Bundesminister für Finanzen (BMF) mit Rundschreiben vom 27.03.2003 – VI A 6-S 2140-8/03[61] den „Zielkonflikt" ausgemacht, der zwischen der Besteuerung von

---

[56] Sassenrath, ZIP 2003, 1517 – 1530

[57] DiskE-ESUG, NZI, Beilage zu Heft 16/2010; ZIP, Beilage zu Heft 28/2010

[58] Zu diesen und weiteren gesellschaftsrechtlichen Diskussionspunkten: Göb, NZI 2010, 719 – 722; zu Einzelheiten des Debt-Equity-Swap als Mittel der Eigenkapitalstärkung: Schlitt/Ries, Eigenkapitalstärkung in der Krise, in Theiselmann (Hrsg.) Praxishandbuch des Restrukturierungsrechts, S 403 ff.

[59] § 3 Ziff. 66 EstG wurde mit Wirkung vom 01.01.1998 ersatzlos gestrichen (Gesetz vom 29.10.1997 – BGBl. I S. 2590); zu den Auswirkungen: Windhöfel/Ziegenhagen/Denkhaus, Rn. 697

[60] Das Insolvenzplanverfahren (§§ 217 ff. InsO) sollte nach den Vorstellungen des Gesetzgebers das in der Praxis wenig erfolgreiche gesetzliche Vergleichsverfahren (VglO v. 26.02.1935) ablösen.

[61] BStBl. I 2003, 2040 = ZInsO 2003, 363 = ZIP 2003, 690 = ZVI 2003, 190 = DB 2003, 797

Sanierungsgewinnen und den wesentlichen Zielen der InsO liegt, insbesondere also das insolvente Unternehmen zu erhalten und wieder lebensfähig zu machen. In der insoweit kontraproduktiven Besteuerung von Sanierungsgewinnen sieht das BMF nunmehr eine „erhebliche Härte" für den Steuerpflichtigen und hat die Finanzbehörden angewiesen, in diesen Fällen aus sachlichen Billigkeitsgründen in folgender Weise von der Möglichkeit der Steuerstundung sowie des Steuererlasses Gebrauch zu machen:

■ Entstehende Sanierungsgewinne sind mit Verlusten/negativen Einkünften unbeschadet von Ausgleichs- und Verrechnungsbeschränkungen vorrangig zu verrechnen. Damit sind Verluste/negative Einkünfte insoweit aufgebraucht.

■ Ein nach Ausschöpfen der ertragssteuerrechtlichen Verlustverrechnungsmöglichkeiten verbleibender Sanierungsgewinn bedeutet für den Steuerpflichtigen eine erhebliche Härte. Auf Antrag des Steuerpflichtigen ist die hierauf entfallende Steuer zunächst unter Widerrufsvorbehalt ab Fälligkeit mit dem Ziel des späteren Erlasses zu stunden.

Es liegt auf der Hand, dass diese halbherzige, nur auf Ebene der Steuerverwaltung liegende Stundungs- und Erlassmöglichkeit bei weitem hinter dem zurückbleibt, was der bis einschließlich 1997 geltende § 3 Ziff. 66 EStG wirtschaftspolitisch an Impulsen gebracht hat.

Ein Weiteres kam durch das Unternehmenssteuerreformgesetz 2008 vom 14.08.2007[62] hinzu: Die Verlustabzugsmöglichkeit bei Anteils- und Stimmrechtsübertragungen von mehr als 25 % bis 50 % wurde drastisch beschnitten; bei der Übertragung von mehr als 50 % der Anteile oder Stimmrechte entfällt der Verlustabzug sogar vollständig, § 8 c KStG. „Vergleichbare Sachverhalte", was immer dies sein mag, unterliegen dem gleichen Schicksal.[63] Damit aber ist ein weiterer, erheblicher Investitionsanreiz genommen.

Dennoch verbleiben auch im Insolvenzplanverfahren noch steuerliche Gestaltungsmöglichkeiten, die auch dem Investor zugute kommen können. Diese sind im Einzelfall auszuloten.

Hinzu kam noch eine erhebliche Verunsicherung durch das FG München. Dieses judizierte, das Rundschreiben des BMF sei contra legem und daher unbeachtlich.[64] Der Bundesfinanzhof hat nunmehr mit Urteil vom 14.07.2010 wenigstens insoweit für Klarheit gesorgt, dass das BMF-Rundschreiben dann anzuwenden ist, wenn der Schuldenerlass das betroffene Unternehmen vor dem Zusammenbruch bewahrt.[65]

---

[62] BGBl. 2007 I, S. 1912

[63] Vertiefend zur steuerrechtlichen Problematik: Winderhöfel/Ziegenhaben/Denkhaus, Rn. 578 ff.; Holzapfel/Pöllath, Rn. 244 ff.; Gröger in Hölters (Hrsg.), Handbuch Unternehmenskauf; Teil IV, S. 308 ff.

[64] FG München DStR 2008, 1687; a. A.: FG Köln U. v. 24.4.2008, BB 2008, 2666

[65] BFH GWR 2010, 465; Pressemitteilung Nr. 75/2010 des BFH v. 01.09.2010, zusammengefasst in NZI aktuell, Heft 20/2010, S. VI – VII

3.2.2   Vermögenskauf (Asset-Deal)

Der Vermögenskauf (Asset-Deal) ist keine Spezialität des Unternehmenskaufs aus der Insolvenz. Er wird selbstverständlich auch außerhalb der Krise nach den jeweiligen kauf- und gesellschaftsrechtlichen Vorschriften praktiziert.

Beim Unternehmenskauf aus der Insolvenz gewinnt er jedoch eine besondere Bedeutung. Seinen Grund hat dies zum einen in der bereits beschriebenen Einfachheit und Schnelligkeit seiner Umsetzung ebenso wie in der fast beliebigen Festlegung des Kaufgegenstandes.[66] Er ist damit nach wie vor der mit Abstand geeignetste Weg, in einem selektiven Prozess schnell und einfach zu einem Erfolg versprechenden Unternehmenskauf zu kommen. Welches sind die einzelnen Stationen?

Zunächst muss der Kaufinteressent den Kaufgegenstand – gegebenenfalls in Abstimmung mit dem (vorläufigen) Insolvenzverwalter – genau definieren. Kaufgegenstand kann dabei das gesamte aktivische Vermögen des Schuldnerunternehmens sein, aber auch lediglich Teile davon. So kann der Kaufinteressent also das gesamte Unternehmen einschließlich beweglichem und unbeweglichem Anlagevermögen, materieller wie immaterieller Wirtschaftsgüter erwerben. Er kann aber auch lediglich einzelne Unternehmenssparten, sei es beispielsweise im Produktionsbereich, im Vertrieb oder im After-Sales-Business, erwerben. Hier ist zunächst jedwede Auswahl, aber auch Kombination denkbar.

Rechtlich ist in diesem Stadium lediglich zu beachten, dass der Vermögensgegenstand genau bestimmt wird. Dieses allgemeine sachenrechtliche Prinzip sagt nichts anderes, als dass aus der Vertragsurkunde heraus der Kaufgegenstand ausreichend bestimmt oder zumindest bestimmbar sein muss. Es reicht also beispielsweise nicht aus, den „Produktionsbetrieb" zu erwerben. Vielmehr müssen die Erwerbsgegenstände einzeln aufgelistet, zumindest aber nach ihrem aktuellen Standort bezeichnet werden. Dies aber ist allgemeines juristisches Handwerk. Es stellt keine Besonderheit des Insolvenzverfahrens dar.

Viel wichtiger ist hingegen, dass der Kaufgegenstand nicht mehr mit irgendwelchen Drittrechten belastet ist. Will doch der Käufer lastenfreies Eigentum erwerben. Bei solchen Drittrechten kann es sich um Eigentumsvorbehaltsrechte der Lieferanten, gesetzliche Pfandrechte des Vermieters oder Verpächters, aber auch Sicherungseigentumsrechte von Kreditgebern handeln. Sollte hier der gebotene Kaufpreis, wie in aller Regel, nicht ausreichen, die durch die jeweiligen Drittrechte besicherten Zahlungsverpflichtungen vollständig abzulösen, ist in jedem Fall sicherzustellen, dass der jeweilige Sicherungsnehmer dem Verkauf zustimmt und bei Zahlung des vereinbarten, seine Sicherungsrechte nicht vollständig abdeckenden Kaufpreises auf seine weitergehenden Sicherungsrechte verzichtet. Diese Koordinierungsaufgabe obliegt dem (vorläufigen) Insolvenzverwalter. Er sollte im

---

[66] Abschnitt 3.1.2 und 3.1.3

Kaufvertrag die so genannte Lastenfreiheit, also das Nicht-mehr-Vorhanden-sein von Sicherungsrechten im Rahmen der ihm zumutbaren Gewährleistungshaftung, bestätigen[67].

Dies ist allerdings dann ein Problem, wenn der (vorläufige) Insolvenzverwalter selbst nicht genau weiß, ob Sicherungsrechte an dem Kaufgegenstand bestehen. Dieser gar nicht so seltene Fall ist bei beweglichen Sachen relativ unproblematisch, da das Sicherungsrecht bei Gutgläubigkeit des Erwerbers erlischt, § 936 BGB. Allerdings setzt dies voraus, dass auch die Besitzverschaffung durch den Insolvenzverwalter erfolgt. Ansonsten bleiben nur Einzelfalllösungen, die zu einem jeweils angemessenen Risikoausgleich zwischen den Vertragsparteien in Abstimmung mit den das Sicherungsgut besitzenden Sicherungsnehmern führen. In der Regel wird dies auf bestmögliche Nachforschungen im Rahmen der Due-Diligence-Prüfung[68] sowie eine Erklärung des Insolvenzverwalters hinauslaufen, dass nach seinem Kenntnisstand keine Belastungen mit Drittrechten mehr bestehen.

Erwerber ist eine im Regelfall vom Käufer neu gegründete oder bereits bestehende Gesellschaft (GmbH). Diese erwirbt vom Insolvenzverwalter das als Kaufgegenstand vereinbarte und definierte Schuldnervermögen. Der Erwerbsvorgang wird in der Fachsprache auch als übertragende Sanierung (des insolventen Unternehmens) bezeichnet.

Verbindlichkeiten übernimmt der Erwerber beim Asset-Deal nicht. Er muss also weder für die noch offenen Forderungen der (nicht unter Eigentumsvorbehalt) gelieferten Gegenstände und Waren geradestehen, noch für Mietzinsrückstände etc. Die Verbindlichkeiten bleiben im Netz der Insolvenz hängen und werden je nach erwirtschafteter Masse quotal im Rahmen des Insolvenzverfahrens bei der Schlussverteilung berücksichtigt. Der Kaufinteressent hat hiermit nichts zu tun.

Das auch in diesem Zusammenhang zentrale Problem, welches sich dem Kaufinteressenten stellt, ist die bei einem Betriebsübergang – und dieser wird auch durch den Kauf eines Unternehmens, Betriebes oder Betriebsteiles im Wege des Asset-Deals ausgelöst – zwingend folgende Überleitung sämtlicher bei Übergabe bestehender Arbeitsverhältnisse auf die übernehmende Gesellschaft, § 613 a BGB. Dies bedeutet nichts anderes, als dass nach der Gesetzeslage sämtliche Arbeitsverhältnisse – mit weitgehendem Bestandsschutz – auf den Erwerber übergehen. Es bleiben also der vertragliche Inhalt und Bestand der Arbeitsverhältnisse unangetastet. Der evidente Sinn dieser Vorschrift, Bestandsschutz für Arbeitnehmer zu bieten, wird inzwischen seit Jahrzehnten zwischen Arbeitsrechtlern und Insolvenzrechtlern kontrovers diskutiert. Während die Arbeitsrechtler behaupten, es scheitere kein einziger Betriebsübergang an § 613 a BGB, wird dies von Insolvenzverwaltern durchaus anders beurteilt. Tatsache ist, dass die gesetzliche Arbeitsplatzgarantie, die § 613 a BGB propagiert, einen erheblichen Raum in den Übernahmeverhandlungen einnimmt. Richtig ist auch, dass nicht zuletzt durch die Rechtsprechung des Bundesarbeitsgerichts verschiedene Gestaltungsmöglichkeiten geschaffen wurden, um Betriebsübergänge aus der Insol-

---

[67] Vertiefend: Abschnitt 7.2.4

[68] Abschnitt 6.3

venz nicht von vornherein an einem überdimensionierten Arbeitsplatzschutz scheitern zu lassen. Auf die Einzelheiten wird zurückzukommen sein.[69]

3.2.3   Anteilskauf (Share-Deal)

Der Anteilskauf aus der Insolvenz unterliegt keinen Besonderheiten. Er kommt dann in Betracht, wenn die insolvente Gesellschaft Beteiligungen hält oder es sich gar um verbundene Unternehmen i. S. d. § 15 AktG handelt. Die Übertragung solcher, in die Insolvenzmasse fallender Beteiligungen erfolgt nach den jeweils einschlägigen gesellschaftsrechtlichen Vorschriften. Insolvenzrechtlich zu beachten sind lediglich intern wirkende Zustimmungserfordernisse, die eine Mitwirkung von Gläubigerausschuss oder Gläubigerversammlung erforderlich machen.[70]

Allerdings ist auf folgendes hinzuweisen:

■ Zivilrechtliche Haftungsverhältnisse bleiben, auch soweit der Schuldner von Primäransprüchen beispielsweise im Rahmen eines Insolvenzplanverfahrens befreit wird, § 227 Abs. 1 InsO, bestehen. So bleibt etwa eine gesamtschuldnerisch haftende Tochtergesellschaft weiterhin für Verbindlichkeiten verhaftet, selbst wenn die mithaftende, insolvente Muttergesellschaft aufgrund eines erfolgreich durchlaufenen Insolvenzplanverfahrens hiervon befreit wurde. Dies gilt auch für akzessorische Sicherheiten (z. B. Bürgschaft), die eine Tochtergesellschaft für originäre Verbindlichkeiten ihrer insolventen Muttergesellschaft übernommen hat. Befreit wird allein der Schuldner vom möglichen Rückgriffsanspruch seiner Mitschuldner oder Bürgen, § 254 Abs. 2 InsO. Der Gesetzgeber hat die Haftungsfreistellung des Schuldners über einen gerichtlich bestätigten, rechtskräftigen Insolvenzplan lediglich auf die persönliche Haftung des Gesellschafters einer Gesellschaft ohne Rechtspersönlichkeit (GbR, oHG, KG) oder einer Kommanditgesellschaft auf Aktien erstreckt, § 227 Abs. 2 InsO. Soll daher eine mithaftende oder bürgende Gesellschaft verkauft werden, müssen Haftungsfreistellungen mit den Gläubigern individuell selbst dann vereinbart werden, wenn die Mit- oder Hauptschuldnerin (z. B. Muttergesellschaft) erfolgreich ein Insolvenzplanverfahren durchlaufen hat.

■ Erhalten bleiben bei Konzernverhältnissen Haftungsansprüche aus insbesondere umsatzsteuerlicher Organschaft für Steueransprüche aus dem gesamten steuerlichen Organkreis, § 73 AO.[71] Verschärft wird die Haftungssituation noch dadurch, dass Vorsteuerberichtigungsansprüche gemäß § 17 Abs. 2 S. 1 Nr. 1 i.V.m. Abs. 1 S. 1. Nr. 2 UStG bei dem insolventen Organträger entstehen können, für welche die Organschaft ebenfalls haftet. Hier hilft letztlich nur die rechtzeitige Aufhebung der Organschaft durch Beendigung der organisatorischen Eingliederung spätestens im Eröffnungsverfahren.[72]

---

[69] Abschnitt 8.3.2

[70] Kapitel 9

[71] Hierzu vertiefend: Windhöfel/Ziegenhagen/Denkhaus, Rn. 796 ff.

[72] Windhöfel/Ziegenhagen/Denkhaus, Rn. 813 – 815

3.3 Branchenspezifische Besonderheiten

Jede Branche verfügt über ihre Besonderheiten, die sich auch beim Unternehmenskauf aus der Insolvenz niederschlagen. Dabei sind nicht branchenspezifische Differenzierungen gemeint, die sich typisierend aus dem jeweiligen Handlungsumfeld ergeben, also im Wesentlichen als produzierendes, handelndes oder dienstleistendes Gewerbe. Gemeint sind selbst erlebte und erfahrene Umstände, die zusätzlich auftreten können. Dabei sind im konkreten Fall aufgrund besonderer, meist rechtlicher Rahmenbedingungen die nachgenannten Tätigkeitsfelder wie aufgeworfenen Problemstellungen lediglich beispielhaft und in keinem Fall abschließend zu verstehen. Sie mögen für die besondere Problemlage sensibilisieren.

3.3.1 Krankenhäuser

Krankenhäuser, die gesetzlich versicherte Patienten behandeln, unterliegen strengen gesetzlichen Anforderungen, die im Wesentlichen im SGB V (Gesetzliche Krankenversicherung) geregelt sind. Dort finden sich insbesondere im dritten Abschnitt des vierten Kapitels (§§ 107 ff. SGB V – Beziehungen zu Krankenhäusern und anderen Einrichtungen) sowohl für Akutkliniken als auch für Krankenhäuser, die ausschließlich medizinische Leistungen zur Vorsorge und medizinischen Rehabilitation einschließlich der Anschlussbehandlung anbieten, Vorschriften, die bei einem Unternehmenskauf aus der Insolvenz zu beachten sind. Dabei laufen die Regelungen für Akutkrankenhäuser (§§ 108 – 110 SGB V) und für Rehabilitationsanstalten (§ 111 SGB V) in diesem Zusammenhang weitgehend parallel:

Die in privatrechtlicher Gestalt betriebenen Krankenhäuser müssen, um gesetzlich versicherte Patienten behandeln zu dürfen, so genannte „zugelassene Krankenhäuser" sein, § 108 SGB V. Dazu gehören auch Anstalten, die mit den jeweils zuständigen Landesverbänden der gesetzlichen Krankenkassen und den Verbänden der Ersatzkassen so genannte Versorgungsverträge abgeschlossen haben. Abschluss und Bestand solcher Versorgungsverträge ist Voraussetzung für die dann gegenüber den gesetzlichen Krankenkassen mögliche, abrechenbare Aufnahme und Behandlung von Patienten. Abgeschlossen werden solche Versorgungsverträge dann, wenn der Vertragspartner die Gewähr für eine bedarfgerechte, leistungsfähige und wirtschaftliche Versorgung der Versicherten bietet, §§ 109 Abs. 3 (Akutkliniken), 111 Abs. 2 SGB V (Reha-Kliniken).

Das Problem beginnt bereits mit Stellung des Insolvenzantrages, spätestens bei Eröffnung des Insolvenzverfahrens. Nachdem die gesetzlichen Krankenkassen bzw. ihre Verbände die anfänglich vertretene Auffassung, mit Antragstellung bzw. Eröffnung des Insolvenzverfahrens sei der Versorgungsvertrag hinfällig, in letzter Zeit nicht mehr aufrechterhalten, wird der (vorläufige) Insolvenzverwalter nicht zu Unrecht mit der Frage konfrontiert, ob die Patientenversorgung in gesetzlich vorgeschriebener Form auch in der Insolvenz gesichert sei. Anderenfalls droht die Kündigung der Versorgungsverträge und damit Entzug der rechtlichen Grundlage, Kassenpatienten zu behandeln. Diese zunächst nur für den (vorläufigen) Insolvenzverwalter bestehende Problematik setzt sich jedoch im Falle des Unternehmenskaufs aus der Insolvenz fort:

■ Ist ein Vermögenskauf vorgesehen, so geht der zwischen dem Schuldnerunternehmen und dem zuständigen Landesverband der Krankenkassen und Ersatzkassen geschlossene Versorgungsvertrag nicht von selbst auf den Erwerber über. Es bedarf entweder eines dreiseitigen Übernahmevertrages (Insolvenzverwalter/Erwerber/Landesverband der Krankenkassen und Ersatzkassen) oder des Neuabschlusses eines Versorgungsvertrages allein zwischen Käufer und dem Landesverband der Krankenkassen und Ersatzkassen. Nur wenn ein solcher Vertrag übergeleitet oder neu abgeschlossen wird, besteht überhaupt die Möglichkeit, ein vom Schuldnerunternehmen betriebenes Krankenhaus mit Belegung durch Kassenpatienten als Erwerber fortzuführen.

■ Selbst beim angedachten Anteilserwerb, bei welchem rein rechtlich betrachtet der bestehende Versorgungsvertrag unberührt bleibt, legen die verbandsmäßig vertretenen Krankenkassen und Ersatzkassen größten Wert darauf, im Vorfeld die Person des Übernehmers kennenzulernen. Es empfiehlt sich daher dringend, diesen Kontakt frühzeitig herzustellen, um auszuloten, ob der künftige Anteilseigner, der dann letztlich verantwortlich für den fortzuführenden Krankenhausbetrieb ist, die Akzeptanz der Kranken- und Ersatzkassen findet.

■ Kommt dann noch die politische Aussage hinzu, landesweit die im Landesbettenplan vorgesehene Kapazität abbauen zu wollen, hat man auf Landesebene auch noch erhebliche, ministerielle Hürden abzubauen, soll der Unternehmenskauf aus der Insolvenz gelingen. Gerade die Insolvenz eines Krankenhausträgers wird nicht selten als willkommener Anlass genommen, die für das Schuldnerunternehmen im Landesbettenplan eingestellten Betten zu streichen, um so der politischen Vorgabe nachzukommen. Auch dieses Feld sollte beackert werden, bevor in ernsthafte Kaufverhandlungen eingetreten wird.

3.3.2   Sozialeinrichtungen

Noch anspruchsvoller werden die zu lösenden Aufgaben dann, wenn das privatwirtschaftlich betriebene Schuldnerunternehmen – meist in gemeinnütziger Form – Sozialeinrichtungen, etwa Kindertageseinrichtungen betreibt. Leben diese Einrichtungen doch neben Spenden und Entgelten der Nutzer überwiegend von öffentlichen Zuschüssen. Neben der Unzahl, auf Bundesebene gesetzlich formulierter Ansprüche auf Förderung von Tageseinrichtungen, §§ 22 ff. SGB XIII, ist die nähere Ausgestaltung dieser Förderung dem Landesrecht überantwortet, § 26 SGB XIII. Die einschlägigen Regelungen über Aufgaben sowie Leistungen finden sich in Bayern beispielsweise in dem Bayerischen Kinderbetreuungsgesetz (BayKiBiG). Dieses Gesetz führt aber wiederum für Kindertageseinrichtungen (Kinderkrippen, Kindergärten, Horte und Häuser für Kinder) in einen wahren Förderdschungel. Zuständig sind – für jeweils unterschiedliche Teilbereiche – der Bezirk, der Landkreis sowie die Gemeinden. Selbst wenn es einem – zugegebenermaßen als sozialrechtlichen Laien – gelingen sollte, die Finanzierungsstrukturen zu verstehen und nachzuvollziehen, wird man in Zeiten knapper öffentlicher Kassen langen Atem benötigen, um die Bereitschaft der zuständigen Gebietskörperschaft – selbstverständlich in Verzahnung mit den anderen, ebenfalls verantwortlichen Körperschaften – zu erreichen, die zur ordnungsgemäßen Fortführung der Einrichtungen notwendigen Förderbeiträge auch tatsächlich zu erbringen.

Dieser selbstverständlich rein fiskalisch determinierte Hürdenlauf hat nicht nur der (vorläufige) Insolvenzverwalter anzutreten, sondern auch der Übernehmer. Das einzig tröstliche hierbei ist, dass der Übernehmer in der Regel selbst eine Sozialeinrichtung ist, die sich in dem beschriebenen Dschungel auskennt und über die zur Lösung notwendigen Kontakte verfügt. Ansonsten ist in diesem Geschäftsfeld ein Unternehmenskauf aus der Insolvenz allein aus diesen Gründen kaum zu bewerkstelligen.

Ein Fall aus der erlebten Praxis mag dies verdeutlichen: Eine Sozialeinrichtung, betrieben in Form einer gemeinnützigen GmbH, betrieb in einem Landkreis in Bayern mehrere Kindertageseinrichtungen, im Wesentlichen Kinderkrippen, Kindergärten und Horte. Insgesamt besuchten etwa 700 Kinder diese Einrichtungen. Diese für den Landkreis nicht ganz unbedeutende Einrichtung für die gesetzlich vorgeschriebene Kinderbetreuung wurde im Wesentlichen dadurch insolvent, dass die Fördermittel unerwartet und in deutlichem Umfang gekürzt wurden. In langwierigen, da auf verschiedenen Ebenen zu führenden Gesprächen, unterstützt durch bundesweit auf diesem Gebiet ausgewiesene Sachverständige, gelang es in einem ersten Schritt, die Fördermittel auch in der Zeit der Betriebsfortführung durch die Insolvenzverwaltung zu erhalten. Ebenso schwierig war es jedoch, die Zustimmung einschließlich Neuabschluss neuer Förderzusagen für den Fall des Unternehmenskaufs aus der Insolvenz zu bekommen. Die zähen Verhandlungen, wiederum geführt auf verschiedenen Ebenen, waren letztlich nur deshalb erfolgreich, da es sich bei dem Übernehmer selbst um eine renommierte, im Landkreis ansässige Sozialeinrichtung handelte, die, auch kirchlich gestützt, über das notwendige Format und die erforderlichen Kontakte verfügte, die gesetzliche Förderung auch nach Übernahme zu erhalten.

3.3.3   Freiberufler

Gerät ein Freiberufler (z. B. Arzt, Rechtsanwalt, Steuerberater, Wirtschaftsprüfer, Architekt) in die Insolvenz, so wirft dies für den Verkauf der von ihm betriebenen Praxis/Kanzlei zusätzliche Fragen auf:

Die erste Frage stellt sich dahingehend, ob die Praxis/Kanzlei eines Freiberuflers überhaupt durch einen Insolvenzverwalter verwertbar ist. Dies ist sie dann, wenn sie dem Insolvenzbeschlag unterliegt, also zum Schuldnervermögen i.S.d. § 35 Abs. 1 InsO gehört. Während bislang der Wert einer freiberuflichen Praxis für grundsätzlich unverkäuflich gehalten wurde, wird inzwischen von der herrschenden Meinung, basierend auf einer sich kontinuierlich entwickelten Rechtsprechung, im Interesse einer Gleichbehandlung auch der Praxiswert eines Freiberuflers als veräußerbar angesehen.[73]

Als nächstes stellt sich die Frage, ob die Praxiseinrichtung, da eigentlich unpfändbar und daher nicht dem Insolvenzbeschlag unterliegend, § 36 Abs. 1 InsO, vom Insolvenzverwalter verkauft werden kann. Hier umfasst der Pfändungsschutz des § 811 Abs. 1 Nr. 5 ZPO

---

[73] Uhlenbruck/Hirte, § 35 Rn. 276 f. m.w.N.

alle Gegenstände, die zur Berufsausübung erforderlich sind mit der Folge, dass jedenfalls weite Teile einer Kanzlei- oder Praxiseinrichtung nicht dem Insolvenzbeschlag unterliegen, § 36 Abs. 1 S. 1 InsO.

Im Gegensatz hierzu geht die herrschende Meinung wegen § 36 Abs. 2 Nr. 1 InsO, wonach die Geschäftsbücher des Schuldners dem Insolvenzbeschlag unterliegen, davon aus, dass auch Mandanten- oder Patientenunterlagen der Verfügungsbefugnis des Insolvenzverwalters unterstehen. Das zu lösende Problem besteht allerdings darin, dass die zu Gunsten der jeweiligen Mandanten/Patienten gesetzlich normierte Geheimhaltungspflicht beachtet werden muss. Eine Überleitung auf den neuen Kanzlei- bzw. Praxisbetreiber begegnen im Hinblick hierauf keinen Bedenken, wenn der jeweilige Mandant/Patient hierzu ausdrücklich seine Zustimmung erteilt. Dies kann bei einem überschaubaren Kreis betroffener Mandanten/Patienten dadurch geschehen, dass die Betreffenden im Vorfeld angeschrieben und um Zustimmung gebeten werden. Bei alteingesessenen Praxen/Kanzleien dürfte diese Vorgehensweise jedoch an der Menge scheitern. Für diesen Fall wird vorgeschlagen, dass der Erwerber die entsprechenden Daten für den Veräußerer unter Verschluss verwahrt mit der Maßgabe, die Daten erst dann zu nutzen, wenn der jeweils betroffene Patient/Mandant (beispielsweise bei einem Praxisbesuch) ausdrücklich zugestimmt hat.[74]

Der Verkauf einer Praxis/Kanzlei eines insolventen Freiberuflers setzt jedoch weiter voraus, dass der Geschäftsbetrieb bis zum Verkauf und Übertragung am Laufen erhalten bleiben konnte. Hier gilt nichts anderes als auch generell beim Unternehmenskauf aus der Insolvenz: Ein nicht mehr aktives Unternehmen verliert sehr schnell seine Attraktivität. Beim angedachten Praxis-/Kanzleiverkauf aus der Insolvenz ist der bereits mehrfach beschriebene Zeitdruck noch ein besonderer:

- ▪ Oftmals findet sich in berufsrechtlichen Regelungen die Klausel, dass einem im Vermögensverfall geratenen Freiberufler die berufsrechtliche Zulassung im Regelfall zu entziehen ist.[75] Bis zur Rechtskraft des Widerrufs der Zulassung ist hingegen die Berufsausübung rechtlich weiterhin möglich. Es ist daher Eile geboten, umgehend nach Eröffnung des Insolvenzverfahrens mit der Verkaufsaktion zu beginnen oder gar bereits umzusetzen, um keine zeitliche Lücke in die Betriebsfortführung zu bekommen.

- ▪ Eine weitere Besonderheit stellt schließlich die oftmals sehr wertvolle Kassenzulassung als Vertragsarzt (Kassenarzt) dar. Hier gilt in der Insolvenz, dass diese Zulassung personenbezogen, also an die Person des jeweils insolventen Arztes gebunden ist. Sie fällt somit nicht in den Insolvenzbeschlag.[76] Auf diesem Hintergrund kann es sinnvoll sein, dem Schuldner über ein Insolvenzplanverfahren in die Restrukturierung der insolventen Praxis einzubinden, um hierdurch die Kassenzulassung zu erhalten.

---

[74] Uhlenbruck/Hirte, § 35 Rn. 280

[75] Uhlenbruck/Hirte, § 35 Rn. 290

[76] Uhlenbruck/Hirte, § 35 Rn. 277; Braun/Bäuerle, § 35 Rn. 46

Die vorskizzierten Schwierigkeiten bringen es mit sich, dass Praxis- bzw. Kanzleiverkäufe von insolventen Betreibern nur bedingt attraktiv und damit auch erfolgreich sind. Der Erfolg wird maßgeblich geprägt durch die Kooperationsbereitschaft des betreffenden Schuldners. Dass dieser dabei aus verständlichen Gründen für sich persönlich auch eine berufliche Perspektive sehen möchte, ist nachvollziehbar, erleichtert jedoch die geplante Transaktion nicht unbedingt.

3.3.4 Börsennotierte Aktiengesellschaft

Es entspricht ganz herrschender Rechtsauffassung, dass die Eröffnung eines Insolvenzverfahrens über das Vermögen einer börsennotierten Aktiengesellschaft[77] keinen Einfluss auf die Börsenzulassung hat. Vielmehr bleibt die Gesellschaft an der Börse in ihrem ursprünglichen Segment notiert. Allerdings müssen die nach Wertpapierhandelsgesetz, Börsengesetz und jeweiligen Börsenordnungen definierten Auflagen[78] in vollem Umfang erfüllt werden. Anderenfalls droht seitens der Börse ein (zwangsweiser) Widerruf der Börsenzulassung.

Der Anreiz, eine börsennotierte Aktiengesellschaft über ein Insolvenzplanverfahren zu entschulden und gegebenenfalls – nach entsprechenden Kapitalschnitten – über die Börse neu zu platzieren, ist durch die gesetzliche Einschränkung, bei Inhaberwechsel die Verlustvorträge zu erhalten[79], weitgehend erloschen. Ein eventuell noch verbleibender Anreiz, die Börsennotierung zu erhalten und damit die Kosten eines going public zu ersparen, dürfte endgültig an folgenden Hürden scheitern:

- ■ Die zur Aufrechterhaltung der Börsennotierung nach den einschlägigen, kapitalmarktrechtlichen Vorschriften notwendigen Maßnahmen müssen vom Insolvenzverwalter erbracht und aus der Insolvenzmasse bezahlt werden. Dies legt § 43 BörsG als Reaktion auf die Rechtsprechung des Bundesverwaltungsgerichts[80], das die Börsennotierungsgebühren als Masseverbindlichkeiten qualifizierte, nunmehr für alle nach dem BörsG vom Emittenten zu erbringenden (finanziellen) Pflichten ausdrücklich fest. Die Verpflichtung gilt sogar im Eröffnungsverfahren für den vorläufigen Insolvenzverwalter, § 43 Abs. 2 BörsG.

---

[77] Nach § 3 Abs. 2 AktG sind „börsennotiert" i.S.d. AktG „Gesellschaften, deren Aktien zu einem Markt zugelassen sind, der von staatlich anerkannten Stellen geregelt und überwacht wird, regelmäßig stattfindet und für das Publikum mittelbar oder unmittelbar zugänglich ist".

[78] Seit Ende 2004 gelten weiter verschärfte Anforderungen durch das Anlegerschutzverbesserungsgesetz (AnSVG) vom 28.10.2004, BGBl. I, S. 2630 ff., in Kraft seit dem 30.10.2004, sowie der Wertpapierhandelsanzeige- und Insiderverzeichnisverordnung (WpAIV) vom 13.12.2004, BGBl. I, S. 3376 ff., in Kraft seit 18.12.2004; ein weiteres Gesetz zur Verbesserung des Anlegerschutzes ist in Bearbeitung (Entwurf eines Anlegerschutzverbesserungsgesetz)

[79] Abschnitt 3.2.1.3

[80] BVerwG U. v. 16.12.2009, ZIP 2010, 487 mit Anm. Ott (EWiR 2010, 365)

■ Ob eine Kapitalbeschaffung über die bestehende Börsenzulassung nach durchlaufener Insolvenz überhaupt möglich ist, erscheint fraglich. Hier kann nur über die Erfahrungen berichtet werden, dass erstaunlicherweise selbst während eines eröffneten Insolvenzverfahrens über das Vermögen börsennotierter Aktiengesellschaften erhebliche Kursschwankungen durch getätigte Börsengeschäfte – meist allerdings im Cent-Bereich – zu verzeichnen sind.

Was in der Regel bleibt, ist das vom Insolvenzverwalter einzuleitende Delisting, was aber wiederum und trotz Änderung der Gesetzeslage durch das Transparenzrichtlinien-Umsetzungsgesetz (TUG) vom 05.01.2007 weiterhin erhebliche „Stolpersteine" mit sich bringt.[81]

Eine völlig andere, wenngleich ebenso seltene wie interessante Variante liegt dann vor, wenn eine in der Insolvenz sanierte Gesellschaft mit fortgeführtem Geschäftsbetrieb anschließend an die Börse geführt werden soll. Ein solches Beispiel liefert der Fall des Unterwäscheherstellers Schiesser:

Wie der Presse zu entnehmen war, stimmte die Gläubigerversammlung den entsprechenden Plänen, Schiesser aus der Insolvenz an die Börse zu führen, zu. Das going public soll im zweiten Quartal 2011 stattfinden und die Gläubigerforderungen von insgesamt EUR 66 Mio. zumindestens zu 70 %, wenn nicht gar vollständig aus dem über die Börse einzusammelnden Kapital bedienen.[82]

Man darf gespannt sein, ob dieses außergewöhnliche Vorhaben gelingt. Auch diese Variante liefert ein Beispiel für die Vielfalt von Gestaltungsmöglichkeiten, welche sich bei der Sanierung durch Insolvenz ergeben können.

3.4   Verbundene Unternehmen (Konzern)

Das deutsche Insolvenzrecht – Konkursordnung wie Insolvenzordnung – kennt keine materiellen Regelungen über verbundene Unternehmen. Dabei spielt der Grad der Verbundenheit, wie er in §§ 15 ff. AktG differenziert geregelt ist, keine Rolle. Selbst für abhängige und herrschende Unternehmen i.S.d. § 17 Abs. 1 AktG oder Konzernunternehmen nach § 18 AktG fehlt es an materiellen, insolvenzrechtlichen Regeln, wenn derartige Unternehmensgebilde insgesamt insolvent werden. Folgt die Insolvenzverwaltung dann nicht den vorgegebenen, gesellschaftsrechtlichen Leitungsstrukturen der insolventen Unternehmensgebilde, liegt also die „einheitliche Leitung" i.S.d. § 18 Abs. 1. S. 1 AktG nicht in der Hand *eines* (vorläufigen) Insolvenzverwalters, droht allein dadurch die Atomisierung der Unternehmensgruppe, dass verschiedene Gerichte zuständig sind und damit mehrere (vorläufige) Insolvenzverwalter mit der Verwaltung der Konzerninsolvenz beauftragt

---

[81] Hirte, ZInsO 2006, 1289 (1296); Ott, EWiR 2010, 365

[82] Süddeutsche Zeitung vom 10.12.2010, S. 24

werden. Seinen rechtlichen Grund hat dies in § 11 Abs. 1 S. 1 InsO, der die Insolvenzfähigkeit verbundener Unternehmen, selbst wenn sie unter einer einheitlichen Leitung stehen, ausschließt. Damit aber ist auch ein einheitlicher Unternehmenskauf aus der Insolvenz nach den Vorstellungen des Gesetzgebers nicht möglich, was insbesondere dann äußerst nachteilig ist, wenn innerhalb eines Konzerns einheitliche Produktions- und Vertriebsprozesse auf mehrere abhängige Unternehmen ausgegliedert sind.

Ein erster, entscheidender Schritt zur Lösung des Problems hat die Rechtspraxis bereits unter dem Geltungsbereich der Konkursordnung gefunden. So haben Konkursgerichte ihre örtliche Zuständigkeit großzügig bejaht, um eine einheitliche Abwicklung von Konzernunternehmen durch die Bestellung *eines* Konkursverwalters zu ermöglichen.[83] Dieser Lösungsansatz setzt sich bis heute über § 3 Abs. 1 S. 2 InsO fort. Dort ist geregelt, dass ausschließlich das Insolvenzgericht zuständig ist, in dessen Bezirk der „Mittelpunkt einer selbständigen wirtschaftlichen Tätigkeit des Schuldners" liegt. Inzwischen hat sich – zumindest bei den größeren Insolvenzgerichten – die Tendenz durchgesetzt, den „Mittelpunkt einer selbständigen wirtschaftlichen Tätigkeit" i.S.d. § 3 Abs. 1 S. 2 InsO mit dem Ort gleichzusetzen, an dem die „einheitliche Leitung" i.S.d. § 18 Abs. 1 S. 1 AktG eines Konzern ihren Sitz hat. Fälle wie Qimonda, Arcandor etc. belegen diese Praxis.

Da eine klarstellende gesetzliche Regelung jedoch fehlt, bleibt bei Insolvenz einer verbundenen Unternehmensgruppe, gar eines Konzerns immer noch erhebliche Rechtsunsicherheit. Liegt es doch letztlich allein in der Entscheidungsverantwortung des jeweils zuständigen Richters, ob er dem beschriebenen Trend seiner Kollegen folgt. Rechtssicherung ist damit nicht gegeben.

Es wird deshalb bereits seit geraumer Zeit über ein Konzerninsolvenzrecht auf politischer Ebene diskutiert, ohne dass sich jedoch konkrete Ergebnisse abzeichnen. Angestoßen wurde diese Diskussion wieder in einer Rede der Bundesministerin der Justiz Sabine Leutheusser-Schnarrenberger am 17.03.2010 in Berlin. So erklärte die Ministerin auf dem 7. Deutschen Insolvenzrechtstag zur Problematik der Konzerninsolvenzen: „Längerfristige Ziele, die wir in einer dritten Stufe angehen werden, sind dann Regelungen für die Konzerninsolvenzen ...".[84] Nachdem man sich politisch immer noch auf der ersten Stufe bewegt, dürfte die Umsetzung der politischen Verheißung noch einige Zeit auf sich warten lassen. Bislang lässt sich lediglich folgendes erkennen:

■ Der bereits über § 3 Abs. 1 S. 2 InsO von der Rechtspraxis gefundene Konzerngerichtsstand[85] soll explizit gesetzlich verankert werden. Danach soll sich der Konzerngerichtsstand am Sitz der Muttergesellschaft befinden.

---

[83] Braun/Kießner, § 3 Rn. 19

[84] NZI aktuell, Heft 8/2010, S. VII

[85] Braun/Kießner, § 3 Rn. 19; Uhlenbruck/Pape, § 3 Rn. 11

■ Es soll ein Insolvenzverwalter/Sonderverwalter für bestimmte Aufgabenbezirke eingesetzt werden.

■ Ein materielles Konzerninsolvenzrecht ist nicht geplant.

Ansonsten scheint noch vieles in der Diskussion zu sein. Dies gilt auch für die zentralen Probleme der Konzernfinanzierung.

Die Zuständigkeitsproblematik setzt sich auf europarechtlicher Ebene fort. Jedoch tritt auch hier nach den zunächst heftig geführten Zuständigkeitsschlachten[86] eine gewisse Versachlichung und damit auch Entspannung ein. Fälle wie Eurofood[87] und Hans Brochier[88] tragen dazu bei, der Praxis weitere Orientierung zu geben.[89] Bis es jedoch auch europarechtlich zu einer plan-, da berechenbaren rechtlichen Handhabung kommt, wird noch einige Zeit vergehen.

---

[86] High Court of Justice Leeds, B. v. 16.05.2003, ZIP 2003, 1362 (Daisytek) einerseits; AG Düsseldorf, B. v. 06.06.2003, ZIP 2003, 1363 (ISA II) andererseits; hierzu: Paulus, ZIP 2003, 1725 – 1729

[87] EuGH, U. v. 02.05.2006, ZIP 2006, 907 – 911

[88] Hierzu: Braun/Kießner, § 3 Rn. 29

[89] Pannen/Pannen, Europäische Insolvenzordnung, Art. 3 Rn. 7 ff.

4 Von der Unternehmenskrise zum Insolvenzverfahren

Der nachhaltige Erfolg eines Unternehmenskauf aus der Insolvenz wird maßgeblich von der Kenntnis des Käufers über Krisenursachen und Krisenentwicklungen bestimmt, welche das Schuldnerunternehmen vor allem in den letzten Monaten vor Stellung des Insolvenzantrags durchlaufen hat. Kenntnis und Analyse der Krisenursachen sind für eine seriöse Kaufentscheidung prägend. Sind die Krisenursachen bekannt, sind sie überwindbar oder gar bereits überwunden?

Die Krisenentwicklung folgt ihrer eigenen, betriebswirtschaftlich nachvollziehbaren Regie mit typischen Merkmalen: Das Schuldnerunternehmen als Handlungssubjekt durchläuft verschiedenen Krisenstadien. Erst nach misslungenen Sanierungsbemühungen driftet es in die wirtschaftliche und rechtliche Auflösung. Eine wohlüberlegte, auf dauerhafte Rentabilität angelegte Kaufentscheidung wird daher von dem Wissen getragen, in welchem Krisenstadium, ausgelöst durch definierbare Krisenursachen, sich das zum Verkauf anstehende Unternehmen befindet.

Spätestens bei Stellung des Insolvenzantrages wird es vom Handlungssubjekt zum Handlungsobjekt. Es wird zum Gegenstand des möglichen Unternehmenskaufs aus der Krise. Die Akteure wechseln. Auf die Bühne treten mit schrittweise sich verstärkenden Kompetenzen der (vorläufige) Insolvenzverwalter und die (Sicherungs-)Gläubiger. Die Regie hat nunmehr den gesetzlichen Regeln eines Insolvenzantragsverfahrens (Eröffnungsverfahren) sowie eines eröffneten Insolvenzverfahrens zu folgen. Der Kaufinteressent ist daher gut beraten, im konkreten Fall nicht nur die Krisenentwicklung des zum Verkauf anstehenden Unternehmens zu kennen, um eine wirksame Neuausrichtung zeitig einleiten zu können. Er sollte auch über die rechtlichen Modifikationen, bedingt durch das beantragte Insolvenzverfahren, sowie die für den Unternehmenskauf wesentlichen Abläufe eines Insolvenzverfahrens Bescheid wissen. Nur dann nämlich bewegen sich Verkaufsgespräche und Verkaufsverhandlungen in einem homogenen und auch für den Kaufinteressenten transparenten Umfeld.

Ein Ausleuchten der „Verhandlungskulisse" beinhaltet daher die notwendige Auseinandersetzung mit

- den Abläufen der Unternehmenskrise bis zum beantragten und eröffneten Insolvenzverfahren,

- der konkreten Standortbestimmung bei Kontaktaufnahme und Verhandlungsbeginn im Hinblick auf zeitliche Abläufe (Zeitachse) und mögliche Kontaktpersonen,

- dem rechtlichen und wirtschaftlichen Umfeld, in dem sich der (vorläufige) Insolvenzverwalter bewegt.

Das Ausleuchten dieser „Kulisse" ist Gegenstand der folgenden Untersuchungen.

4.1   Unternehmenskrise

Steht der Kauf von Unternehmen aus der Insolvenz an, so hat das Schuldnerunternehmen in der Regel bereits alle Stufen einer Unternehmenskrise durchlaufen. Es ist im rechtlichen Sinne insolvent, also zumindest drohend zahlungsunfähig, zahlungsunfähig und/oder überschuldet.[90]

Die insolvenzrechtliche Begrifflichkeit erschöpft jedoch die betriebswirtschaftliche Krise eines Unternehmens nicht. Sie definiert ihr Erscheinungsbild, nicht aber ihre Ursachen. Selbst das Erscheinungsbild wird, wie zu zeigen ist, nur teilweise in insolvenzrechtliche Begriffe gefasst.

Die Krisenursachen und Krisenabläufe zu kennen[91], gehört zu den elementaren Voraussetzungen, um das zu erwerbende Schuldnerunternehmen oder Teile hiervon restrukturieren zu können. Ohne Kenntnis dieser Zusammenhänge wird es dem Käufer schwerlich gelingen, das Unternehmen langfristig wieder operativ profitabel zu machen. Die Insolvenz ist letztlich nur die Konsequenz einer nicht bewältigten Unternehmenskrise; sie ist nicht ihre Ursache. So liegt der (drohenden) Zahlungsunfähigkeit die Liquiditätskrise zu Grunde, die eingetretene Überschuldung hat ihre Ursache in der Vermögens-/Ertragskrise. Ausgangspunkt aller Schwierigkeiten ist letztlich die strategische Krise, die jedoch rechtlich weder definiert ist, noch irgendwelche rechtliche Handlungszwänge auslöst. Die Bewältigung der strategischen Krise ist allein dem unternehmerischen Geschick überantwortet.

Vom Erscheinungsbild her treten die verschiedenen Krisenabschnitte in umgekehrter Reihenfolge auf, wie sie tatsächlich historisch entstanden sind: Erst die Liquiditätskrise wird für den Außenstehenden, beispielsweise den Geschäftspartner, erkennbar. Dies erschwert nicht nur die Krisenerkennung, sondern für einen potenziellen Käufer auch die Krisenanalyse. Es macht daher Sinn, sich mit den einzelnen Stufen einer Krisenabfolge etwas genauer zu beschäftigen. Dies soll in der historisch verlaufenden Reihenfolge geschehen.

---

[90] Hierzu: Abschnitt 4.2.2; zu den Krisenabläufen aus betriebswirtschaftlicher Sicht: Evertz/Krystek, Das Management von Restrukturierung und Sanierung in Evertz/Krystek (Hrsg.), Restrukturierung und Sanierung von Unternehmen, S 19 ff. (22 – 26); zu den differenzierteren Krisenstadien nach IDW S 6: Crone, Die Unternehmenskrise, in Crone/Werner, Modernes Sanierungsmangement, S 2. ff.; zu Restrukturierungsmöglichkeiten in unterschiedlichen Krisenstadien umfassend: Theiselmann (Hrsg.), Praxishandbuch des Restrukturierungsrechts, 2010

[91] Hierzu: Crone, Die Unternehmenskrise, in Crone/Werner, Modernes Sanierungsmanagement, S. 9 ff.

4.1.1 Strategische Krise

Sieht man einmal von den wenigen Fällen ab, in denen ein Unternehmen allein durch externe, unternehmerisch nicht beeinflussbare Gründe in die Krise gerät[92], so ist die strategische Krise der eigentliche, unternehmensimmanente Grund für die Insolvenz eines Unternehmens.

Sie hat ihre Ursachen letztlich in unternehmerischen Fehlentscheidungen. Dies können falsche Weichenstellungen in den verschiedensten Bereichen (Entwicklung, Produktion, Produktinnovation, Vertrieb etc.) sein. Oftmals sind es aber auch Entwicklungen am Markt, die vom Management nicht zur Kenntnis genommen worden sind. Hierunter fallen beispielsweise marktnotwendige Innovationen, Weiterentwicklungen, Technologiewechsel, rationelle Fertigungsweisen, Sortimentswechsel etc.

Diese (historischen) Fehlentwicklungen und ihre Ursachen zu kennen, ist wichtiger Bestandteil einer Kaufentscheidung. Oftmals kann als aussagefähige Quelle hierbei auf nicht oder nicht rechtzeitig umgesetzte Sanierungskonzepte zurückgegriffen werden, die erstaunlicherweise in Schuldnerunternehmen existieren. So finden sich in den betroffenen Unternehmungen nicht selten Abhandlungen externer Berater über Krisenursachen und Fehlentwicklungen in der Unternehmung. Die Analysen sind nicht nur für den späteren Insolvenzverwalter, sondern auch für den Kaufinteressenten von Bedeutung. Allerdings können diese Dokumentationen lediglich Hinweise geben: Oftmals hat die strategische Krise zwischenzeitlich zu deutlich mehr Substanzverlust geführt als dies in der Begutachtung zum Vorschein kommt. Die seinerzeit ausgesprochenen Empfehlungen enthalten daher meist lediglich wertvolle Fingerzeige für vertieft zu untersuchende Krisenursachen und fortgeschrittene Krisenentwicklungen. Sie schärfen das Problembewusstsein, bieten aber unter dem Gesichtspunkt der fortgeschrittenen Fehlentwicklung in der Regel keine Lösungen mehr an.

Ihr eigentlicher Vorteil liegt darin, einen probaten Einstieg in die vorhandenen Restrukturierungspotenziale zu liefern. Ist beispielsweise zum Zeitpunkt der gutachterlich empfohlenen, letztlich aber fehlgeschlagenen Sanierungsbemühungen ein viel zu hohes Warenlager Ursache der angespannten Liquidität, so wird der Lagerbestand bis zum Ausbruch der Insolvenz – dokumentiert durch den gestellten Insolvenzantrag – erfahrungsgemäß weiter angewachsen sein. Die konkreten Ursachen für den weiter erhöhten Lagerbestand sind zu hinterfragen. Meist liefert bereits ein Gespräch mit der zweiten Führungsebene erste probate Antworten. Auch der in einem vorgefundenen Sanierungsgutachten diagnostizierte verpasste Anschluss an moderne Produktionsmethoden, Fertigungsrationalisierung, Straffung des Vertriebes bis hin zu einer wenig motivierenden Festvergütung des Außendienstes findet sich in der Insolvenzphase unverändert, oftmals allerdings in weiter verschlech-

---

[92] Z.B. Automobilzulieferindustrie im Jahr 2009 aufgrund der weltweiten Finanz- und Wirtschaftskrise; Textilindustrie in den Jahren 2008/2009 mit unerwarteten Umsatzeinbrüchen von durchschnittlich 20 % – 30% gegenüber dem jeweiligen Vorjahreszeitraum

terter Form in dem Krisenunternehmen. Hier bedarf es einer Aktualisierung und nüchternen Analyse dessen, was unter dem Aspekt des Kaufs aus der Insolvenz an noch zu hebenden Restrukturierungspotenzialen tatsächlich vorhanden ist, deren Nutzbarmachung bereits in enger Kooperation mit dem (vorläufigen) Insolvenzverwalter begonnen werden kann.[93]

4.1.2   Vermögens-/Ertragskrise

Es liegt auf der Hand, dass eine strategische Krise zu Fehlentwicklungen und damit letztlich operativen Verlusten führt, die in irgendeiner Weise finanziert werden müssen. Oftmals und fast typischerweise wird, wie sich aus der Rückschau gut belegen lässt, in einer solchen Krisensituation in einem ersten Schritt lediglich das Eigen- und/oder Fremdkapital erhöht. Mit der neuen Liquidität werden jedoch nur Verluste ausgeglichen. Eine Korrektur strategischer Fehlentscheidungen findet meist nicht oder viel zu zögerlich statt.

Es bedarf keiner weiteren Erläuterung, dass bei anhaltender, strategischer Fehlentwicklung und zunehmend kritischerem Verhalten der Fremdfinanzierer gegenüber dem Kreditnehmer dieser Weg nicht in die eigentliche Sanierung führt: Statt das Fremdkapital einzusetzen, um die strategischen Krisenursachen zu beseitigen, werden lediglich deren Folgen, nämlich die operativen Verluste bei steigendem Finanzaufwand finanziert. Das kann so nicht gut gehen.

Findet sich vor diesem Hintergrund kein Fremdkapitalgeber mehr, so muss – sofern noch vorhanden – das Eigenkapital herangezogen werden. Bei der bekanntlich allgemein dünnen Eigenkapitaldecke in bundesrepublikanischen Unternehmen, und nicht nur dort,[94] ist auch hier der Fortbestand des Unternehmens in unveränderter Form sehr endlich. Das Stamm-/Grundkapital halbiert sich, was seitens der Geschäftsleitung zu oft übersehenen, auch strafrechtlich deutlich sanktionierten Anzeigepflichten gegenüber den Gesellschaftern[95] oder gar dem Kapitalmarkt[96] führt. Die dann oft kurzfristig folgende bilanzielle Überschuldung ist das dringende und nicht mehr zu überhörende Signal, einen Überschuldungsstatus aufzustellen. Meist stellt sich dann heraus, dass die Ertrags- und Vermögenskrise bereits zur Überschuldung im insolvenzrechtlichen Sinne geführt hat: Das Ver-

---

[93] Hierzu Kapitel 8

[94] Die neueste Entwicklung kennzeichnet die durch das MoMiG (Gesetz zur Modernisierung des GmbH-Rechts zum 01.11.2008) in § 5 a GmbHG eingeführte „Unternehmergesellschaft", die als Antwort auf die britische Limited bereits mit einem Stammkapital von 1 EURO gegründet werden kann. – Hierzu: Heidenhain, GmbHG, Beck'sche Textausgaben 2008, Einführung, S. XII ff.; Goette, Einführung in das neue GmbH-Recht, 2008; Gehrlein, Das neue GmbH-Recht, 2009

[95] Z. B.: §§ 49 Abs. 3, 84 Abs. 1 Nr. 1 GmbHG; §§ 92 Abs. 1, 401 Abs. 1 Nr. 1 AktG

[96] § 15 WpHG: ad-hoc-Mitteilung; Zur haftungsrechtlichen Konsequenz einer unzutreffenden ad-hoc-Mitteilung: OLG München U. v. 11.01.2005, ZIP 2005, 298 sowie BGH U. v. 19.07.2004, NJW 2004, 2664 – 2668; Fleischer, DB 2004, 2031 – 2036 (sämtlich zu Infomatec)

mögen des Schuldnerunternehmens deckt selbst bei Fortführungswerten nicht mehr seine Verbindlichkeiten, § 19 Abs. 2 InsO. Nunmehr setzen oftmals gesetzliche Handlungszwänge in Form von Insolvenzantragspflichten ein.[97]

4.1.3 Liquiditätskrise

Als zeitlich zuletzt, aber auch am deutlichsten zu Tage tretender Krisenabschnitt ist die Liquiditätskrise zu nennen. Ist das Eigenkapital aufgebraucht, Fremdkapital nicht mehr zu bekommen, so treten die typischen Symptome einer sich sehr schnell realisierenden Liquiditätskrise in Erscheinung:

Die Kreditlinien bei den Banken sind ausgeschöpft, wenn nicht gar deutlich überzogen. Umfang und Ausmaß der Lieferantenkredite steigen an. Eigene Zahlungsverpflichtungen werden nur noch selten pünktlich eingehalten. Zahlungsziele werden großzügigst eigenmächtig ausgedehnt. Mehrfach angemahnte Zahlungsversprechungen werden nur teilweise eingehalten. Die ersten Schecks und Wechsel gehen zu Protest.

Diesen, auch für den betriebswirtschaftlich nicht besonders geschulten Unternehmer deutlichen und spürbar erkennbaren Zustand beschreibt die Liquiditätskrise. Verschärft sie sich, tritt insolvenzrechtlich Zahlungsunfähigkeit ein: Sie ist dann anzunehmen, wenn der Schuldner nicht in der Lage ist, seine fälligen Zahlungspflichten zu erfüllen. Die Einstellung seiner Zahlungen markiert den gesetzlichen Regelfall der Zahlungsunfähigkeit, § 17 Abs. 2 S. 2 InsO.[98]

Während somit die strategische Krise von außen nicht erkennbar ist und auch keine rechtlichen Sanktionen auslöst, führen Vermögens-/Ertragskrise und Liquiditätskrise auf direktem Wege in die Insolvenzantragsgründe der Überschuldung und (drohenden) Zahlungsunfähigkeit. Es setzen nunmehr in der Regel Handlungszwänge durch gesetzlich postulierte Insolvenzantragspflichten ein.

---

[97] Zu bis zum 31.12.2013 befristeten Besonderheiten beim Begriff der Überschuldung: Abschnitt 4.2.2.2

[98] Zur (drohenden) Zahlungsunfähigkeit: Abschnitt 4.2.2.1 und 4.2.2.3

4.2 Eröffnungsverfahren (Antragsverfahren)

4.2.1 Antragsrechte, Antragspflichten

Den Zeitraum zwischen Eingang eines Insolvenzantrages bei Gericht und der Entscheidung des Gerichts über diesen Antrag bezeichnet das Gesetz als Eröffnungsverfahren, untechnisch auch Antragsverfahren. Ihm kommt in Fällen der Betriebsfortführung von insolventen Unternehmen und damit auch beim Kauf eines Unternehmens aus der Insolvenz entscheidende Bedeutung für das Gelingen der geplanten Transaktion zu. Hier werden die Weichen gestellt.

Mit dem für den juristischen Laien verständlicheren Begriff „Antragsverfahren" ist bereits zum Ausdruck gebracht, dass ein Insolvenzverfahren nur auf Antrag eröffnet wird, § 13 Abs. 1 S. 1 InsO. Ausgeschlossen ist damit eine „Eröffnung von Amts wegen". Es ist also rechtlich nicht zulässig, dass ein Gericht sozusagen von sich aus, ohne Anstoß durch einen Insolvenzantrag, über das Vermögen eines Unternehmens – gleich in welchem rechtlichen Gewand – ein Insolvenzverfahren eröffnet oder auch nur Sicherungsmaßnahmen anordnet.

Antragsberechtigt sind gemäß § 13 Abs. 1 S. 2 InsO die Gläubiger, aber auch der Schuldner selbst. Stellt ein Schuldner den Antrag, über das Vermögen seines Unternehmens – sei es in Form einer Kapitalgesellschaft, Personengesellschaft oder als Einzelfirma betrieben – das Insolvenzverfahren zu eröffnen, so spricht man von einem Eigenantrag. Während im gesetzlichen Regelfall der Schuldner freie Hand bei der Entscheidung hat, ob er einen Eigenantrag stellt, gibt es bestimmte Rechtsformen, die den Schuldner kraft Gesetzes zwingen, unverzüglich Insolvenzantrag bei Gericht zu stellen, wenn die hierfür gesetzlich normierten Voraussetzungen eingetreten sind. Diese sind erfüllt, wenn die so genannten Eröffnungsvoraussetzungen der Zahlungsunfähigkeit und/oder Überschuldung[99] vorliegen. Von der gesetzlichen Antragspflicht betroffen sind Unternehmungen, die in einer Rechtsform betrieben werden, die keine natürliche Person als so genannten „Vollhafter" kennt. Einfach ausgedrückt: Gibt es keine natürliche Person, die mit ihrem gesamten privaten Hab und Gut für die Schulden der betreffenden Unternehmung einzustehen hat, besteht kraft Gesetzes die Verpflichtung, bei Vorliegen der Eröffnungsgründe unverzüglich Insolvenzantrag zu stellen. Dies sind zum einen Kapitalgesellschaften (z. B. GmbH, AG), können aber auch Personengesellschaften sein, welche die genannten Prämissen erfüllen. Wichtigstes Beispiel hierfür ist die GmbH & Co. KG, also eine Personengesellschaft (KG), bei welcher der persönlich haftende Gesellschafter (Komplementär) keine natürliche Person, sondern wiederum eine Kapitalgesellschaft (GmbH) ist. Für all diese Gesellschaften gilt die gesetzliche Pflicht, unverzüglich, spätestens jedoch innerhalb von drei Wochen ab Kenntnis, dass Eröffnungsgründe vorliegen, Insolvenzantrag zu stellen. Dabei ist dem weit verbreiteten Irrtum zu widersprechen, der Antragsverpflichtete (z. B. Vorstand der AG,

---

[99] Zur Überschuldung: Beachte die bis zum 31.12.2013 geltende Übergangsregel – Abschnitt 4.2.2.2

Geschäftsführer der GmbH) habe drei Wochen Zeit, bis er den Antrag stellen müsse. Der Insolvenzantrag ist in diesen Fällen vielmehr *unverzüglich* bei Gericht einzureichen. Dies schließt die Möglichkeit ein, sich zuvor fachkundig beraten zu lassen und realistische Möglichkeiten zu ergreifen, die Eröffnungsgründe innerhalb der 3-Wochen-Frist zu beseitigen. Missachten die betroffenen Organe die Insolvenzantragspflicht, drohen neben haftungsrechtlichen auch strafrechtliche Konsequenzen.[100]

Auch die Gläubiger haben die Möglichkeit, bei Vorliegen der *zwingenden* Eröffnungsgründe (Zahlungsunfähigkeit und/oder Überschuldung) bei Gericht zu beantragen, das Insolvenzverfahren über das Vermögen ihres Schuldners zu eröffnen. Es liegt auf der Hand, dass ein Gläubiger hiermit schweres Geschütz gegen seinen Schuldner auffahren kann. Um Missbrauchsfällen zu Lasten des Schuldnerunternehmens vorzubeugen, sieht § 14 InsO daher besondere Voraussetzungen für einen Gläubigerantrag (Fremdantrag) vor: So hat das Gericht zunächst die *Zulässigkeit* eines solchen Antrags zu prüfen. Diese ist nur dann zu bejahen, wenn der Gläubiger ein rechtliches Interesse an der Eröffnung des Insolvenzverfahrens hat sowie Forderungen und Eröffnungsgrund glaubhaft macht, § 14 Abs. 1 InsO. Ist der Antrag zulässig, wird vor einer Entscheidung des Gerichts dem Schuldner rechtliches Gehör gewährt, § 14 Abs. 2 InsO. Damit hat der Schuldner die Möglichkeit, sich im Rahmen der gerichtlichen Antragsprüfung gegen willkürliche oder in der Sache nicht begründete Insolvenzanträge zur Wehr zu setzen.

4.2.2 Eröffnungsgründe

4.2.2.1 Zahlungsunfähigkeit

Allgemeiner Eröffnungsgrund ist die so genannte Zahlungsunfähigkeit, Folge der bereits beschriebenen Liquiditätskrise. Zahlungsunfähigkeit liegt nach § 17 Abs. 2 S. 1 InsO vor, wenn der Schuldner „nicht in der Lage ist, die fälligen Zahlungspflichten zu erfüllen". Als Regelbeispiel nennt das Gesetz den Fall, dass „der Schuldner seine Zahlungen eingestellt hat". Die gerichtliche Praxis[101] nimmt Zahlungsunfähigkeit dann an, wenn der Schuldner in einem Zeitraum von maximal drei Wochen nicht in der Lage ist, seine überwiegenden, fälligen Verbindlichkeiten zu begleichen. Dabei wird das Merkmal „überwiegend" dahin-

---

[100] § 15 a Abs. 4 InsO droht im Falle der bewussten Insolvenzverschleppung Freiheitsstrafe bis zu drei Jahren oder Geldstrafe an, § 15 a Abs. 5 InsO sieht bei Fahrlässigkeit Freiheitsstrafe bis zu einem Jahr oder Geldstrafe vor – auch die Flucht in die Führungslosigkeit der antragspflichtigen Gesellschaft hilft nicht (mehr) weiter. Mit dem Gesetz zur Modernisierung des GmbH-Rechts (MoMiG) vom 23.10.2008 – in Kraft seit 01.11.2008 – trifft die Antragspflicht bei Kenntnis der Führungslosigkeit so wie der Insolvenzgründe auch jeden Gesellschafter (GmbH) oder jedes Aufsichtsratsmitglied (AG/Genossenschaft), § 15 a Abs. 3 InsO.

[101] Grundsatzentscheidung des BGH v. 24.05.2005, NZI 2005, 547; weiterentwickelt in den Urteilen des BGH v. 12.10.2006 (NZI 2007, 36) und 19.07.2007 (NZI 2007, 579); zum Meinungsstand: Braun/Bußhardt, § 17 Rn. 7 ff.

gehend verstanden, dass der Schuldner in der Lage sein muss, mindestens 90 Prozent der fälligen Verbindlichkeiten auszugleichen. Ist er hierzu nicht imstande, liegt Zahlungsunfähigkeit als Eröffnungsgrund vor. Anderenfalls spricht man lediglich von Zahlungsstockung. Die Zahlungsstockung ist kein Eröffnungsgrund. Ebenso wenig ist dies die Zahlungsunwilligkeit, objektiv bestehende Zahlungsfähigkeit vorausgesetzt.[102]

Im Einzelfall ebenso schwierig zu definieren ist das Merkmal der Fälligkeit. Sie kann selbst nach Rechnungsstellung enden, ohne dass eine förmliche Stundungsvereinbarung vorliegt. So hat der BGH, offensichtlich um die drohende Strafsanktion einer Insolvenzverschleppung abzumildern, die Fälligkeit einer Forderung an das „ernsthafte Einfordern" durch den Gläubiger gebunden. Die Kernaussage der Entscheidung lautet: Eine Forderung ist in der Regel dann i. S. von § 17 Abs. 2 InsO fällig, „wenn eine Gläubigerhandlung feststeht, aus der sich der Wille, vom Schuldner Erfüllung zu verlangen, im Allgemeinen ergibt".[103]

4.2.2.2   Überschuldung

Als weiterer Eröffnungsgrund bei juristischen Personen (Kapitalgesellschaften wie GmbH, AG etc.), aber auch bei der bereits erwähnten Personengesellschaft, die keine natürliche Person als Vollhafter hat (häufigster Fall: GmbH & Co. KG), kommt die Überschuldung als eigener Eröffnungsgrund hinzu. Der Tatbestand der Überschuldung liegt nach der gesetzlichen Definition dann vor, „wenn das Vermögen des Schuldners die bestehenden Verbindlichkeiten nicht mehr deckt", § 19 Abs. 2 S. 1 InsO. Der insolvenzrechtliche Überschuldungsbegriff deckt sich inhaltlich nicht mit der bilanziellen Überschuldung. Einer bilanziellen Überschuldung liegen die handelsrechtlichen Bewertungsvorschriften zugrunde, §§ 252 – 256 HGB. Soweit dort Abschreibungen auf Vermögensgegenstände des Anlage- oder Umlaufvermögens vorgenommen werden, § 254 HGB, decken sich die bilanzierten Wertansätze in der Regel nicht mit den tatsächlichen Werten (Verkehrswerten). Die Verkehrswerte aber sind zur Beurteilung der insolvenzrechtlichen Überschuldung maßgebend. Der unterschiedliche Wertansatz führt beispielsweise dazu, dass eine handelsrechtlich längst abgeschriebene Maschine oder nur noch mit geringen Buchwerten angesetzte Immobilie bei der Überschuldungsprüfung meist mit deutlich höheren Werten zu erfassen ist. Die in den handelsrechtlichen Wertansätzen enthaltenen „stillen Reserven" werden aufgedeckt. Umgekehrt kann beispielsweise erst vor wenigen Monaten angeschafftes Inventar wie Büroeinrichtung, EDV-Ausstattung, aber auch Kraftfahrzeuge etc. wegen des anfangs überdurchschnittlichen Wertverlustes einen deutlich geringeren Verkehrswert haben, als dies bei Bestimmung des handelsrechtlichen Wertansatzes der Fall ist.

Diese Wertabweichungen sind bei der Überschuldungsprüfung in einem eigenen Vermögensstatus, dem Überschuldungsstatus, offen zu legen. Allein der Überschuldungsstatus gibt die verbindliche Antwort darauf, ob „das Vermögen des Schuldners die bestehenden

---

[102] Zu weiteren Einzelheiten der strittigen Diskussion: Braun/Bußhardt, § 17 Rn. 22 f.

[103] BGH B. v. 19.7.2007, NZI 2007, 579

Verbindlichkeiten nicht mehr deckt", also eine Überschuldung i. S. d. § 19 InsO vorliegt. Dass hierbei die Bewertung im Einzelfall äußerst schwierig sein kann, liegt auf der Hand. Sind beispielsweise die Ansätze für den festzusetzenden Verkehrswert nach Fortführungs-, Liquidations- oder gar nur Zerschlagungswerten vorzunehmen? Je nach Bewertungsmethode differieren die Wertansätze dramatisch. Kann beispielsweise ein beachtliches Warenlager im Rahmen einer Betriebsfortführung verwertet werden, lassen sich meist die normalen Verkaufspreise realisieren. Muss dasselbe Warenlager hingegen im Rahmen einer geplanten Betriebseinstellung liquidiert werden, sinkt sein Wert deutlich ab. Noch drastischere Wertabschläge sind dann vorzunehmen, wenn das Warenlager *kurzfristig* aufgelöst, also zerschlagen werden muss. Welche Bewertungsmethode anzuwenden ist, bleibt dem Einzelfall vorbehalten. § 19 Abs. 2 S. 2 InsO gibt hierzu lediglich den Hinweis, dass bei der Bewertung „die Fortführung des Unternehmens zu Grunde zu legen (ist), wenn diese nach den Umständen überwiegend wahrscheinlich ist". Der Schuldner kann damit in einer zweistufigen Prüfung die zu besseren Wertansätzen führenden Fortführungswerte zu Grunde legen (1. Stufe), wenn er gleichzeitig nachweisen kann, dass berechtigte Gründe für die Annahme einer Betriebsfortführung bestehen (2. Stufe). Scheidet eine Betriebsfortführung aus, ist die Überschuldungsprüfung zu Liquidationswerten vorzunehmen.[104]

Der mit Inkrafttreten der InsO zum 01.01.1999 eingeführte zweistufige Überschuldungsbegriff sollte die Insolvenzantragspflicht bereits in die Phase der Vermögens-/Ertragskrise[105] vorverlegen, damit gleichzeitig die Möglichkeit der Sanierung durch Insolvenz erhöhen oder nicht überlebensfähige Unternehmen rechtzeitig vom Markt nehmen.[106] Die Finanzmarktkrise hat den Gesetzgeber zu einer nunmehr zeitlich bis zum 31.12.2013[107] befristeten Rückkehr zu der Rechtslage veranlasst, die vor dem 01.01.1999 galt[108]: Bis Ende 2013 beseitigt – einfach gesprochen – allein eine positive Fortbestehensprognose die rechnerische Überschuldung, lässt somit die insolvenzrechtliche Antragspflicht wegen des Tatbestands der Überschuldung entfallen. Hierdurch soll der in der Regel börsenwertbedingte Wertbe-

---

[104] Uhlenbruck/Uhlenbruck, § 19 Rn. 33

[105] Abschnitt 4.1.2

[106] Vgl. Braun/Bußhardt, § 19 Rn. 1

[107] Finanzmarktstabilisierungsgesetz vom 17.10.2008 – zunächst bis 31.12.2010 –, verlängert bis 31.12.2013, BGBl. I 2009, 3151

[108] Hierzu: BGH U. v. 13.07.1992, NJW 1992, 2891 = BGHZ 119, 201 (214: „.... kann von einer Überschuldung im Sinne dieser Regeln nur dann gesprochen werden, wenn das Vermögen der Gesellschaft bei Ansatz von Liquidationswerten unter Einbeziehung der stillen Reserven die bestehenden Verbindlichkeiten nicht deckt (rechnerische Überschuldung) und die Finanzkraft der Gesellschaft nach überwiegender Wahrscheinlichkeit mittelfristig nicht zur Fortführung des Unternehmens ausreicht (Überlebens- oder Fortbestehensprognose)." – Da die rechnerische Überschuldung zu Liquidationswerten (1. Stufe) – angesichts des geringen Eigen- und hohen Fremdkapitals – bei fast jedem Unternehmen vorliegen dürfte, war auch nach der damaligen Rechtslage eine positive Fortbestehensprognose der maßgebliche Gradmesser für eine zu verneinende insolvenzrechtliche Überschuldung.

richtigungsbedarf im Finanzanlagevermögen, ausgelöst durch die Finanzmarktkrise, nicht zwangsläufig zur Überschuldung im insolvenzrechtlichen Sinne führen, die dann wiederum die Insolvenzantragspflicht auslöst.[109] Eine positive Fortbestehungsprognose liegt vor, wenn „die Fortführungsfähigkeit des Unternehmens anhand der Finanzplanung des Unternehmens plausibel macht, dass das finanzielle Gleichgewicht im Prognosezeitraum gewahrt bleibt oder wiedererlangt wird."[110] Kritisch zu sehen ist hierbei, dass der Zeitraum für die Fortbestehensprognose nicht definiert ist. Er schwankt zwischen 5 Monaten und bis zu 3 Jahren[111], ein angesichts stark irrational determinierter, volatiler Märkte mit sprunghaften Ausschlägen kaum mehr seriös planbarer Zeitraum. Es gibt nicht nur deshalb auch deutliche Kritik an der gesetzlichen Interimslösung.[112]

4.2.2.3   Drohende Zahlungsunfähigkeit

Ergänzend hierzu hat die Insolvenzordnung in § 18 InsO für den Fall, dass der Schuldner selbst den Insolvenzantrag (Eigenantrag) stellt, den Eröffnungsgrund der „drohenden Zahlungsunfähigkeit„ eingeführt. Danach kann, muss aber nicht, das betroffene Unternehmen selbst bereits dann Insolvenzantrag stellen, wenn es droht, zahlungsunfähig zu werden. Diese Illiquiditätsprognose ist anhand von entsprechenden Liquiditätsplänen bei Stellung des Insolvenzantrages nachzuweisen. Über die Länge des Prognosezeitraums gibt es allerdings höchst unterschiedliche Vorstellungen: Von wenigen Monaten bis zu zwei Jahren.[113] Richtig dürfte ein realistischerweise planbarer Zeitraum von bis zu höchstens einem Jahr sein. Sinn dieser fakultativen Antragssituation ist es, dem Schuldner die Möglichkeit zu geben, rechtzeitig das Krisenunternehmen einem geordneten Verfahren zu unterstellen, um diesem die Chance zu eröffnen, die gleichzeitig mit Inkrafttreten der InsO geschaffenen Restrukturierungspotenziale zur erfolgreichen Sanierung zu nutzen. Diese, von der Praxis bislang wenig genutzte Möglichkeit bietet auch für den Unternehmenskauf aus der Insolvenz beachtliche Möglichkeiten.[114]

4.2.3   Verfahrensrechtliche Hinweise

Zuständig für die Bearbeitung von Insolvenzanträgen ist das Insolvenzgericht. Das Insolvenzgericht ist eine Abteilung des Amtsgerichts, § 2 Abs. 1 InsO. Die rechtliche Prüfung und Entscheidung über Insolvenzanträge obliegt dem Insolvenzrichter. Insolvenzanträge sind dort zu stellen, wo der Schuldner seinen allgemeinen Gerichtsstand hat, also in der Regel am Sitz des Unternehmens. Liegt allerdings der Mittelpunkt einer selbstständigen,

---

[109] Braun/Bußhardt, § 19 Rn. 3; kritisch: Uhlenbruck/Uhlenbruck, § 19 Rn. 43

[110] Braun/Bußhardt, § 19 Rn. 9

[111] Braun/Bußhardt, § 19 Rn. 23

[112] Uhlenbruck/Uhlenbruck, § 19 Rn. 43

[113] Braun/Bußhardt, § 18 Rn. 6 ff.

[114] Zu dieser Vision: Kapitel 11

wirtschaftlichen Tätigkeit an einem anderen Ort, so ist ausschließlich das für diesen Ort zuständige Insolvenzgericht anzurufen, § 3 Abs. 1 S. 2 InsO.[115]

Beendet wird das Eröffnungs- oder Antragsverfahren durch die Entscheidung des Insolvenzgerichts über den Antrag. Dabei gibt es grundsätzlich zwei Entscheidungsmöglichkeiten:

In den immer noch meisten Fällen weist das Insolvenzgericht den Antrag auf Eröffnung des Insolvenzverfahrens ab. Dabei ist eine solche Entscheidung dann zu treffen, wenn zum einen die Eröffnungsgründe, also Zahlungsunfähigkeit und/oder Überschuldung oder im Falle des Eigenantrags auch die drohende Zahlungsunfähigkeit nicht vorliegen. Die Erfahrung zeigt jedoch, dass eine Abweisung aus diesen Gründen eher die Ausnahme ist. In der Regel ist das Schuldnerunternehmen so substanzlos, dass noch nicht einmal die im Einzelfall nach den einschlägigen gesetzlichen Vorschriften zu ermittelnden Kosten des Insolvenzverfahrens aus dem verbliebenen Vermögen gedeckt werden können. In diesem Fall wird der Insolvenzantrag „mangels Masse" abgewiesen, § 26 Abs. 1 InsO. Gleiches gilt, wenn das Schuldnerunternehmen zwar noch Substanz hat, diese jedoch mit Sicherungsrechten zu Gunsten bestimmter Gläubiger rechtswirksam und vollständig belegt ist. Zu nennen sind hierbei Grundschulden auf Immobilien, Sicherungsübereignungen von Betriebs- und Geschäftsausstattung sowie Warenlagern, Abtretungen von Forderungen im Wege so genannter Sicherungszessionen.

Liegt hingegen ein Eröffnungsgrund vor und ist noch ausreichende, nicht mit Sicherungsrechten belastete Masse des Schuldnerunternehmens feststellbar, aus der die Kosten eines Insolvenzverfahrens gedeckt werden können, so eröffnet das Insolvenzgericht das Insolvenzverfahren, § 27 InsO. Die Entscheidung trifft der laut Geschäftsverteilung zuständige Richter beim Insolvenzgericht. Sie ergeht in Form des so genannten Eröffnungsbeschlusses, in welchem das Gericht zugleich auch den Insolvenzverwalter bestimmt.

4.2.4 Allgemeine Sicherungsmaßnahmen

Die Aufgabe des Insolvenzgerichts erschöpft sich nicht nur darin, über einen eingegangenen Insolvenzantrag zu entscheiden. Es hat vielmehr bereits im Vorfeld seiner Entscheidung unverzüglich nach Eingang des Insolvenzantrages geeignete Vorkehrungen zu treffen, um das Schuldnervermögen zu sichern. § 21 Abs. 1 S. 1 InsO postuliert die gerichtliche Pflicht, „alle Maßnahmen zu treffen, die erforderlich erscheinen, um bis zur Entscheidung über den Antrag eine den Gläubigern nachteilige Veränderung in der Vermögenslage des Schuldners zu verhüten."

In der Wahl seiner Sicherungsmittel hat das Gericht dabei innerhalb der Grenzen der Erforderlichkeit[116] weitgehend freie Hand. Das Gesetz sieht lediglich beispielhafte Siche-

---

[115] Diese Zuständigkeitsregel erlangt zunehmend für Konzerninsolvenzen Bedeutung: Abschnitt 3.4

[116] Hierzu: BGH U. v. 18.07.2002, ZInsO 2002, 819 = ZIP 2002, 1625

rungsmaßnahmen vor, die vom Insolvenzgericht einzeln oder kombiniert angeordnet werden können. Aus der Vielzahl der sich so ergebenden Möglichkeiten haben sich in der Insolvenzpraxis folgende Grundtypen herausgebildet:

- Allgemeines oder spezielles Verfügungsverbot zu Lasten des Schuldners

- Untersagung oder einstweilige Einstellung von Maßnahmen der Zwangsvollstreckung gegen den Schuldner, soweit sie nicht Immobilienvermögen betreffen

- Anordnung einer vorläufigen Postsperre

- Anordnung der vorläufigen Insolvenzverwaltung mit der Maßgabe, dass Verfügungen des Schuldners nur mit Zustimmung des vorläufigen Insolvenzverwalters (sog. vorläufiger (schwacher) Insolvenzverwalter) wirksam sind

- Anordnung der vorläufigen Insolvenzverwaltung bei zeitgleichem Erlass eines allgemeinen Verfügungsverbotes (sog. vorläufiger (starker) Insolvenzverwalter)

Zugleich mit der Anordnung von im Einzelfall geeigneten und erforderlichen Sicherungsmaßnahmen erteilt das Gericht in der Regel einen Sachverständigenauftrag (Gutachterauftrag). Ist bei Stellung des Insolvenzantrages noch ein laufender Geschäftsbetrieb vorhanden und dies für das Gericht auch erkennbar, wird das Insolvenzgericht neben dem Gutachterauftrag die vorläufige Insolvenzverwaltung anzuordnen. Dies entspricht inzwischen gängiger Gerichtspraxis. Gleichzeitig bestimmt es den vorläufigen Insolvenzverwalter, der je nach ihm eingeräumter Kompetenz in der Praxis als so genannter vorläufiger (schwacher) oder vorläufiger (starker) Insolvenzverwalter auftritt. Es werden somit bereits kurzzeitig nach gestelltem Insolvenzantrag durch gerichtliche Anordnung neue Verantwortlichkeiten in der Person des vorläufigen Insolvenzverwalters geschaffen. Hierdurch entsteht eine andere, für den Unternehmenskauf aus der Insolvenz wegweisende „Kulisse". Mit ihr muss sich der Kaufinteressent nachhaltig vertraut machen.[117]

4.2.5   Vorläufige Insolvenzverwaltung

Den für eine Betriebsfortführung im Eröffnungsverfahren notwendigen Handlungsraum bei gleichzeitiger Sicherung des Schuldnervermögens ermöglicht die Anordnung der vorläufigen Insolvenzverwaltung. Wie bereits erwähnt, kennt das Gesetz zwei verschiedene Grundtypen der vorläufigen Insolvenzverwaltung: Die vorläufige (schwache) Insolvenzverwaltung und die vorläufige (starke) Insolvenzverwaltung. Diese Grundformen hat die höchstrichterliche Rechtsprechung im Rahmen der Angemessenheitsprüfung ausdrücklich anerkannt und bestätigt. Nach Inkrafttreten der Insolvenzordnung untergerichtlich entstandene weitere Gestaltungsformen („halbstarker" Insolvenzverwalter) wurden hingegen vom BGH für gesetzeswidrig und damit unzulässig erklärt.[118] Es verbleibt somit bei den beiden, gesetzlich vorgegebenen Grundformen.

---

[117] S. hierzu bereits die Hinweise in Abschnitt 1.2.3

[118] BGH U. v. 18.07.2002, ZInsO 2002, 819 = ZIP 2002, 1625

4.2.5.1   Vorläufige (schwache) Insolvenzverwaltung

Verfügt die Schuldnerin bei Stellung des Insolvenzantrages über einen noch laufenden Geschäftsbetrieb, so ordnet das Insolvenzgericht umgehend die vorläufige Insolvenzverwaltung an und bestimmt den vorläufigen Insolvenzverwalter. Meist ist dies die vorläufige (schwache) Insolvenzverwaltung. Was bedeutet dies?

Das Insolvenzgericht legt im Anordnungsbeschluss die Pflichten des vorläufigen (schwachen) Insolvenzverwalters einzeln fest, § 22 Abs. 2 InsO. Es beauftragt und ermächtigt beispielsweise die von ihm eingesetzte Person, in der Regel den späteren Insolvenzverwalter, sich um die Sicherung des Schuldnervermögens zu kümmern. Dies bedeutet jedoch kein Einfrieren des Schuldnervermögens, sondern einen im wohlverstandenen Gläubigerinteresse bestmöglichen Erhalt mit der Möglichkeit der Betriebsfortführung. So wird im Regelfall vom Insolvenzgericht in diesen Fällen verfügt,

- ■ dass Verfügungen des Schuldners nur mit Zustimmung des vorläufigen Insolvenzverwalters wirksam sind,

- ■ dass das Cash-Management ausschließlich dem vorläufigen Insolvenzverwalter unterliegt, er allein also über Kasse und Bankkonten der Schuldnerin verfügungsberechtigt ist, Forderungen einziehen sowie notwendige Ausgaben aufgrund seiner alleinigen Bankvollmacht rechtswirksam tätigen kann.

Gleichzeitig verbleibt es jedoch dabei, dass die Geschäftsführung des Schuldnerunternehmens weiterhin mit der Leitungsfunktion für das operative Geschäft betraut ist. Unternehmerische Entscheidungen verbleiben also bei der Geschäftsführung. Dies ist der Grund, weshalb man von dem vorläufigen (schwachen) Insolvenzverwalter spricht. Die Geschäftsführung ist allerdings dadurch eingeschränkt, dass alle Maßnahmen, die zu Einnahmen oder Ausgaben führen, zu ihrer rechtlichen Wirksamkeit der Zustimmung des vorläufigen Insolvenzverwalters bedürfen.

Darüber hinaus fordert die Rechtsprechung des Bundesarbeitsgerichts auch für Personalentscheidungen wie die Begründung und Beendigung von Arbeitsverhältnissen während des Eröffnungsverfahrens die Zustimmung des vorläufigen (schwachen) Insolvenzverwalters.[119]

In der Praxis führt dies zwangsläufig zu einem sehr engen Zusammenwirken von Geschäftsführung und vorläufigem (schwachen) Insolvenzverwalter. Angesichts der oftmals äußerst knappen Liquiditätsressourcen führt die Anordnung der vorläufigen (schwachen) Insolvenzverwaltung mit den beschriebenen flankierenden Maßnahmen dazu, dass das laufende Geschäft im Einzelfall einer intensiven und zeitnahen, in besonders kritischen Fällen sogar täglichen Abstimmung zwischen Geschäftsleitung und vorläufigem (schwachem) Insolvenzverwalter unterliegt – dies oftmals über mehrere Wochen.

---

[119] BAG U. v. 10.10.2002, NZA 2003, 909; zur arbeitsrechtlichen Stellung des vorläufigen (schwachen) Insolvenzverwalters: Uhlenbruck/Berscheid, § 22 Rn. 57

Dabei obliegt es der – nicht immer einfachen – Entscheidung des vorläufigen (schwachen) Insolvenzverwalters, welche Ausgaben notwendig sind, um zum einen den Betrieb des Schuldnerunternehmens bestmöglich fortzuführen, andererseits aber den optimalen Zusammenhalt des Schuldnervermögens zu gewährleisten. Hier verfügt jeder, der schon einmal als vorläufiger (schwacher) Insolvenzverwalter tätig war, über seine eigenen Erfahrungen und hieraus resultierende, stetig optimierte Praktiken. Die starke Einbindung in die jeweiligen Betriebsabläufe vermitteln dem vorläufigen (schwachen) Insolvenzverwalter bereits in dieser Phase schnell ein zuverlässiges Bild über wesentliche Stärken und Schwächen des Schuldnerunternehmens. Damit wird er sehr rasch in die Lage versetzt, über für einen anstehenden Unternehmenskauf wichtige Informationen aus eigener Beurteilung zu verfügen.

Für den Kaufinteressenten ist es in einer solchen Situation hilfreich, sich rechtzeitig und umfassend über die gerichtlich verfügten, § 22 Abs. 2 InsO, Einzelkompetenzen des vorläufigen (schwachen) Insolvenzverwalters zu informieren. Hierzu ist es unumgänglich, eine Ablichtung des Anordnungsbeschlusses von dem vorläufigen (schwachen) Insolvenzverwalter anzufordern und den Beschluss nicht nur sorgfältig zu studieren, sondern in seiner rechtlichen Tragweite auch zu verstehen. Ein typisches Beispiel der gerichtlichen Anordnung einer vorläufigen (schwachen) Insolvenzverwaltung soll dies verdeutlichen:

Amtsgericht München
- Insolvenzgericht -

Infanteriestraße 5, 80097 München
Telefon: 089/5597-06 , Fax: 089/5597-2777
Bankverbindung: Gerichtskasse München, Kto.: 3024919, (BLZ 700 500 00)

Geschäftsnummer:
(Bitte immer angeben)

München,

Beschluß

In dem Verfahren über den eigenen Antrag auf Eröffnung des Insolvenzverfahrens der

- Schuldnerin -

1.   Zur Sicherung des Schuldnervermögens vor nachteiligen Veränderungen wird gemäß § 21 Abs. 1 und 2 InsO am
um 13:00 Uhr

vorläufige Insolvenzverwaltung

angeordnet.

Zum vorläufigen Insolvenzverwalter wird bestellt:

2. Es wird gemäß § 21 Abs. 1, 2 Nr. 2 InsO

    angeordnet, daß Verfügungen des Schuldners nur mit Zustim-
    mung des vorläufigen Insolvenzverwalters wirksam sind.

3. Der vorläufige Insolvenzverwalter wird gemäß
    § 22 Abs. 1 Satz 2 Nr. 3 InsO damit beauftragt
        zu prüfen, ob das Vermögen des Schuldners die Kosten
        des Verfahrens decken wird;

        als Sachverständiger zu prüfen,
        ob ein Eröffnungsgrund vorliegt
        welche Aussichten für eine Fortführung des Unternehmens
        des Schuldners bestehen.

        Das Gutachten ist binnen 5 Wochen zu erstellen.

    Der vorläufige Insolvenzverwalter ist berechtigt, die Ge-
    schäftsräume des Schuldners zu betreten und dort die Nach-
    forschungen anzustellen. Der Schuldner hat dem vorläufigen
    Insolvenzverwalter Einsicht in seine Bücher und Geschäfts-
    papiere zu gestatten und ihm alle erforderlichen Auskünfte
    zu erteilen, § 22 Abs. 3 InsO.

    Die Pflichten des vorläufigen Insolvenzverwalters werden
    gemäß § 22 Abs. 2 InsO wie folgt bestimmt:

    - Einzug von Forderungen d. Schuldners sowie Entgegennahme
    eingehender Gelder

    - D. vorläufige Verwalter wird ermächtigt, über Konten d.
    Schuldners zu verfügen und neue Konten auf den Namen d.
    Schuldners zu eröffnen

4. Maßnahmen der Zwangsvollstreckung gegen den Schuldner
    werden, soweit nicht unbewegliche Gegenstände betrof-
    fen sind, untersagt bzw. einstweilen eingestellt,
    § 21 Abs. 2 Nr. 3 InsO.

RiAG

Für den Gleichlaut der Ausfertigung mit der Urschrift
München, den

Urkundsbeamter(in) der Geschäftsstelle

Die Gesetzessprache kennt den Begriff der vorläufigen (schwachen) Insolvenzverwaltung nicht. Die Bezeichnung ist Schöpfung der Rechtspraxis. Der Begriff „schwach" taucht daher im Gerichtsbeschluss nicht auf. Dass die vorläufige (schwache) Insolvenzverwaltung angeordnet wurde, ergibt sich aus dem additiven Zusammenspiel der

Ziffer 1:   Anordnung der vorläufigen Insolvenzverwaltung

Ziffer 2:   Anordnung des so genannten Zustimmungsvorbehalts

Ziffer 3:   Anordnung weiterer Einzelpflichten (Einzelrechte) wie – vorliegend – Einzugsermächtigung von Forderungen und Kontoführungsbefugnis; zusätzliche Anordnungen sind denkbar und im jeweiligen Einzelfall im Rahmen der Verhältnismäßigkeit auch üblich.

Die Anordnung in Ziffer 4 dient der Sicherung des Schuldnervermögens und dessen Erhalt zur „gemeinschaftlichen" Befriedigung (§ 1 Satz 1 InsO) aller Insolvenzgläubiger. Mit dem Sachverständigenauftrag (Gutachterauftrag)[120] in Ziffer 3 soll dem Gericht eine Grundlage für seine Entscheidung über den Insolvenzantrag, aber auch eine Einschätzung über die Chancen der Unternehmensfortführung geliefert werden. Beides hat unmittelbar nichts mit der Anordnung der vorläufigen (schwachen) Insolvenzverwaltung zu tun, ergänzt diese jedoch sinnvoll.

4.2.5.2   Vorläufige (starke) Insolvenzverwaltung

Im Gegensatz zur ganz überwiegenden Praxis, die die Anordnung der vorläufigen (schwachen) Insolvenzverwaltung aus am Ende dieses Abschnitts dargelegten Gründen bevorzugt, sieht der gesetzliche Regelfall die vorläufige (starke) Insolvenzverwaltung vor. Diese liegt dann vor, wenn dem Schuldner mit Anordnung der vorläufigen Insolvenzverwaltung auch ein allgemeines Verfügungsverbot auferlegt wird, § 22 Abs. 1 S. 1 InsO. In diesem Fall geht kraft Gesetzes zwingend die Verwaltungs- und Verfügungsbefugnis über das Vermögen des Schuldners einschließlich der Personalkompetenz auf den vorläufigen (starken) Insolvenzverwalter über. Folge davon ist, dass die Geschäftsführung des Schuldnerunternehmens bereits in diesem Stadium ihre Verwaltungs- und Verfügungsbefugnis vollständig und uneingeschränkt verliert. Der vorläufige (starke) Insolvenzverwalter übernimmt auch nach außen hin die Leitungsbefugnis für das Schuldnerunternehmen. Er hat damit bereits im Eröffnungsverfahren die gleiche Rechtsstellung wie der Insolvenzverwalter im eröffneten Verfahren. Deshalb schmückt ihn in der Sprache der Rechtspraxis das Attribut „stark". Nur er kann rechtswirksame Entscheidungen treffen und rechtsverbindliche Maßnahmen anordnen. Die Geschäftsleitung bleibt zwar nach wie vor im Amt, ist jedoch auf wenige, rechtlich untergeordnete Kompetenzen zurückgeschnitten.

Ein Beispiel für die Anordnung der vorläufigen (starken) Insolvenzverwaltung liefert folgende Beschlussfassung:

---

[120] Abschnitt 4.2.6

Ausfertigung

Amtsgericht München
- Insolvenzgericht -

Infanteriestraße 5, 80315 München
Telefon: 089/5597-0 , Fax: 089/5597-2777
Bankverbindung: Gerichtskasse München, Kto.: 3024919, (BLZ 700 500 00)

	verfügt	angewiesen	erledigt

Geschäftsnummer:
(Bitte immer angeben)

München,

Beschluß

In dem Verfahren über den eigenen Antrag auf Eröffnung des Insolvenzverfahrens der

- Schuldnerin -

1. Zur Sicherung des Schuldnervermögens vor nachteiligen Ver-
    änderungen wird gemäß § 21 Abs. 1 und 2 InsO am
    um 12:00 Uhr

    vorläufige Insolvenzverwaltung

    angeordnet.

    Zum vorläufigen Insolvenzverwalter wird bestellt:

2. Es wird gemäß § 21 Abs. 1, 2 Nr. 2 InsO

    dem Schuldner ein allgemeines Verfügungsverbot auferlegt.

    Die Verwaltungs- und Verfügungsbefugnis über das Vermögen
    des Schuldners ist einschließlich des Rechts zur Ausübung
    der Arbeitgeberbefugnis sowie dem Einzug von Bankguthaben
    und sonstigen Forderungen auf den vorläufigen Insolvenzver-
    walter übergegangen.

    Der vorläufige Insolvenzverwalter ist berechtigt, die Ge-
    schäftsräume des Schuldners zu betreten und dort die Nach-
    forschungen anzustellen. Der Schuldner hat dem vorläufigen
    Insolvenzverwalter Einsicht in seine Bücher und Geschäfts-
    papiere zu gestatten und ihm alle erforderlichen Auskünfte
    zu erteilen, § 22 Abs. 3 InsO.

    . . .

```
                              - 2 -


        3. Maßnahmen    der  Zwangsvollstreckung  gegen  den  Schuldner
           werden,   soweit   nicht   unbewegliche  Gegenstände  betrof-
           fen   sind,   untersagt   bzw.   einstweilen   eingestellt,
           § 21 Abs. 2 Nr. 3 InsO.




        RiAG



        Für den Gleichlaut der Ausfertigung mit der Urschrift
        München. den



        Urkundsbeamter(in) der Geschäftsstelle
```

Auch hier gilt wieder, dass die Gesetzessprache den Terminus vorläufige (starke) Insolvenzverwaltung nicht kennt. Er findet sich folglich auch nicht im Wortlaut des Beschlusses. Die Anordnung der vorläufigen (starken) Insolvenzverwaltung ist vielmehr Folge gleichzeitiger Verfügung von

Ziffer 1:   vorläufiger Insolvenzverwaltung *und*

Ziffer 2:   Erlass eines allgemeinen Verfügungsverbotes.

Dabei bedeutet „gleichzeitig" nicht zeitgleich: die jeweiligen Maßnahmen können auch beispielsweise in getrennten Beschlüssen nacheinander angeordnet werden. Allein entscheidend ist, dass beide Maßnahmen kumulativ vorliegen. Die mit Anordnung der vorläufigen (starken) Insolvenzwaltung verbundene Leitungs- und Entscheidungskompetenz in Person des vorläufigen (starken) Insolvenzverwalters erläutert der Beschluss in Ziffer 2 vorsorglich. Ziffer 3 dient darüber hinaus wiederum dem Erhalt des Schuldnervermögens.[121]

Die Anordnung der vorläufigen (starken) Insolvenzverwaltung bringt allerdings auch erhebliche Nachteile für den Erhalt der Insolvenzmasse mit sich. Das ist der Grund, weshalb sie in der Rechtspraxis nur in Ausnahmefällen Anwendung findet. Die Nachteile liegen insbesondere in der Regelung des § 55 Abs. 2 InsO begründet. Danach gelten Verbindlichkeiten, die von einem vorläufigen (starken) Insolvenzverwalter im Antragsverfahren begründet worden sind, im eröffneten Verfahren als so genannte Masseverbindlichkei-

---

[121] Abschnitt 4.2.5.1

ten. Sie müssen also in vollem Umfang aus der erwirtschafteten Insolvenzmasse beglichen werden. Dass dies ein praktisches Hindernis für die Anordnung der vorläufigen (starken) Insolvenzverwaltung darstellen soll, verwundert zunächst: Sollte man doch annehmen, dass jeder Lieferant oder sonstige Vertragspartner, der bereit ist, im Eröffnungsverfahren dem Schuldnerunternehmen weiter durch Lieferungen und Leistungen behilflich zu sein, den Ausgleich entsprechender Leistungen erwartet und auch erwarten darf. Der erfahrene vorläufige Insolvenzverwalter – auch „schwacher" Prägung – wird daher auch äußerst bemüht sein, diese Erwartungshaltung in vollem Umfang zu erfüllen, da er ansonsten bei vorwerfbarem Fehlverhalten nicht nur persönlich für die eingegangenen Verbindlichkeiten haftet, §§ 21 Abs. 2 Nr. 1, 61 InsO, sondern auch einen erheblichem Vertrauensverlust für künftige, vergleichbare Situationen erleidet. Es muss also noch weitere Gründe dafür geben, dass die Praxis den gesetzlichen Regelfall, also die vorläufige (starke) Insolvenzverwaltung, bislang nicht angenommen hat. Dies erklären folgende Umstände:

- Nimmt der vorläufige (starke) Insolvenzverwalter aus bestehenden Dauerschuldverhältnissen wie Miete, Pacht, Leasing etc. die Gegenleistung, also Nutzung des überlassenen Gegenstandes in Anspruch, so ist das hierfür vereinbarte und zu entrichtende Entgelt ebenfalls Masseverbindlichkeit, § 55 Abs. 2 S. 2 InsO. Dies kann die Insolvenzmasse im Einzelfall nicht nur erheblich belasten, sondern führt dann zu – aus Sicht der Insolvenzmasse – nutzlosen Aufwendungen, wenn sich nach Eröffnung des Insolvenzverfahrens beispielsweise herausstellt, dass eine Fortsetzung des Dauerschuldverhältnisses im Interesse der Insolvenzmasse nicht angezeigt ist. Hier engt die vorläufige (starke) Insolvenzverwaltung den Entscheidungsspielraum des vorläufigen Insolvenzverwalters in einem zeitlichen Stadium ein, in welchem es kaum möglich ist, die weitere Entwicklung abzusehen. Der vorläufige Insolvenzverwalter muss sich aber größtmögliche Gestaltungsräume offen halten.

- Einen – je nach Branche – erheblichen Liquiditätsverzehr stellen bei Anordnung der vorläufigen (starken) Insolvenzverwaltung auch die umsatzsteuerrechtlichen Folgen dar. So hat der vorläufige (starke) Insolvenzverwalter die sich in den jeweiligen Voranmeldungszeiträumen ergebende Zahllast als Masseverbindlichkeit an den Fiskus abzuführen, §§ 18 Abs. 1 UStG i. V. m. 34 Abs. 3 AO. Ist das Schuldnerunternehmen im Handel tätig, kommen hierbei ganz erhebliche Summen zustande.

- Durch eine geplante Anfügung des § 55 Abs. 4 InsO[122] soll der beschriebene Sonderfall in Zukunft jedoch allgemein geltende Rechtslage sein: die Umsatzsteuer (Zahllast) wird bereits im Antragsverfahren als Masseverbindlichkeit abzuführen sein. Durch die beschriebene Novelle verliert die Umsatzsteuerverbindlichkeit den Charakter einer Insolvenzforderung.

- Dass der vorläufige (starke) Insolvenzverwalter für die von ihm begründeten Masseverbindlichkeiten auch persönlich haftet, §§ 21 Abs. 2 Nr. 1 i. V. m. 61 InsO, ist ein weiterer Grund, der diesem Amt in der Praxis wenig Attraktivität verleiht.

---

[122] Art. 3 Nr. 2 Gesetzentwurf der Bundesregierung für ein Haushaltsbegleitgesetz 2011

Wie sich in Zukunft die Gewichtung von vorläufigem (schwachen) und vorläufigem (starken) Insolvenzverwalter in der Rechtspraxis darstellt, bleibt abzuwarten. Eine gewisse Annäherung beider Ausgestaltungen ist jedenfalls festzustellen.

4.2.6 Gutachterauftrag

Die Anordnung der vorläufigen (schwachen wie starken) Insolvenzverwaltung wird in der Regel verknüpft mit dem Auftrag, „als Sachverständiger zu prüfen, ob ein Eröffnungsgrund vorliegt und welche Aussichten für eine Fortführung des Unternehmens des Schuldners bestehen", § 22 Abs. 1 Nr. 3 InsO. Der Gutachterauftrag ist, wie bereits in den Beschlussbeispielen gezeigt,[123] in diesem Fall Bestandteil des Anordnungsbeschlusses für die vorläufige Insolvenzverwaltung. Für den Kaufinteressenten hat der Gutachterauftrag jedoch keine eigene Bedeutung. Er kann daher ebenso wie die weiteren Sicherungsmaßnahmen in diesem Zusammenhang außer Betracht bleiben. Eine eigenständige Bedeutung gewinnt der allein erteilte Gutachterauftrag mit sonstigen Sicherungsmaßnahmen in der Praxis nur, wenn der Geschäftsbetrieb des Schuldnerunternehmens bereits eingestellt ist, also die Möglichkeit einer Betriebsfortführung in Zusammenarbeit mit dem vorläufigen Insolvenzverwalter – gleich welcher Ausprägung – ausscheidet.

4.3 Eröffnetes Insolvenzverfahren

Steht zur Überzeugung des Gerichts fest, dass ein Eröffnungsgrund [(drohende) Zahlungsunfähigkeit und/oder Überschuldung] vorliegt und ausreichend freies, also nicht mit Sicherungsrechten behaftetes Schuldnervermögen vorhanden ist, um die Kosten des Insolvenzverfahrens zu decken, so eröffnet das Insolvenzgericht das Insolvenzverfahren und ernennt zugleich den Insolvenzverwalter, § 27 InsO. Dabei wird – je nach Umfang des beantragten Insolvenzverfahrens – ein relativ geringer Betrag von wenigen EUR 1.000,00 von den Gerichten als kostendeckend angesehen. Der Vollständigkeit halber sei auch auf die Möglichkeit hingewiesen, einen Kostenvorschuss von dritter Seite zur Deckung der Verfahrenskosten zu leisten, § 26 Abs. 1 S. 2 InsO, um die ansonsten erfolgende Abweisung des Insolvenzantrages „mangels Masse" zu vermeiden, § 26 Abs. 1 S. 1 InsO.

Die Entscheidung des Gerichts erfolgt durch Beschluss. In dem Eröffnungsbeschluss sind zum einen die zur genauen Bestimmung des Schuldners notwendigen Daten wie Firma, Geschäftszweig und Adresse des Schuldnerunternehmens bezeichnet oder – soweit es sich um natürliche Personen handelt – Name und Vorname, Beschäftigung und Wohnung des Schuldners aufgeführt. Des Weiteren enthält der Eröffnungsbeschluss Name und Anschrift des Insolvenzverwalters sowie den genauen Zeitpunkt der Eröffnung des Insolvenzverfahrens. Ein Beschlussbeispiel mag dies veranschaulichen:

---

[123] Abschnitt 4.2.5

Ausfertigung

Amtsgericht München
- Insolvenzgericht -

Infanteriestraße 5, 80097 München
Telefon: 089/5597-06 , Fax: 089/5597-2777
Bankverbindung: Gerichtskasse München, Kto.: 3024919, (BLZ 700 500 00)

Geschäftsnummer:
(Bitte immer angeben)   München,

In dem Verfahren über den eigenen Antrag auf Eröffnung des
Insolvenzverfahrens der

- **Schuldnerin** -

Geschäftszweig: Privatklinik

ergeht folgender

Beschluß

1. Das **Insolvenzverfahren** wird   heute um 1200 Uhr gemäß §§ 2,
    3, 11, 17 ff InsO eröffnet.

    Gründe:
    Der Schuldner hat im Amtsgerichtsbezirk München seinen all-
    gemeinen Gerichtsstand.
    Zahlungsunfähigkeit und Überschuldung sind nach den Fest-
    stellungen des Gerichts gegeben.

2. Zum Insolvenzverwalter wird bestellt:

3. Insolvenzforderungen (§ 38 InsO) sind bis   bei
    dem Insolvenzverwalter schriftlich anzumelden.

4. Berichtstermin sowie Termin zur Beschlußfassung über die
    eventuelle Wahl eines anderen Insolvenzverwalters, über die
    Einsetzung eines Gläubigerausschusses sowie über die in den
    §§ 66, 100, 149, 157, 160, 162, 233 InsO bezeichneten Ange-
    legenheiten wird anberaumt auf

. . .

- 2 -

5. Der Prüfungstermin wird anberaumt auf

Hinweis:
Gläubiger, deren Forderungen festgestellt werden, erhalten
keine Benachrichtigung.

6. Die Gläubiger werden aufgefordert, dem Insolvenzverwalter
   unverzüglich mitzuteilen, welche Sicherungsrechte sie an
   beweglichen Sachen oder an Rechten des Schuldners in
   Anspruch nehmen. Der Gegenstand an dem das Sicherungsrecht
   beansprucht wird, die Art und der Entstehungsgrund des
   Sicherungsrechts sowie die gesicherte Forderung sind zu
   bezeichnen. Wer die Mitteilung schuldhaft unterläßt oder
   verzögert, haftet für den daraus entstehenden Schaden (§ 28
   Abs. 2 InsO).
   Personen, die Verpflichtungen gegenüber dem Schuldner
   haben, werden aufgefordert, nicht mehr an den Schuldner,
   sondern an den Insolvenzverwalter zu leisten (§ 28 Abs. 3
   InsO).

RiAG

Für den Gleichlaut der Ausfertigung mit der Urschrift
München, den

Urkundsbeamter(in) der Geschäftsstelle

Eine genaue Fassung des Eröffnungsbeschlusses ist wichtig, da die Eröffnung des Insolvenzverfahrens erhebliche rechtliche Konsequenzen auslöst. Die einschneidendste Maßnahme besteht darin, dass mit Eröffnung des Insolvenzverfahrens das Recht der Vermögensverwaltung und Vermögensverfügung uneingeschränkt und, soweit es dem Insolvenzbeschlag unterliegt (§§ 35 Abs. 1, 36 Abs. 2 InsO: Insolvenzmasse), ausnahmslos auf den Insolvenzverwalter übergeht, § 80 Abs. 1 InsO. Umgekehrt bedeutet dies für den betroffenen Schuldner den Verlust der rechtlichen Befugnis, sein eigenes Vermögen zu verwalten und über es zu verfügen, also jedwede Geschäfte zu unternehmen, die das der Zwangsvollstreckung unterliegende, also pfändbare Schuldnervermögen berühren (§§ 81, 82 InsO).

Unbeschadet dessen bleiben bei juristischen Personen (z. B. GmbH, AG) die bisherigen geschäfts- und aufsichtführenden Organe wie Vorstand, Geschäftsführer, Aufsichtsrat oder Beirat im Amt. Weit verbreitet ist allerdings die Auffassung von geschäfts- und aufsichtführenden Organen, mit Eröffnung des Insolvenzverfahrens über das Vermögen der von ihnen bislang geführten Gesellschaft seien sie aus ihrer Funktion entlassen. Dies ist rechtlich unzutreffend. Sie bleiben weiter im Amt, jedoch sind ihre Kompetenzen radikal beschnitten. Geht mit Eröffnung des Insolvenzverfahrens die Verwaltungs- und Verfügungsbefugnis über das Schuldnervermögen auf den Insolvenzverwalter über, so bleiben den geschäfts- und aufsichtführenden Organen folgerichtig die Aufgaben und Kompetenzen, die nicht das pfändbare Schuldnervermögen betreffen, § 36 Abs. 1 InsO. Dies sind im Wesentlichen

- Verwaltung und Verfügung des nicht der Zwangsvollstreckung unterliegenden Schuldnervermögens

- Mitwirkungsrechte und Mitwirkungspflichten des Schuldners in der Insolvenz

- Organfunktionen, die die Gesellschafterebene betreffen, wie beispielsweise die Einberufung, Leitung von Gesellschafterversammlungen, Bestellung und Abberufung von Vorstandsmitgliedern durch den Aufsichtsrat

- Kapitalmarktrechtliche Pflichten[124]

Als grobe Faustregel gilt: Alle Vermögenswerte des Schuldners, die dem Zugriff der Fremdkapitalgeber, also der Gläubiger, unterliegen, werden von deren Treuhänder, nämlich dem Insolvenzverwalter, verwaltet und verwertet. Alle Aufgaben, die den Bereich der Eigenkapitalgeber berühren, also letztlich die Gesellschafter betreffen, verbleiben bei den ursprünglichen Gesellschaftsorganen.[125]

4.4 Auswahl des (vorläufigen) Insolvenzverwalters

Die zentrale Frage, wer denn gerichtlich bestellter (vorläufiger) Insolvenzverwalter wird, geht weit über die zeitliche Geltung der Insolvenzordnung hinaus. Sie ist vermutlich so alt wie die Konkursordnung vom 18.02.1877. Ernst Jaeger hat 1939 den heute immer noch geltenden Satz geprägt: „Die Auslese des Verwalters ist die Schicksalsfrage des Konkurses".[126] Die Konkursordnung selbst hat in § 78 lediglich bestimmt, dass der Konkursverwalter vom Gericht ernannt wird. Weitere Qualifikationsanforderungen hat das Gesetz nicht aufgestellt. Erst die Vergleichsordnung vom 26.02.1935 hat als Vergleichsverwalter eine „geschäftskundige, von den Gläubigern und dem Schuldner unabhängige Person" gefordert, § 38 VerglO. Auf dem Hintergrund der weiter anhaltenden Diskussion bestimmt

---

124 Hierzu: BVerwG U. v. 13.4.2005, ZIP 2005, 1145 mit Anmerkung Ott

125 Hierzu: Ott/Brauckmann ZIP 2004, 2117 m.w.N.; s. auch Abschnitt 3.4

126 Zitiert nach Uhlenbruck/Uhlenbruck, § 56 Rn. 1

§ 56 Abs. 1 S. 1 InsO: „Zum Insolvenzverwalter ist eine für den jeweiligen Einzelfall geeignete, insbesondere geschäftskundige und von den Gläubigern und dem Schuldner unabhängige natürliche Person zu bestellen, die aus dem Kreis aller zur Übernahme von Insolvenzverwaltungen bereiten Personen auszuwählen ist."

Damit aber nicht genug: Das Bundesverfassungsgericht[127] hat in mehreren Entscheidungen ab dem Jahr 2004 die Verwalterauswahl weiter strukturiert. Danach gestaltet sich die Auswahl des (vorläufigen) Insolvenzverwalters in zwei Stufen: Auf der ersten Stufe erfolgt die Aufnahme in eine sogenannte Vorauswahlliste[128], auf der zweiten die Bestellung im konkreten Einzelfall.[129] Bei der konkreten Bestellung bleibt dem Insolvenzrichter ein pflichtgemäßes Auswahlermessen. Bei mehreren im Einzelfall geeigneten Bewerbern soll der Richter nach den Vorgaben des BVerfG[130] die unterschiedlichen Interessen der Gläubiger sowie des Schuldners bei Nutzung seines „Einschätzungs- und Auswahlspielraums" angemessen berücksichtigen. Die eingangs gestellte, zentrale Frage bleibt, wer wird im konkreten Fall zum Insolvenzverwalter bestellt. Zu ihrer Beantwortung hat auch die insbesondere in den letzten Jahren heftig geführte Diskussion wenig beigetragen.

Äußerst kritisch zu würdigende Versuche, objektive Leistungs- und Erfolgskriterien für die Qualität der Insolvenzverwaltertätigkeit aufzustellen[131], gar angeblich unumgängliche Zertifizierungen[132], haben auch keine Transparenz im Sinne von Planbarkeit und Berechenbarkeit für den antragstellenden Schuldner gebracht, wer „in seinem Fall" zum (vorläufigen) Insolvenzverwalter bestellt wird. So wichtig diese Frage für alle Beteiligten ist, so unwägsam bleibt sie nach derzeit geltendem Recht für alle Beteiligten. Trifft doch letztlich der zuständige Insolvenzrichter im konkreten Fall alleinverantwortlich die Einsetzungsentscheidung. Tröstlich ist, dass in den letzten Jahren bundesweit eine beachtliche Zahl qualifizierter Insolvenzverwalter herangewachsen ist, die es den Gerichten leichter macht, den für den konkreten Einzelfall geeigneten (vorläufigen) Insolvenzverwalter einzusetzen, eine entsprechende Qualifizierung der in der Justiz verantwortlichen Personen vorausgesetzt.[133]

Mit dem Diskussionsentwurf für ein Gesetz zur weiteren Erleichterung der Sanierung von Unternehmen (DiskE-ESUG) möchte nunmehr die Politik zu Gunsten der Gläubigerautonomie mehr Berechenbarkeit in die Verwalterauswahl bringen. So soll nunmehr, was jahrelang als nicht akzeptabel und damit kontraproduktiv galt und bis heute noch gilt, nach

---

[127] BVerfG v. 03.08.2004, NZI 2004, 574 sowie v. 23.05.2006, NZI 2006, 453; v. 19.07.2006, ZIP 2006, 1541

[128] Zu dem zur Aufnahme in die Vorauswahlliste notwendigen Kriterien: BVerfG v. 19.07.2006, ZIP 2006, 1541

[129] Uhlenbruck/Uhlenbruck, § 56 Rn. 5

[130] BVerfG v. 23.05.2006, NZI 2006, 453 (454)

[131] Kritisch: Ott, NZI Aktuell 2008, Heft 9, VII

[132] Hierzu: Uhlenbruck/Vallender, NZI 2009, 1 (3) m.w.N.

[133] Dies fordern auch Uhlenbruck/Vallender, NZI 2009, 1 (3); Vallender, NZI 2010, 838 (842 f.)

dem Diskussionsentwurf auch eine vom Schuldner oder Gläubiger vorgeschlagene Person als Verwalter eingesetzt werden können. Der Vorschlag lautet, § 56 Abs. 1 wie folgt zu ergänzen:

> „Die erforderliche Unabhängigkeit wird nicht allein dadurch ausgeschlossen, dass eine Person
>
> 1. vom Schuldner oder einem Gläubiger vorgeschlagen worden ist, oder
> 2. vor dem Eröffnungsantrag für den Schuldner tätig geworden ist, ohne dabei auf die Geschäftsführung Einfluss genommen zu haben."

Es soll also die Gradwanderung zwischen Unabhängigkeit trotz Vorbefasstheit mit Vorschlagsrecht durch Gläubiger oder Schuldner beschritten werden.[134] Was letztlich von diesen Vorschlägen im Gesetzgebungsverfahren übrig bleibt, ist abzuwarten.

---

[134] Zur Diskussion: Kammel/Staps, NZI 2010, 791 – 798; Stellungnahme des DAV, NZI Aktuell in NZI 2008, Heft 8; kritisch: Frind, NZI 2010, 705

5   Handlungsräume des (vorläufigen) Insolvenzverwalters

Der Erfolg eines Unternehmenskaufs aus der Insolvenz ist maßgeblich geprägt von der Kenntnis gesetzlich vorgegebener Besonderheiten. In diesem Zusammenhang erlangen die rechtlichen und wirtschaftlichen Handlungsräume des (vorläufigen) Insolvenzverwalters eine zentrale Bedeutung. Der Eigentümer ist nicht mehr berechtigt, über sein insolvenzbefangenes Eigentum zu verfügen: seine Gläubiger weisen – zumindest nach der ursprünglichen Vorstellung des Gesetzgebers – den (vorläufigen) Insolvenzverwalter im Berichtstermin an, wie das Schuldnerunternehmen zu verwerten ist.[135] Gesprächs- und Verhandlungspartner sind nicht mehr Gesellschafter und/oder geschäftsführende Organe in ihrer jeweiligen Funktion, sondern der (vorläufige) Insolvenzverwalter. Dieser fundamentale Kompetenzwechsel erklärt sich mit der Funktion des Insolvenzverfahrens: Es handelt sich um einen Akt der Gesamtvollstreckung zur gemeinschaftlichen und bestmöglichen Befriedigung der Gläubiger. Während die Einzelzwangsvollstreckung in der Regel die Zwangsverwertung des Schuldnervermögens durch ein öffentliches Bieterverfahren vorsieht und über diesen Weg zur bestmöglichen Verwertung im Einzelfall gelangt, ist der (vorläufige) Insolvenzverwalter ermächtigt, über das Schuldnervermögen in erster Linie durch freihändigen Verkauf zu verfügen. Ein offizielles oder gar zwingendes Bieterverfahren entfällt somit. Es muss daher ein Ausgleich gefunden werden, um auch bei freihändigem Verkauf des Schuldnervermögens die aus Gläubigersicht bestmögliche Haftungsverwirklichung zu erreichen. Dieses Ziel soll nach den Vorstellungen des Gesetzgebers durch verschiedenste Mitwirkungsbefugnisse der Gläubigergemeinschaft (Gläubigerautonomie) erreicht werden. Dies wird jedoch dadurch erschwert, dass die Gläubiger in der Regel keinen homogenen Interessenverbund darstellen, sondern auch im Rahmen eines Insolvenzverfahrens völlig unterschiedliche Ziele verfolgen. Deshalb liegt es auf der Hand, dass die freihändige Verwertung des Schuldnervermögens mit dem Ziel, den bestmöglichen Erlös zu realisieren, angesichts divergierender Gläubigerinteressen die Handlungsräume des (vorläufigen) Insolvenzverwalters deutlich einschränkt. Muss doch eine optimale Verwertung des Schuldnervermögens verschiedenartige Gläubigerinteressen auf einen gemeinsamen Nenner bringen. Verkaufsgespräche und Verkaufsverhandlungen mit einem (vorläufigen) Insolvenzverwalter sind daher umso komprimierter und erfolgreicher, je besser der Kaufinteressent die dem (vorläufigen) Insolvenzverwalter gesetzlich vorgegebenen Handlungsräume kennt. Der potenzielle Käufer muss bereit sein, dieses Parkett zu betreten. Anderen-

---

[135] § 157 InsO: „Die Gläubigerversammlung beschließt im Berichtstermin, ob das Unternehmen des Schuldners stillgelegt oder vorläufig fortgeführt werden soll. Sie kann den Verwalter beauftragen, einen Insolvenzplan auszuarbeiten, und ihm das Ziel des Plans vorgeben. Sie kann ihre Entscheidungen in späteren Terminen ändern" – nunmehr relativiert durch die Neufassung des § 158 InsO, durch das „Gesetz zur Vereinfachung des Insolvenzverfahrens vom 13.04.2007, BGBl. I 2007, 509: s. Abschnitt 5.1

falls laufen Gespräche und Verhandlungen Gefahr, an Erwartungen zu scheitern, die der (vorläufige) Insolvenzverwalter gar nicht erfüllen kann. Ist der Kaufinteressent mit dem rechtlich und wirtschaftlich Machbaren vertraut, verlaufen die Kaufverhandlungen in wesentlich sachlicher, vom Missverstehen verschonter Atmosphäre. Welches aber sind diese Handlungsräume des (vorläufigen) Insolvenzverwalters, welchen Einfluss hat die Gläubigerautonomie?

5.1 Gläubigerautonomie

Der Gesetzgeber der Insolvenzordnung vom 05.10.1994 hat die Gläubigerautonomie gestärkt und leitmotivisch auf den Schild gehoben: Die Gläubiger sollen durch erweiterte Mitsprache- und Mitentscheidungsrechte in die Verwertung des Schuldnermögens verantwortlich eingebunden werden. Ausgehend von dem Ansatz, dass das verbliebene Schuldnervermögen das Haftungssubstrat zur gemeinschaftlichen Gläubigerbefriedigung darstellt, § 1 Satz 1 InsO, ist dies konsequent. Die Gläubiger sollen letztlich selbst darüber entscheiden, wie das verbliebene Schuldnervermögen bestmöglich genutzt werden kann, um zu einer optimierten Haftungsverwirklichung zu gelangen. Die gesetzliche Praxis erreicht dieses Ziel durch Stärkung und Institutionalisierung von Mitspracherechten der Gläubiger. Wesentliche Kompetenz kommt hierbei zunächst der Gläubigerversammlung zu.[136] Es handelt sich hierbei um die vom Amtsgericht – Insolvenzgericht – in den gesetzlich vorgesehenen Fällen einzuberufende und zu leitende Zusammenkunft der Gläubiger, §§ 74 Abs. 1 S. 1, 76 Abs. 1 InsO. Teilnahmeberechtigt an diesen nicht öffentlichen Versammlungen sind Insolvenzgläubiger, der Insolvenzverwalter, die Mitglieder des Gläubigerausschusses, die nicht notwendigerweise auch Insolvenzgläubiger sein müssen, § 67 Abs. 3 InsO, sowie der Schuldner, § 74 Abs. 1 S. 2 InsO. Bei ihrer ersten Zusammenkunft hat die Gläubigerversammlung nach dem (ursprünglichen) Willen des Gesetzgebers auch darüber zu befinden, ob das Schuldnerunternehmen stillgelegt oder vorläufig fortgeführt werden soll, § 157 InsO, wann und in welcher Form das zur Insolvenzmasse gehörende Vermögen zu verwerten ist, § 159 InsO. Aber auch der Gläubigerausschuss als letztlich von der Gläubigerversammlung legitimiertes Gremium mit der Aufgabe, den Insolvenzverwalter zu überwachen und ihn bei seiner Geschäftsführung zu unterstützen, § 69 Satz 1 InsO, sowie vor allem das von verschiedenen Gläubigergruppen geprägte Insolvenzplanverfahren „zum Erhalt des Unternehmens", § 1 Satz 1 InsO, sind Ausprägungen der Gläubigerautonomie. Im Gegenzug hierzu reduziert sich die Aufgabe des Insolvenzgerichts auf die Garantie eines funktionierenden Insolvenzverfahrens, die durch verantwortliche Versammlungsleitung, nicht anfechtbare Stimmrechtsentscheidungen, Missbrauchsüberwachung bei Beschlüssen der Gläubigerversammlung, die dem „gemeinsamen Interesse" der Gläubiger widersprechen, sowie allgemeine Überwachung des Insolvenzverwalters maßgeblich bestimmt ist.

---

[136] Hierzu Näheres in Abschnitt 9.1; vertiefend: Gerloff, Funktionen und Aufgaben des Insolvenzgerichts – Unter besonderer Berücksichtigung des Wechselverhältnisses zur Gläubigerversammlung, Baden-Baden 2008

Dass der Gesetzgeber hierbei in mancher Hinsicht des Guten zu viel getan und mit dem hehren Grundsatz der Gläubigerautonomie die rasche und reibungslose Verwertung des Schuldnervermögens blockiert hat, wenn nicht gar – zumindest in der Insolvenzpraxis – unmöglich werden ließ, steht auf einem anderen Blatt. Erfreulich ist, dass die gesetzgebenden Körperschaften Einsicht mit der normativen Kraft des Faktischen haben und schrittweise Vorgehensweisen (wieder) legalisieren, welche sich über Jahrzehnte in der praktischen Bewältigung von Insolvenzverfahren bewährt haben. Ein typisches Beispiel mit zentraler Bedeutung für den Kauf eines Unternehmens aus der Insolvenz mag dies verdeutlichen:

Während es unter dem Geltungsbereich der Konkursordnung vom 10.02.1877 rechtlich völlig problemlos war, den Verkauf eines Unternehmens aus dem Konkurs im Wege des Asset-Deals an einen neuen Rechtsträger, in der Fachsprache „übertragende Sanierung„ genannt,[137] bereits unmittelbar nach Eröffnung des Konkursverfahrens rechtswirksam zu vereinbaren und zu vollziehen, brachte die Einführung des § 159 InsO zum 01.01.1999 zunächst erhebliche Verwirrung. Nach dieser Bestimmung hat der Insolvenzverwalter das zur Insolvenzmasse gehörende Vermögen *nach* dem Berichtstermin, der ersten Gläubigerversammlung, unverzüglich zu verwerten, soweit ein Beschluss der Gläubigerversammlung nicht entgegensteht. In der Praxis wurde diese Vorschrift zunächst dahingehend verstanden, dass eine Verwertung des Schuldnervermögens *vor* dem Berichtstermin rechtlich nicht zulässig ist. Dies bedeutete aber auch, dass ein Unternehmenskauf im Wege der übertragenden Sanierung erst nach dem Berichtstermin vereinbart und vollzogen werden kann. Die Logik des Gesetzgebers für diese Regelung liegt auf der Hand: Wenn schon die Gläubiger auf das verbliebene Schuldnervermögen als Haftungssubstrat Zugriff haben sollen, muss es konsequenterweise auch ihrer Entscheidung obliegen, in welcher Form dieses Restvermögen verwertet werden soll.

Die gut gemeinte Theorie ließ sich jedoch kaum in Einklang bringen mit der harten Realität: Bedenkt man nämlich, dass in der Regel die erste Gläubigerversammlung (Berichtstermin) frühestens etwa acht Wochen nach Eröffnung des Insolvenzverfahrens stattfindet, muss ein laufender Geschäftsbetrieb über diese Zeit aufrechterhalten werden, um den Gläubigern gemäß dem Grundsatz der Gläubigerautonomie überhaupt die Möglichkeit zu geben, über Fortführung des Betriebes, Verkauf oder Schließung entscheiden zu können. Es ist jedoch in den meisten Insolvenzverfahren nicht möglich, ein in schwerem Wasser befindliches Unternehmen ohne weiteren erheblichen bis totalen Substanzverlust unter den beschriebenen Umständen[138] mehrere Wochen und Monate fortzuführen. Die Praxis hat daher sehr schnell § 159 InsO dahin interpretiert, dass diese Bestimmung kein Verwertungsverbot vor dem Berichtstermin beinhaltet, wenn und solange die Kriterien beachtet werden, die bereits unter Geltung der Konkursordnung vom 10.02.1877 Gemeingut der Konkurspraxis waren: Rechtlich möglicher und zulässiger Verkauf des Schuldnerunter-

---

[137] Abschnitt 3.2.2

[138] Abschnitt 4.1

nehmens im Wege der übertragenden Sanierung mit Zustimmung eines vorläufigen Gläubigerausschusses bereits unmittelbar nach Eröffnung des Konkursverfahrens. Diese realitätsnahe, da allein schadensmindernde Vorgehensweise hat der Gesetzgeber sich zum 01.07.2007 wieder zu eigen gemacht. In der nüchternen Gesetzessprache des § 158 InsO n. F.[139] heißt dies wie folgt:

> „(1) Will der Insolvenzverwalter vor dem Berichtstermin das Unternehmen des Schuldners stilllegen *oder veräußern*, so hat er die Zustimmung des Gläubigerausschusses einzuholen, wenn ein solcher bestellt ist. (2) Vor der Beschlussfassung des Gläubigerausschusses, oder wenn ein solcher nicht bestellt ist, vor der Stilllegung *oder Veräußerung* des Unternehmens hat der Verwalter den Schuldner zu unterrichten. (…)"

Tröstlich hierbei ist die berechtigte Hoffnung, dass auch ein kurzatmiger Gesetzgeber auf in der Rechtspraxis bewährte Lösungen wieder zurückkommt. Es braucht nur seine Zeit.

Welche Handlungsräume lässt die Gläubigerautonomie nunmehr dem (vorläufigen) Insolvenzverwalter?

5.1.1   Eröffnungsverfahren

Das Eröffnungsverfahren, also die Zeit zwischen gestelltem Insolvenzantrag und dem Zeitpunkt der Entscheidung des Insolvenzgerichts über diesen Antrag, lässt der Gläubigerautonomie nur geringen Spielraum. Sie reduziert sich letztlich und richtigerweise auf das Recht, bei nachgewiesener Gläubigereigenschaft die Gerichtsakten einzusehen. Selbst dieses Recht, das sich aus § 4 InsO i. V. m. § 299 ZPO herleitet, wird in der gerichtlichen Praxis unterschiedlich und tendenziell restriktiv gehandhabt.[140] Weitergehende Befugnisse von Insolvenzgläubigern unter dem Gesichtspunkt der Gläubigerautonomie bestehen in diesem Verfahrensstadium nicht. Dies ist nicht nur konsequent, sondern in der Sache auch geboten. Die Haftungsverwirklichung zugunsten der Insolvenzgläubiger tritt erst mit Eröffnung des Insolvenzverfahrens ein. Erst dann kann und darf es zur Verwertung des Schuldnervermögens kommen, also auch zum rechtswirksamen Abschluss eines Unternehmenskaufvertrages.[141] Dies hat seinen legitimen Grund letztlich darin, dass es im alleinigen Einflussbereich des Schuldners steht, den gestellten Insolvenzantrag im Laufe des Antragsverfahrens wieder zu Fall zu bringen. So kann der Schuldner jederzeit seinen eigenen Insolvenzantrag (Eigenantrag) bis zur Entscheidung des Insolvenzgerichts über denselben ohne Begründung zurücknehmen. Auch bei gestellten Fremdanträgen ist es dem Schuldner unbenommen, sich mit dem Gläubiger zu einigen und über diesen Weg die Rücknahme des Gläubigerantrages zu erreichen. Damit aber ist außerhalb des Informati-

---

[139] Gesetz zur Vereinfachung des Insolvenzverfahrens vom 13.04.2007, BGBl. I S. 509; hierzu: Pape, NZI 2007, 481 – 486

[140] Hierzu: FA-InsK/Bruder, Kap. 2, Rn. 68

[141] Vertiefend: Abschnitt 7.1

onsbedürfnisses der Gläubiger, dem im Wege der Akteneinsicht zu entsprechen ist, jeder Mitwirkung der Gläubigergesamtheit im Eröffnungsverfahren der Boden entzogen, richtiger: gar nicht erst bereitet.

Vor diesem Hintergrund sind einzelne Gerichtsentscheidungen,[142] welche die Zulässigkeit eines vorläufigen Gläubigerausschusses im Antragsverfahren bejahen, sehr kritisch zu betrachten. In keinem Fall handelt es sich hierbei um ein nach den Bestimmungen der Insolvenzordnung institutionalisiertes Gremium der Gläubiger. Bestenfalls kommt einer solchen Einrichtung eine informelle, in der Regel den vorläufigen Insolvenzverwalter intern beratende und unterstützende Funktion zu. Sie hat mit der Einsetzung eines Gläubigerausschusses durch das Insolvenzgericht, wie dies § 67 Abs. 1 InsO mit Eröffnung des Insolvenzverfahrens vorsieht, nichts zu tun. Es ist daher auch inkonsequent, die Mitglieder eines solchen informellen Gremiums nach den gesetzlichen Bestimmungen zu honorieren, die für den von der Insolvenzordnung vorgesehenen, institutionellen Gläubigerausschuss gelten (§§ 17 ff. InsVV). Die vom Amtsgericht Duisburg[143] für eine derartige informelle Tätigkeit zugesprochene, nicht besonders üppige Vergütung dürfte letztlich auch wenig verlockend sein und lässt die Hoffnung aufkeimen, dass auch hier die nüchterne Realität der richterlichen „Rechtsfortbildung" Schranken setzt.

5.1.2   Eröffnetes Verfahren

Mit Eröffnung des Insolvenzverfahrens ist der Weg zur gemeinschaftlichen Haftungsverwirklichung des Schuldnervermögens zugunsten der Gläubiger frei. Damit erhält auch die Gläubigerautonomie ihren legitimen Stellenwert. Folge hiervon ist die Stärkung von Mitwirkungsrechten der Gläubiger bei der Verwertung des Schuldnervermögens. Hiermit korrespondiert die in § 80 Abs. 1 InsO umfassend postulierte Verwaltungs- und Verfügungsbefugnis des Insolvenzverwalters über das Schuldnervermögen. In diesem Zusammenhang sind insbesondere zu nennen:

■ Mitspracherechte:

  Eine gesetzliche Leitentscheidung zur Ausgestaltung der Gläubigerautonomie befindet sich in § 159 InsO. Danach obliegt es der Gesamtheit der Insolvenzgläubiger, über Art und Weise sowie Zeitpunkt der Verwertung des Schuldnervermögens zu entscheiden. Die ursprünglich missverständliche und in ihrer Konsequenz übersteigerte Ausprägung der Gläubigerautonomie hat der Gesetzgeber, wie bereits ausgeführt,[144] mit der Neufassung des § 158 InsO korrigiert. Was bleibt ist die Tatsache, dass die Verwertung des Schuldnervermögens letztlich in Abstimmung mit den Gläubigern, repräsentiert

---

[142] AmtsG Köln B. v. 29.06.2000, ZIP 2000, 1350 – 1351 = ZInsO 2000, 406 – 407; AmtsG Duisburg B. v. 20.06.2003, NZI 2003, 502 – 505

[143] AmtsG Duisburg (FN 8)

[144] Abschnitt 5.1

durch die Gläubigerversammlung oder den (vorläufigen) Gläubigerausschuss, erfolgen muss. Ansonsten läuft der Insolvenzverwalter Gefahr, von ihm einzuhaltende insolvenzspezifische Pflichten zu verletzen mit der Folge, dass er persönlich für einen hierdurch den Gläubigern entstandenen Schaden haftet, § 60 InsO.

Institutionalisiert sind die Mitspracherechte der Gläubiger zentral in der Gläubigerversammlung, §§ 74 ff. InsO. Da die Gläubigerversammlung jedoch ein recht schwerfälliges, an Einladungsfristen, sonstige Formalien sowie oftmals strittige Stimmrechte gebundenes Gremium darstellt, sieht die Insolvenzordnung daneben den Gläubigerausschuss vor. Dieser kann als vorläufiger Gläubigerausschuss bereits in dem Eröffnungsbeschluss gerichtlich eingesetzt werden, § 67 Abs. 1 InsO, erst recht von der Gläubigerversammlung – nicht unbedingt der ersten, sondern auch einer späteren – gewählt und/oder bestätigt werden, § 68 InsO. Dabei hat die Gläubigerversammlung die Möglichkeit, einen gerichtlich eingesetzten Gläubigerausschuss ganz oder teilweise neu zu besetzen, seine Amtsperiode zeitlich zu befristen oder durch entsprechende Beschlussfassung einen gerichtlich eingesetzten Gläubigerausschuss auch vollständig für die Zukunft aufzuheben. Die Aufgaben des gerichtlich bestellten wie des von der Gläubigerversammlung gewählten oder (teilweise) bestätigten Gläubigerausschusses bestehen im Wesentlichen darin, den Insolvenzverwalter bei seiner Geschäftsführung zu unterstützen und zu überwachen, § 69 Satz 1 InsO. In seinen Aufgabenbereich fällt, insbesondere die Zustimmung zu besonders bedeutsamen Rechtshandlungen des Insolvenzverwalters zu erteilen oder eben zu versagen, §§ 160 ff. InsO. Die Bedeutung des Gläubigerausschusses für den Unternehmenskauf aus der Insolvenz wird durch das gesetzliche Regelbeispiel in § 160 Abs. 2 Nr. 1 InsO hervorgehoben, wenn es dort heißt, dass die freihändige Veräußerung des Unternehmens oder Betriebes, des Warenlagers im Ganzen sowie von Immobilien dem Zustimmungsvorbehalt des Gläubigerausschusses (Gläubigerversammlung) unterliegt. Hierbei handelt es sich um ein für den Kauf eines Unternehmens aus der Insolvenz im Wege der übertragenden Sanierung zentrales Mitwirkungsrecht der Gläubiger, das durch die institutionalisierten Gremien von Gläubigerausschuss/Gläubigerversammlung wahrgenommen wird. Gleiches gilt natürlich auch beim Verkauf von Betrieben, Betriebsteilen oder Anteilen an Tochtergesellschaften, da es sich hierbei in aller Regel auch um Verfügungen des Insolvenzverwalters handelt, die „für das Insolvenzverfahren von besonderer Bedeutung sind", § 160 Abs. 1 S. 1 InsO. Dass diese Mitwirkungsrechte in ihrer gesetzlichen Ausprägung „nur" im Innenverhältnis, also gegenüber dem Insolvenzverwalter wirken, wird noch auszuführen sein.[145]

■ Mitwirkungsrechte im Rahmen eines Insolvenzplanverfahrens:

Noch stärker ausgeprägt ist die Gläubigerautonomie bei einem Insolvenzplanverfahren: Das Insolvenzplanverfahren bietet der Entfaltung der Gläubigerautonomie reichlich Raum. Es dient, wie bereits gezeigt,[146] der Erhaltung des Rechtsträgers (durch

---

[145] Abschnitt 9.1

[146] Abschnitt 3.2.1

weitgehende Entschuldung). In diesem Verfahren liegt die originäre Entscheidungskompetenz bei den Gläubigern, aufgeteilt nach Gläubigergruppen. Der Insolvenzverwalter wird in diesem Zusammenhang lediglich mit der Ausarbeitung eines Insolvenzplanes beauftragt, § 157 InsO. Das Insolvenzplanverfahrens wird daher auch als das Kernstück der Gläubigerautonomie angesehen.[147]

5.2 Rechtliche Handlungsräume

Für den potenziellen Käufer eines Unternehmens aus der Insolvenz ist entscheidend, wer ab welchem Stadium des Insolvenz(eröffnungs-)verfahrens die rechtliche Kompetenz hat, mit ihm einen rechtswirksamen Unternehmenskaufvertrag verbindlich zu verhandeln und rechtswirksam abzuschließen. Damit stellt sich die Frage nach den rechtlichen Handlungsräumen des (vorläufigen) Insolvenzverwalters.

5.2.1 Eröffnungsverfahren

Die vermeintliche Möglichkeit, bereits im Eröffnungsverfahren einen rechtswirksamen Unternehmenskaufvertrag über das Schuldnerunternehmen abzuschließen, hat sich nach etwas übereilten Diskussionen in der Literatur[148] mit der Novellierung des § 158 InsO zum 01.07.2007[149] wieder auf Null reduziert. Vereinfacht ausgedrückt: Weder der Schuldner, vertreten durch die für ihn handelnden Organe wie Geschäftsführung oder Vorstand, noch der vorläufige Insolvenzverwalter – gleich ob schwacher oder starker Ausprägung – sind rechtlich legitimiert, im Eröffnungsverfahren einen rechtswirksamen Kaufvertrag über das Vermögen des Schuldners abzuschließen. Dem stehen entgegen

- ■ die in der Regel nach Insolvenzantrag vom Insolvenzgericht angeordneten Sicherungsmaßnahmen zum *Erhalt* des Schuldnervermögens, § 21 Abs. 1 S. 1 InsO. Hierunter fällt insbesondere ein allgemeines oder besonderes Verfügungsverbot, in welchem es dem Schuldner untersagt wird, über sein Vermögen insgesamt oder über Teile desselben rechtswirksam zu verfügen. Dieses Verfügungsverbot hat Außenwirkung mit der Folge, dass jedwede Rechtshandlung, die gegen ein solchermaßen ergangenes Verfügungsverbot verstößt, rechtsunwirksam ist;

- ■ der Grundsatz der Insolvenzzweckwidrigkeit. Auch ohne Erlass eines Verfügungsverbotes oder sonstiger Sicherungsmaßnahmen sind nach gestelltem Insolvenzantrag alle Verfügungen unwirksam, die insolvenzzweckwidrig sind.[150] Es handelt sich hierbei

---

[147] Uhlenbruck/Lüer, vor §§ 217 – 269 Rn. 1

[148] Vgl. z. B.: Hoenig/Meyer-Löwy, ZIP 2002, 2162 – 2165

[149] Abschnitt 5.1

[150] BGH U. v. 25.02.2002, ZIP 2002, 1093 (1095)

um einen objektiven, von jedermann zu beachtenden Rechtsgrundsatz. Da das Eröffnungsverfahren aufgrund ausdrücklicher, gesetzlicher Festlegung allein den Zweck verfolgt, das Schuldnervermögen zu sichern, ist eine vollständige Entäußerung durch Verkauf, Verpachtung etc. insolvenzzweckwidrig und daher rechtlich unbeachtlich;

■ die Neufassung des § 158 InsO. Darin ist festgelegt, dass der vorläufige Insolvenzverwalter – gleich ob schwacher oder starker Prägung – rechtlich nicht befugt ist, das Schuldnervermögen im Eröffnungsverfahren zu verwerten, also auch einen Unternehmenskauf zu vereinbaren und umzusetzen.[151] Zutreffend heißt es hierzu in der allgemeinen Begründung des Gesetzentwurfs: „In diesem Verfahrensstadium steht noch nicht einmal mit Sicherheit fest, dass überhaupt ein Insolvenzgrund vorliegt. Dem Schuldner würde somit sein Unternehmen zu einem Zeitpunkt entzogen, zu dem keine Berechtigung für einen derart schwerwiegenden Eingriff in das Eigentum existiert."[152]

Festzuhalten bleibt: Im Eröffnungsverfahren ist ein Unternehmenskauf aus der Insolvenz aus rechtlichen Gründen ausgeschlossen.

5.2.2 Eröffnetes Verfahren

Anders ist die Rechtslage im eröffneten Verfahren. Das Schuldnervermögen wird mit Eröffnung des Insolvenzverfahrens zum verwertbaren Haftungssubstrat. Die Verwaltungs- und Verfügungsbefugnis geht mit der Verfahrenseröffnung auf den Insolvenzverwalter über, § 80 Abs. 1 InsO. Nach der erfolgten gesetzlichen Klarstellung in § 158 InsO n. F. ist der Insolvenzverwalter mit Zustimmung des vorläufigen Gläubigerausschusses berechtigt, das Schuldnerunternehmen bereits vor dem Berichtstermin zu veräußern. Dies kann also auch umgehend nach Verfahrenseröffnung sein. Die gesetzliche Einschränkung, dass es der Zustimmung des vorläufigen Gläubigerausschusses nicht bedarf, sollte ein solcher nicht bestellt sein, ist zwar logisch richtig, dürfte in der Praxis jedoch kaum anzutreffen sein. Steht nämlich kurzfristig nach Eröffnung des Insolvenzverfahrens die Veräußerung des Schuldnerunternehmens an, wird der erfahrene (vorläufige) Insolvenzverwalter bereits im Vorfeld der gerichtlichen Eröffnungsentscheidung darauf hinwirken, dass das Gericht einen vorläufigen Gläubigerausschuss bestellt. In diesem Ausschuss sind Repräsentanten der wichtigsten Gläubigergruppen vertreten. Stimmen diese dem Verkauf des Schuldnerunternehmens zu, ist dies für den Insolvenzverwalter der beste Weg, sich vor späteren Vorwürfen zu schützen, er habe gesetzliche Zustimmungsvorbehalte[153] missachtet. Fazit: Mit Eröffnung des Insolvenzverfahrens ist der gerichtlich bestellte Insolvenz-

---

[151] Ausgenommen sind lediglich so genannte „Notverwertungen", also äußerst seltene Konstellationen, bei denen das restliche Schuldnervermögen massive Wertverluste erleidet, wenn es nicht unverzüglich, also noch vor einer möglichen Verfahrenseröffnung verwertet wird.

[152] Hierzu: Sternal, NZI 2006, 185 (192); Pannen/Riedemann, NZI 2006, 193 (195); Schmerbach/Wegener, ZInsO 2006, 400 (407); Pape, NZI 2007, 481 (484 f.); Holzapfel/Pöllath, Rn. 214 f.

[153] Hierzu Abschnitt 9.1

verwalter ermächtigt, das Schuldnervermögen zu verwerten, also auch einen Unternehmenskauf rechtsverbindlich zu vereinbaren und umzusetzen.

5.3 Wirtschaftliche Handlungsräume

Die Handlungsräume des (vorläufigen) Insolvenzverwalters werden in wirtschaftlicher Hinsicht entscheidend durch die verfügbare Liquidität bestimmt. Es gilt auch hier die alte Kaufmannserfahrung: Liquidität geht vor Rentabilität. Mit der verfügbaren Liquidität sieht es in den allermeisten Fällen bei Stellung des Insolvenzantrages allerdings eher trostlos aus: Die Kasse ist leer, die Bankkonten bewegen sich im Sollbereich; die gewährten Kreditlinien sind mehr als ausgeschöpft und bereits gekündigt. Ein Forderungsmanagement besteht selten, abgesehen davon, dass noch offene und unter Umständen sogar zu realisierende Außenstände an Sicherungsgläubiger rechtswirksam abgetreten sind. Der Schuldner ist eben im Wortsinn „zahlungsunfähig". Dabei wird die Situation dadurch verschärft, dass der gesetzliche Tatbestand der Zahlungsunfähigkeit, § 17 InsO, von dem Schuldner – meist in Verkennung der Rechtslage – erst dann wahrgenommen wird, wenn auch die wichtigsten oder lästigsten Gläubiger nicht mehr bedient werden können. Dies bedeutet in der Praxis: Man arrangiert sich beispielsweise noch mit seinen wichtigsten Lieferanten, „vergisst" aber alle sonstigen, teils seit Monaten bereits aufgelaufenen fälligen Zahlungsverpflichtungen.[154] Erst wenn auch das Geld für die Schlüssellieferanten ausgeht, oder gar die Löhne und Gehälter der Mitarbeiter – oftmals ausschließlich Sozialabgaben und Lohnsteuer – nicht mehr bezahlt werden können, hält man den gesetzlichen Tatbestand der Zahlungsunfähigkeit für erfüllt. Diese Sichtweise hält selbstverständlich einer rechtlichen Überprüfung nicht stand. Sie rächt sich jenseits aller sonstigen straf- und haftungsrechtlichen Sanktionen[155] bei gestelltem Insolvenzantrag für den Fall einer angedachten oder gewollten Betriebsfortführung dann ganz bitter, wenn es darum geht, wenigstens einen bescheidenen Grundstock verfügbarer Liquidität zu generieren, um beispielsweise dringend benötigte Energie, Rohstoffe, Ersatzteile etc. bezahlen zu können.

Ausgangspunkt für eine Betriebsfortführung nach gestelltem Insolvenzantrag und angeordneter vorläufiger Insolvenzverwaltung ist daher oftmals eine Null-Verfügbarkeit von freier Liquidität. Es ist Aufgabe und Geschick des (vorläufigen) Insolvenzverwalters, diese Situation schnellstmöglich zu bereinigen, um überhaupt eine Betriebsfortführung als Voraussetzung für einen gelungenen Unternehmenskauf aus der Insolvenz zu ermöglichen.

---

[154] Zur Bedeutung der Fälligkeit für den Tatbestand der Zahlungsunfähigkeit: Abschnitt 4.2.2.1

[155] Ausführlich zu den strafrechtlichen Risiken: Bittmann (Hrsg.), Insolvenzstrafrecht, Berlin 2004

5.3.1 Betriebsfortführung

Welche Möglichkeiten hat der vorläufige Insolvenzverwalter, dringend benötigte Liquiditätsquellen zu erschließen, wie geht er im Regelfall vor? Dies ist zunächst einmal ebenso wie im normalen Leben: Am Anfang steht ein kurzfristiger Kassensturz, um zu sehen, welche Verfügbarkeit an freier Liquidität überhaupt besteht. Das meist zu erwartende Ergebnis ist eine (fast) leere Kasse. Eine Null-Verfügbarkeit beendet die bestehenden Möglichkeiten für eine Betriebsfortführung jedoch nicht. Vielmehr sind in einem zweiten Schritt kurzfristige Liquiditätspläne aufzustellen, in denen zunächst die notwendigsten Ausgaben bis zur angedachten Eröffnung des Insolvenzverfahrens eingestellt werden, also in der Regel ein Zeitraum von bis zu drei Monaten. Dem ermittelten Liquiditätsbedarf stehen die zu erwartenden Zuflüsse auf der Einnahmenseite gegenüber. Auf der Einnahmen- wie auf der Ausgabenseite kommen dem vorläufigen Insolvenzverwalter nunmehr im Wesentlichen folgende „Vergünstigungen" zugute:

Als wichtigste Vergünstigung auf der Ausgabenseite ist die Möglichkeit zu nennen, Personalkosten bis zur Höhe der Beitragsbemessungsgrenze, § 185 Abs. 1 SGB III, für eine gewisse Zeit des Eröffnungsverfahrens durch das Insolvenzgeld[156] darzustellen. Es handelt sich hierbei um ein Institut der staatlichen Arbeitsverwaltung, welches Löhne und Gehälter von angestellten Mitarbeitern eines insolventen Unternehmens für die Zeit von bis zu drei Monaten vor der Entscheidung des Insolvenzgerichts über den Insolvenzantrag aus öffentlichen Mitteln zur Verfügung stellt. Dabei erhalten die Mitarbeiter bis zur genannten Kappungsgrenze ihre vollständigen Nettobezüge bei vollem Versicherungsschutz vom Arbeitsamt. Je nach Höhe der Personalkostenquote in einem Unternehmen stellt dies für eine gewisse Zeit eine Entlastung von bis zu 50 Prozent der Gesamtkosten dar. Es bedarf keiner weiteren Erläuterung, dass dies eine erhebliche Liquiditätsentlastung für das angeschlagene Schuldnerunternehmen darstellt.

Dies allein reicht jedoch noch nicht aus. Es gilt, diese Möglichkeit für den Fall der Betriebsfortführung im Eröffnungsverfahren zielgerichtet einzusetzen. Den Mitarbeitern im Schuldnerunternehmen hilft es nämlich wenig, wenn sie das ihnen zweifelsfrei zustehende Insolvenzgeld erst etwa drei Monate nach Eröffnung des Insolvenzverfahrens erhalten. Seinen Grund hat dies darin, dass das Insolvenzgeld erst beantragt werden kann, wenn das Insolvenzgericht über den Insolvenzantrag entschieden hat. Von diesem, bis dahin nicht bestimmten Zeitpunkt errechnet sich nämlich rückwärts der Insolvenz-geldzeitraum von bis zu drei Monaten. Weitere zwei bis drei Monate beansprucht die Antragsbearbeitung bei der Arbeitsverwaltung. Die Mitarbeiter des Schuldnerunternehmens sind nicht in der Lage, diesen Zeitraum von bis zu sechs Monaten zur Führung ihres eigenen Haushaltes mit allen privaten Zahlungspflichten zu überbrücken. Hier ist seitens des vorläufigen Insolvenzverwalters schnelles Handeln geboten, soll vermieden werden, dass sich die Mitarbeiter nicht nur wegen der angespannten Unternehmenssituation insgesamt, sondern

---

[156] Geregelt in §§ 183 ff. SGB III; zu Einzelheiten: Dörner in DLW, Kap. 3 Rn. 1425 ff.; FK-InsO, Mues, Anhang zu § 113 Rn. 24 ff.

gerade auch wegen der fehlenden Möglichkeit, ihre privaten Zahlungspflichten darzustellen, anderweitig orientieren. Die Lösung einer solchen Situation liegt in der „Insolvenzgeldfinanzierung„, also der Kreditaufnahme in Höhe der Insolvenzgeldansprüche. Dabei schließt das Schuldnerunternehmen mit Zustimmung des vorläufigen Insolvenzverwalters und Genehmigung des Insolvenzgerichts bei einer Bank – dies kann auch die bisherige Haus- und damit in der Regel Gläubigerbank des Schuldnerunternehmens sein – einen Darlehensvertrag über die im Insolvenzgeldzeitraum anfallende Nettolohnsumme. Zur Rückführung des Darlehens treten die Mitarbeiter ihre Insolvenzgeldansprüche gegen das Arbeitsamt an die Bank ab. Der mit der Darlehensaufnahme verbundene Zins- und Kostenaufwand wird aus der späteren Insolvenzmasse dargestellt. Dieses grob skizzierte Konstrukt ist in der Praxis zwischenzeitlich allseits anerkannt und wird problemlos praktiziert. Allerdings bedarf es der vorherigen Genehmigung durch die Arbeitsverwaltung. Diese ist nach § 188 Abs. 4 S. 2 SGB III an den Nachweis gebunden, dass durch die Vorfinanzierung ein erheblicher Teil der Arbeitsplätze erhalten bleibt. Manche Arbeitsagenturen erwarten ein schlüssiges Fortführungs- und Übernahmekonzept, wodurch der bereits mehrfach beschriebene Zeitdruck nochmals deutlich erhört wird. Bei entsprechendem Nachweis wird die Genehmigung jedoch gegenüber erfahrenen vorläufigen Insolvenzverwaltern binnen weniger Tage nach entsprechender Antragstellung erteilt.

Ergebnis einer erfolgreichen Insolvenzgeldfinanzierung ist, dass den Mitarbeitern bereits etwa zwei Wochen nach Anordnung der vorläufigen Insolvenzverwaltung die bis dahin fälligen Löhne und Gehälter ausbezahlt werden können. Ein Beispiel mag dies verdeutlichen:

Stellt das Schuldnerunternehmen am 15.10. eines Jahres Insolvenzantrag und hat hierbei die Löhne und Gehälter für September desselben Jahres einschließlich Nebenabgaben noch vollständig zahlen können, so wird Insolvenzgeld maximal für die Monate Oktober, November und Dezember gewährt. In dieser Phase kann das Schuldnerunternehmen ohne Personalkostenaufwand arbeiten. Wird ein vorläufiger Insolvenzverwalter kurzfristig nach gestelltem Insolvenzantrag eingesetzt, so ist es ihm in der Regel möglich, bis Anfang November eine von der Arbeitsverwaltung genehmigte Insolvenzgeldfinanzierung aufzustellen. Dies bedeutet, dass die zum Monatsende Oktober fälligen Löhne und Gehälter für Oktober in der Regel fast rechtzeitig ausbezahlt werden können. Es treten dann kaum Verzögerungen für die Mitarbeiter ein. Sie erhalten bei vollem Versicherungsschutz pünktlich ihr Arbeitsentgelt. Das gleiche wiederholt sich jeweils für die Monate November und Dezember.

Liquiditätsschonend im Ausgabenbereich wirkt sich weiter aus, dass zum Zeitpunkt der Stellung des Insolvenzantrags bereits entstandene Verbindlichkeiten der Schuldnerin nicht mehr bezahlt werden dürfen. Diese Verbindlichkeiten sind Insolvenzforderungen, § 38 InsO, die nach Eröffnung des Insolvenzverfahrens zur Insolvenztabelle angemeldet werden können und bei entsprechendem Anerkenntnis an der in der Regel quotalen Befriedigung aus der Insolvenzmasse teilnehmen. Dies allein würde jedoch dem Schuldnerunternehmen insbesondere im Bereich der Dauerschuldverhältnisse (Miete, Pacht, Leasing etc.) wenig nützen, wenn der jeweilige Vertragspartner (Vermieter, Verpächter, Leasinggeber etc.) wegen rückständiger Zahlungen zur fristlosen Kündigung des Vertragsverhältnisses berechtigt wäre. Dies aber ist nicht der Fall. Hier sieht das Gesetz ab dem Antrag auf Eröffnung des Insolvenzverfahrens eine Kündigungssperre vor, § 112 InsO. Dies führt beispielsweise dazu, dass auch angemietete Geschäftsräume vom Schuldnerunternehmen weiter genutzt werden können, obwohl Mietzinsrückstände – teils in nicht unerheblichem Umfang – aufgelaufen sind. Eine fristlose Kündigung des Mietverhältnisses ist nach Stellung des Insolvenzantrags wegen dieser Zahlungsrückstände rechtlich unzulässig. Erst wenn ab Stellung des Insolvenzantrages erneut die nach den gesetzlichen Bestimmungen für eine fristlose Kündigung notwendigen Zahlungsrückstände aufgelaufen sind, entsteht das Recht zur fristlosen Kündigung neu.[157] Dies sind beispielsweise bei Mietverträgen über Geschäftsräume zwei vollständige Monatsraten, § 543 Abs. 2 Nr. 3 BGB. Die Kündigungsschutzphase kann somit genutzt werden, um den Verlauf der Betriebsfortführung zu verfolgen. Ist die Betriebsfortführung erfolgreich, können die in der Phase ab Eröffnungsantrag aufgelaufenen Zahlungsrückstände ausgeglichen und so die drohende fristlose Kündigung abgewendet werden.

All dies hilft dem vorläufigen Insolvenzverwalter auf der Ausgabenseite, bringt ihm jedoch noch keine neue Liquidität in die Kasse. Für die Einnahmenseite gilt:

Der (vorläufige) Insolvenzverwalter hat die Möglichkeit, einen so genannten Massekredit aufzunehmen. Dies ist ein normaler Fest- oder Kontokorrentkredit, der verzinslich zu den genannten Auslaufterminen an die Bank zurückzuzahlen ist. Er hat im eröffneten Insolvenzverfahren den Rang einer Masseverbindlichkeit, ist also vom Insolvenzverwalter zu erfüllen. Um Rechtsqualität als Masseverbindlichkeit zu erlangen, bedarf seine Aufnahme der Genehmigung des Insolvenzgerichts. Die gerichtliche Zustimmung ist in den meisten Fällen bei entsprechender Dokumentation problemlos zu erhalten. Viel schwieriger ist es hingegen, eine Bank zu finden, die bereit ist, einen Massekredit zu gewähren. Hier hat das allgemein restriktive Verhalten von Banken bei Kreditvergaben in den letzten Jahren auch den Massekredit erreicht. Meist wird ein solcher nur noch dann zu erlangen sein, wenn die hierdurch ermöglichte Betriebsfortführung auch für die kreditgewährende Bank spürbare Anreize verspricht. Ein Vorteil für die Bank besteht beispielsweise darin, dass die ihr gewährten Gesellschaftssicherheiten wie Forderungsabtretung, Sicherungsübereignung des Warenlagers oder auch der Betriebs- und Geschäftsausstattung im Falle der Betriebsfortführung und eines gelungenen Unternehmenskaufs aus der Insolvenz deutlich höhere Sicherheitenerlöse bringen als im Falle der Unternehmensliquidation. Gerade bei abgetretenen Forderungen, aber auch einem im Falle der Liquidation nur schwer verkäuflichen Warenlager liegen erhebliche Erlösspannen zwischen Fortführungs- und Liquidationswert. Eine saubere und für die Bank nachvollziehbare Dokumentation über die jeweiligen Bewertungsalternativen des Schuldnervermögens ist oftmals die beste Möglichkeit, den zur Betriebsfortführung benötigten Massekredit zu erhalten.

---

[157] BGH U. v. 18.07.2002, ZInsO 2002, 819 (824)

Wesentlich einfacher ist es hingegen, die Hausbank des Schuldnerunternehmens davon zu überzeugen, zumindest einen „mittelbaren" Massekredit dadurch zu gewähren, dass sie einen Teil der an sie abgetretenen Forderungen freigibt. Die Freigabe bringt dem Schuldnerunternehmen oftmals rasch und unkompliziert die dringend benötigte Liquidität. So sind Drittschuldner, also Schuldner des Schuldnerunternehmens, auch nach gestelltem Insolvenzantrag bereit, die fälligen Forderungen an das Schuldnerunternehmen zu bezahlen. Oftmals treten jedoch Zahlungsstockungen in diesem Bereich nur deshalb ein, da der Drittschuldner nicht weiß, an wen er schuldbefreiend zahlen kann: Weiterhin an das Schuldnerunternehmen oder unmittelbar an die durch Forderungsabtretung besicherte Bank, die ihre Sicherungsrechte dem Drittschuldner angezeigt hat. Einigen sich in einer solchen Situation Gläubigerbank und vorläufiger Insolvenzverwalter darüber, dass schuldbefreiende Zahlungen auf ein Konto erfolgen, über welches allein der vorläufige Insolvenzverwalter verfügungsberechtigt ist, und ist die Bank darüber hinaus weiter bereit, die dort eingehenden Gelder dem vorläufigen Insolvenzverwalter zur Fortführung des Betriebes in hierzu benötigter Höhe zur Verfügung zu stellen, ist ein wichtiger Schritt erreicht: Die Liquiditätsverfügbarkeit für die Betriebsfortführung ist sichergestellt.

Dabei wird seitens der Kreditinstitute erwartet, dass auch in dieser Phase die üblichen Lieferantenkredite fortbestehen bleiben. Dies bedeutet nichts anderes, als dass sich die Lieferanten genötigt sehen, das Unternehmen weiterhin zu den üblichen Zahlungszielen zu beliefern. Dies löst eine oftmals schwierige Situation aus: So fordern die Lieferanten von dem Schuldnerunternehmen meist Vorauskasse, bestenfalls Zahlung Zug um Zug gegen Lieferung. Auch Sicherheitsleistungen werden gefordert. All dies ist im Eröffnungsverfahren jedoch bei ohnehin äußerst angespannter Liquiditätslage nicht möglich. Es ist hier Aufgabe des vorläufigen Insolvenzverwalters, eine ausgewogene, Ausfallrisiken angemessen verteilende und für alle Seiten transparente und nachvollziehbare Lösung vorzuschlagen. Nur ein solcher Vorschlag findet dann nach oft schwierigen Verhandlungen die zur Stabilisierung des Unternehmens notwendige Akzeptanz. Konkret kann dies beispielsweise bedeuten, dass der vorläufige Insolvenzverwalter ein klares, nachvollziehbares Cash-Management zu installieren hat. Dessen Aufgabe ist es, – je nach angespannter Situation – bis zur täglichen Verfügbarkeit heruntergebrochene Liquiditätspläne aufzustellen, diese zeitgenau zu verfolgen und zu aktualisieren und die Verfügbarkeit im Rahmen dieser Pläne strikt einzuhalten. Erklärt der vorläufige Insolvenzverwalter auf der Grundlage eines solchen Cash-Managements, Lieferantenforderungen erfüllen zu können, und werden vor diesem Hintergrund erste Zahlungen auch kurzfristig geleistet, bildet sich hierdurch das für eine weitere Lieferbeziehung notwendige Vertrauen. Die oftmals von den Lieferanten geforderte persönliche Haftungs- oder gar Garantieerklärung des vorläufigen Insolvenzverwalters wird jedoch nicht zu erlangen sein. Die Geneigtheit, persönlich für Verbindlichkeiten des Schuldnerunternehmens mit Hab und Gut zu haften, lehnen vorläufige Insolvenzverwalter zu Recht und kategorisch ab. Sie haben ein Amt, welches ihnen gerichtlich übertragen wurde, zu erfüllen, nicht aber für die Bonität des Schuldnerunternehmens einzustehen. Auch ein Fremdgeschäftsführer würde wohl kaum sein Privatvermögen als Pfand für Verbindlichkeiten des von ihm geleiteten Unternehmens einsetzen.

Dabei ist ohnehin ein erhebliches Haftungspotenzial für Forderungsausfälle bei Betriebsfortführungen zulasten des vorläufigen Insolvenzverwalters gegeben. In diesem Zusammenhang hat eine Grundsatzentscheidung des BGH vom 06.05.2004[158] neue Maßstäbe gesetzt. In dieser Entscheidung fordert der Bundesgerichtshof zu Recht, dass der (vorläufige) Insolvenzverwalter bei Begründung von Masseverbindlichkeiten sicherstellen muss, dass diese Verpflichtungen bei normalem Geschäftslauf auch erfüllt werden können. Anderenfalls läuft er Gefahr, persönlich für den Schaden einstehen zu müssen, den beispielsweise ein Lieferant dadurch erleidet, dass er auf die Richtigkeit der Aussage des (vorläufigen) Insolvenzverwalters vertraut, die Zahlungen seien durch die Insolvenzmasse gesichert. Nur derjenige (vorläufige) Insolvenzverwalter wird sich nach der Entscheidung des BGH vom 06.05.2004 dann der persönlichen Haftung entziehen können, wenn er ein sauberes, nachvollziehbares Cash-Management dokumentieren kann, aus welchem sich ergibt, dass bei Begründung der Masseverbindlichkeit die Zahlung bei Fälligkeit auch sichergestellt war.

5.3.2 Liquiditätsplanung

Unter Einbeziehung der vorbeschriebenen Maßnahmen stellt sich typischerweise folgender, durch eine Liquiditätsplanrechnung (Abbildung 1) unterlegter Liquiditätsverlauf (Abbildung 2) dar:

Der Planrechnung liegt die Anordnung der vorläufigen Insolvenzverwaltung zum 15.10. bei einem laufenden Geschäftsbetrieb (Akut-Klinik mit etwa 40 Betten) zugrunde. Der frei verfügbare Anfangsbestand beträgt EUR 2.420,00. Durch Beschleunigung der Zahlungseingänge aus Forderungen, die ab 15.10. generiert werden, und Streckung der Zahlungsverpflichtungen aus der zweiten Oktoberhälfte kann der extreme Liquiditätsengpass überbrückt werden. Bis zur Eröffnung des Insolvenzverfahrens am 01.01. des Folgejahres werden die Personalkosten über Insolvenzgeld finanziert, der Pachtzins für das Klinikgebäude so gesteuert, dass einer fristlosen Kündigung wegen Zahlungsrückständen ab Anordnung der vorläufigen Insolvenzverwaltung der rechtliche Boden entzogen ist. Die ab Eröffnung des Insolvenzverfahrens (01.01. des Folgejahres) wieder in vollem Umfang zu tragenden Personalkosten wie auch Pachtzins zehren die zum 31.12. angesammelte freie Liquidität nach gut zwei Monaten wieder auf. In dieser kurzen Phase ist es nicht gelungen, die Einnahmenseite deutlich zu steigern. Lediglich eine Stabilisierung mit saisonalen Schwankungen zeichnete sich ab. Es werden weiter operative, liquiditätswirksame Verluste geschrieben, die aus der zum Jahreswechsel angesammelten Liquidität finanziert werden. Da zudem die Massekosten zu berücksichtigen sind, bleibt im Beispielsfall für die Umsetzung des Unternehmenskaufs aus der Insolvenz maximal ein Zeitraum bis Ende Februar.

---

[158] BGH U. v. 06.05.2004, ZInsO 2004, 609 ff.; BGH U. v. 17.12.2004, ZIP 2005, 311 ff. = ZInsO 2005, 205 ff.; die Entscheidungen ergingen zur Haftung des Insolvenzverwalters bei nach Eröffnung des Insolvenzverfahrens eingetretener Masseunzulänglichkeit. Der Entscheidungsinhalt hat jedoch grundsätzliche Bedeutung.

Abbildung 5.1 Liquiditätsplanrechnung

Liquiditätsplan
- Planung Geschäftsbetrieb bis 31.03.2010 -

		Okt 09 EUR	Nov 09 EUR	Dez 09 EUR	Jan 10 EUR	Feb 10 EUR	Mrz 10 EUR
1.	**Kontostand Bank/Übertrag**						
	Kontostand Bank	0	21.970	87.155	167.542	107.438	60.334
	Kasse	2.420					
2.	**Zahlungseingänge**						
	Klinikumsätze	50.000	135.120	152.200	122.200	135.200	140.400
	Belegärzte		425	5.547	5.547	5.547	5.547
	Erlöse TV		240	240	240	240	240
	Einnahmen gesamt	50.000	135.785	157.987	127.987	140.987	146.187
3.	**Bestellungen/Material:**						
	- Lebensmittel (Catering)	9.500	19.000	19.000	19.000	19.000	19.000
	- Medikamente	3.500	7.000	7.000	7.000	7.000	7.000
	- Verbrauchsmaterial	4.500	9.000	9.000	9.000	9.000	9.000
	- Narkosen und OP Bedarf	1.250	2.500	2.500	2.500	2.500	2.500
	- Laborkosten u. Untersuchungen	400	800	800	800	800	800
4.	**Betriebskosten**						
	- Personalkosten	0	0	0	108.650	108.650	108.650
	- Miete Klinik	0	6.000	12.000	12.000	12.000	12.000
	- Strom / Heizung	2.500	5.000	5.000	5.000	5.000	5.000
	- Kfz.Kosten	300	300	300	300	300	300
	- Reinigungskosten	6.000	12.000	12.000	12.000	12.000	12.000
	- Instandhaltungen	1.500	3.000	3.000	3.000	3.000	3.000
5.	**Verwaltungskosten**						
	- Versicherungen	0	0	0	1.841	1.841	1.841
	- Telefon/Porto/EDV	0	2.000	2.000	2.000	2.000	2.000
	- Buchführung/Beratung	0	2.000	2.000	2.000	2.000	2.000
	- Sonstiges	1.000	2.000	3.000	3.000	3.000	3.000
	Ausgaben gesamt	30.450	70.600	77.600	188.091	188.091	188.091
	Cash-Flow	19.550	65.185	80.387	-60.104	-47.104	-41.904
	Verfügbare Liquidität	21.970	87.155	167.542	107.438	60.334	18.430

Nachstehende, grobe Grafik (Abbildung 2) verdeutlicht den vorbeschriebenen, typischen Liquiditätsverlauf.

Abbildung 5.2 Liquiditätsverlauf

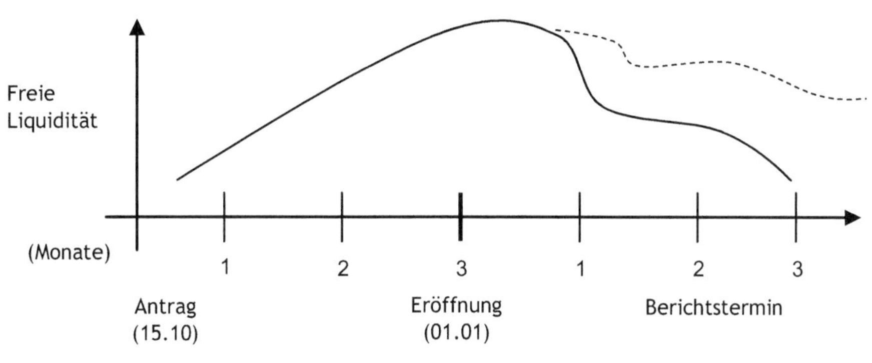

Auf der Zeitachse (t) mit monatlicher Einteilung ist der Verlauf der verfügbaren, freien Liquidität ablesbar. Da die vorläufige Insolvenzverwaltung zur Mitte des ersten Monats (15.10.) der gesamten Insolvenzgeldphase von drei Monaten angeordnet wurde, verblieb im Eröffnungsverfahren ein Zeitraum von 2,5 Monaten (bis 31.12.), um operativ ohne Personalaufwand tätig zu sein. Ab Eröffnung des Insolvenzverfahrens baute sich bei anhaltenden Verlusten die Liquiditätsreserve kontinuierlich ab.

Hieraus definieren sich die wirtschaftlichen Handlungsräume. Der Insolvenzverwalter steht daher unter dem nachvollziehbaren Zeitdruck, den Unternehmenskauf aus der Insolvenz abgeschlossen zu haben, bevor die im Eröffnungsverfahren angesammelten Liquiditätsreserven wieder verbraucht sind. Dies ist die Realität, nicht aber, wie mit einer solchen Situation wenig vertraute Kaufinteressenten und ihre Berater mutmaßen, unbegründeter Verhandlungspoker des (vorläufigen) Insolvenzverwalters.

Etwas anderes gilt dann, wenn es durch kurzfristig greifende Sanierungsmaßnahmen gelingt, die operativen Verluste zu reduzieren oder gar zu beseitigen. In diesem Fall flacht sich die Kurve ab und verlängert die Handlungsräume deutlich (strichlierte Linie). Diese, für Verkaufsverhandlungen komfortable Situation ist jedoch der Ausnahmefall. Ihn herbeizuführen, erfordert unverzügliche, klare und harte Sanierungseingriffe. Ein Beispiel mag dies veranschaulichen:

Ein mittelständisches Opel-Autohaus (Familienbetrieb in Form einer GmbH) hatte sich durch die Übernahme eines in einem Nachbarort gelegenen Betriebes eines anderen Opel-Händlers unternehmerisch wie finanziell übernommen. Nach gestelltem Insolvenzantrag wurde noch im Eröffnungsverfahren der übernommene Betrieb stillgelegt. Es gelang, durch gezielten Einsatz insolvenzrechtlicher Instrumente (Insolvenzgeldfinanzierung bis hin zur erklärten Masseunzulänglichkeit unverzüglich nach Eröffnung des Insolvenzverfahrens) schrittweise Liquiditätsreserven aufzubauen und diese gezielt zur Finanzierung dringend notwendiger Restrukturierungsmaßnahmen im Stammbetrieb einzusetzen. Bereits im Rumpfgeschäftsjahr nach Eröffnung des Insolvenzverfahrens (1.5.) konnten operative Gewinne erzielt und durch sich weiter aufbauende Liquidität die Masseunzulänglichkeit wieder aufgehoben werden. Damit sind die rechtlichen wie wirtschaftlichen Voraussetzungen gegeben, den deutlich geschrumpften, aber restrukturierten Familienbetrieb durch Entschuldung der ihn tragenden GmbH über ein Insolvenzplanverfahren aus der Insolvenz herauszuführen oder im Wege der übertragenden Sanierung – ohne den sonst üblichen Zeitdruck – an einen Investor zu verkaufen.

5.4   Zielkonflikte: Interessenpolarität

Der (vorläufige) Insolvenzverwalter ist kein Herrscher aller Reussen. Er steht vielmehr im Fokus polarer, diffundierender Gläubigerinteressen, die er bündeln muss. Dabei entsteht die Interessenpolarität aus den unterschiedlichen Sichtweisen und Vorstellungen der Gläubiger über die Art und Weise der Haftungsverwirklichung, die auf einen Nenner zu bringen sind. Diesen kleinsten gemeinsamen Nenner gilt es möglichst rasch zu finden.

Ansonsten besteht die realistische Gefahr, dass weder die rechtlichen noch die wirtschaftlichen Handlungsräume ausreichend sind, um den erfolgreichen Kauf eines Unternehmens aus der Insolvenz zustande zu bringen.

Der Kaufinteressent muss um die Interessenpolaritäten wissen, da er ansonsten die Denk- und Handlungsweisen des (vorläufigen) Insolvenzverwalters nicht nachvollziehen kann. Es entstehen überflüssige Missverständnisse, erheblicher Vertrauensverlust bis hin zum Scheitern der gesamten Kauftransaktion. Worin aber liegen die wesentlichen, zu bündelnden Zielkonflikte?

5.4.1 Gläubigergleichbehandlung und „gemeinsames Interesse" der Insolvenzgläubiger

Die Gläubigerautonomie, also das rechtspolitisch gewünschte, vom Gesetzgeber zur legalen Basis eines Insolvenzverfahrens erhobene Mitspracherecht der Gläubigergesamtheit über Art und Weise der Haftungsverwirklichung, geht davon aus, dass ein durchgeführtes Insolvenzverfahren letztlich der „gemeinschaftlichen Befriedigung" der Insolvenzgläubiger dient, § 1 Satz 1 InsO. Dies führt, konsequent angewandt, zu dem insolvenzrechtlichen Grundsatz der Gläubigergleichbehandlung. Jeder Verstoß gegen dieses Prinzip macht eine Handlung des (vorläufigen) Insolvenzverwalters in letzter Konsequenz unwirksam, zumindest aber anfechtbar. Die gefestigte Rechtsprechung des BGH macht diese Rechtsfolgen an dem Begriff der Insolvenzzweckwidrigkeit fest. Danach sind Verfügungen des Insolvenzverwalters unwirksam, die „dem Insolvenzzweck der gleichmäßigen Gläubigerbefriedigung (vgl. § 1 S. 1 InsO) offenbar zuwiderlaufen, bei denen der Verstoß also für einen verständigen Beobachter ohne weiteres ersichtlich ist". Verfügungen des Insolvenzverwalters, die hingegen „nur unzweckmäßig oder gar unrichtig" sind, bleiben wirksam.[159]

Der Grundsatz der Gläubigergleichbehandlung schließt denknotwendig ein, dass dem Gläubigerverhalten ein gemeinsames Interesse zugrunde liegt. Auch der Gesetzgeber sieht dies so, hat er doch in § 78 Abs. 1 InsO das Insolvenzgericht als Hüter der Insolvenzordnung ermächtigt, einen Beschluss der Gläubigerversammlung aufzuheben, der dem „gemeinsamen Interesse der Insolvenzgläubiger" widerspricht. Was dieses „gemeinsame Interesse" jedoch letztlich ausmacht, ist weitgehend unbekannt. Man möchte fast sagen: Dieses Ziel ist eine gesetzliche Fiktion, die es in der Praxis selten gibt:[160]

■ Der in einem insolventen Unternehmen angestellte Arbeitnehmer mit noch offenen Entgeltforderungen bangt um seinen Arbeitsplatz. Sein – wohlverstandenes – primäres Ziel richtet sich natürlich auf den Erhalt des Arbeitsplatzes, weniger auf die Höhe der auf seine Insolvenzforderung entfallenden Quote.

---

[159] BGH B. v. 20.3.2008, ZIP 2008, 884 m.w.N.

[160] Kritisch hierzu ebenfalls Uhlenbruck/Uhlenbruck, § 78 Rn. 8

■ Der Kunde/Lieferant des insolventen Unternehmens hat das primäre Ziel, dass zumindest seine laufenden Bestellungen/Lieferungen noch störungsfrei durchgeführt werden können. Er benötigt darüber hinaus für seine Geschäftsbeziehung zum Schuldnerunternehmen Planungssicherheit: Wie geht es weiter? Die Planungsphase muss so determiniert sein, dass er reale Möglichkeiten hat, sich anderweitig zu orientieren, sollte der Geschäftsbetrieb des Schuldnerunternehmens ganz eingestellt werden. Die Betriebseinstellung selbst kümmert ihn dann wenig. Spätestens hier entsteht der Interessenkonflikt mit den Arbeitnehmern. Darüber hinaus möchte der Lieferant seine Rechte aus (verlängertem, erweitertem, einfachem) Eigentumsvorbehalt gesichert wissen. Es geht in diesem Zusammenhang um kurzfristige Schadensbegrenzung. Diese aber wiederum kollidiert oftmals mit dem für eine sinnvolle Betriebsfortführung notwendigen Planungshorizont.

■ Die Gläubigerbanken sehen – zumindest in der Regel – ihr Heil weniger in einer Betriebsfortführung, als vor allem darin, ihre Kreditsicherheiten schnellstmöglich und damit – vermeintlich – bestmöglich zu realisieren. Hier werden oft mit dem Schuldnerunternehmen und auch (vorläufigem) Insolvenzverwalter kaum koordinierte Aktionen insbesondere im Bereich des Forderungseinzugs in die Wege geleitet. Ergebnis ist die Zahlungseinstellung der Drittschuldner. Sie wissen in einer solchen Situation nicht, an wen sie schuldbefreiend leisten können. Diese Situation ist für eine geordnete Betriebsfortführung kontraproduktiv. Ein solches Vorgehen wiederum kollidiert massiv mit der für einen Unternehmenskauf aus der Insolvenz unverzichtbaren Voraussetzung einer geordneten und funktionierenden Betriebsfortführung.

Hinzu kommt, dass auch die Insolvenzordnung die Gläubigergleichbehandlung naturgemäß nicht als eine formale Gleichbehandlung versteht: Sie ist vielmehr Gleichheit unter Wahrung ungleicher Besonderheiten. So werden nicht nur Gläubiger mit insolvenzfesten Sicherheiten bevorzugt behandelt. Ist doch der Erlös aus der Verwertung dieser Sicherheiten vorab an die Sicherungsgläubiger abzuführen (Absonderung). Die Insolvenzordnung selbst kennt im Insolvenzplanverfahren die Bildung von ganz unterschiedlichen Gläubigergruppen, die den Grundsatz der Gläubigergleichbehandlung allenfalls gruppenintern beachten müssen, §§ 222 ff. InsO. Eine unterschiedliche Behandlung der einzelnen, sachgerecht voneinander abgegrenzten Gruppen ist hingegen erklärtes Ziel der Gruppenbildung. All dies macht deutlich, dass das Prinzip der Gläubigergleichbehandlung, fußend auf dem „gemeinsamen Interesse" der Insolvenzgläubiger, die Ungleichbehandlung jeweils unterschiedlicher Rechtspositionen gerade zu fordert. Die Gläubigergleichbehandlung reduziert sich somit formal auf den Grundsatz der Stimmengleichheit bei Abstimmungen in den Gläubigerversammlungen sowie die quotale Verteilungsgleichheit der Insolvenzmasse auf die Insolvenzgläubiger nach zu beachtenden, insolvenzfesten Sicherungsrechten oder den in einem Insolvenzplan unterschiedlich ausge-stalteten Gruppenrechten.[161]

---

[161] Abschnitt 3.2.1

5.4.2   Aus- und absonderungsberechtigte Gläubiger

Eine auf den ersten Blick hin bestehende „Ungleichbehandlung" der Gläubiger verkörpert im Wesentlichen die Gruppe der aus- und absonderungsberechtigten Gläubiger. Unter *aussonderungsberechtigten* Gläubigern versteht man solche, die ihr Eigentum an Gegenständen, welche sich in der Insolvenzmasse befinden, vorbehalten, also (noch) nicht auf das Schuldnerunternehmen übertragen haben. Sie haben selbstverständlich das Recht, die Herausgabe ihres Eigentums aus der Insolvenzmasse (Aussonderung) zu verlangen. Dieses Recht hat mit dem Insolvenzverfahren nichts zu tun. Die beispielsweise noch unter Eigentumsvorbehalt stehende Ware des Lieferanten dient nicht der Haftungsverwirklichung der Insolvenzgläubiger: Sie ist Eigentum des Lieferanten, nicht aber des Schuldners. Folglich legt die Insolvenzordnung auch fest, dass der Anspruch auf Aussonderung sich nach den Gesetzen richtet, die außerhalb des Insolvenzverfahrens gelten, § 47 InsO.

Hierunter fallen beispielsweise sämtliche Rechte aus einfachem Eigentumsvorbehalt. Der Vorbehaltslieferant kann somit nicht bezahlte Ware – nach Rücktritt vom Liefervertrag, § 449 Abs. 2 BGB – jederzeit von dem Schuldnerunternehmen zurückverlangen. Tut er dies, muss in der Regel ein Handelsunternehmen sofort seinen Betrieb einstellen, verfügt es doch über keine handelbare Ware mehr. Aber auch ein Produktionsbetrieb gerät in erhebliche Schwierigkeiten, da ihm hierdurch notwendige Rohstoffe und Rohmaterialien zur Herstellung seiner eigenen Güter genommen werden. Kommen Schuldnerunternehmen und (vorläufiger) Insolvenzverwalter dem legalen Begehren des Vorbehaltslieferanten nach, so ist eine Betriebsfortführung in der Regel nicht mehr möglich. Gleiches gilt etwa, wenn zentrale Betriebseinrichtungen wie EDV, Produktionsmaschinen etc. gemietet oder geleast sind. Auch hier bestehen im Falle einer nicht von der Sperre des § 112 InsO erfassten Kündigung des Überlassungsvertrages Herausgabeansprüche. Werden diese umgesetzt, wird dem Unternehmen in der Regel die Grundlage einer weiteren Betriebsfortführung genommen. Die Beispiele ließen sich beliebig fortführen.

Hier ist es Aufgabe des (vorläufigen) Insolvenzverwalters, einen Interessenausgleich mit den aussonderungsberechtigten Gläubigern zu finden. Dies wiederum kann in der Regel nur dadurch geschehen, dass zumindest für die den wirtschaftlichen Handlungsraum[162] umfassende Phase eine adäquate Lösung einvernehmlich gefunden wird: beispielsweise für geleaste oder gemietete Gegenstände, die vorerst im Schuldnerunternehmen verbleiben, eine moderate Nutzungsentschädigung angeboten und akzeptiert wird, zu verwertende, unter Eigentumsvorbehalt stehende Ware ordnungsgemäß erfasst und bei Verbrauch wie neu gekaufte Ware bezahlt wird. Gelingt dies nicht, so hing es bislang nicht zuletzt von der Hartnäckigkeit des (vorläufigen) Insolvenzverwalters ab, ob er sich eine gewisse Zeit mit dem Grundsatz der „normativen Kraft des Faktischen" anfreunden kann, will heißen, dem Aussonderungsanspruch, mag er auch berechtigt sein, zunächst im Interesse einer bestmöglichen Gesamtgläubigerbefriedigung nicht nachgibt – eine nicht sehr befriedigende Situation. Mit dem Gesetz zur Vereinfachung des Insolvenzverfahrens vom

---

[162] Siehe Abschnitt 5.3

13.04.2007 hat der Gesetzgeber nunmehr mit Wirkung vom 01.07.2007 reagiert. Er führte bereits im Eröffnungsverfahren die Möglichkeit ein, für aus- oder abzusondernde Gegenstände ein gerichtliches Verwertungs- und Einziehungsverbot anzuordnen, wenn und soweit diese Gegenstände für die Fortführung des Unternehmens von erheblicher Bedeutung sind. Hierdurch eintretende Wertverluste sind dem Berechtigten durch unter gesetzlich weiter geregelten Zahlungen auszugleichen.[163]

Etwas einfacher ist die Lage bei den so genannten *absonderungsberechtigten* Gläubigern. Hierunter versteht man Gläubiger, die Sicherungsrechte an dem Vermögen des Schuldnerunternehmens haben, so beispielsweise Forderungsabtretungen, Sicherungsübereignungen an Warenlager, Betriebs- und Geschäftsausstattung, aber auch Grundpfandrechte (Grundschulden, Hypotheken) an dem Betriebsgrundstück. Hier hat der Gesetzgeber durch ein Bündel von Maßnahmen zumindest versucht, einen Zusammenhalt der für die Betriebsfortführung notwendigen Betriebsmittel im weitesten Sinne *ab Eröffnung des Insolvenzverfahrens* sicherzustellen. So bleibt beispielsweise das Verwertungsrecht der absonderungsberechtigten Gläubiger dann beim Insolvenzverwalter, wenn dieser auch den Besitz an dem Sicherungsgut inne hat, § 166 InsO. Zwangsvollstreckungsmaßnahmen gegen das Schuldnerunternehmen kann das Insolvenzgericht bereits im Eröffnungsverfahren untersagen oder einstweilig einstellen, soweit die Zwangsvollstreckung in das bewegliche Vermögen betrieben wird, § 21 Abs. 2 Nr. 3 InsO. Aber auch Zwangsvollstreckungsmaßnahmen in insbesondere betriebsnotwendige Immobilien können auf Antrag des Insolvenzverwalters vom zuständigen Vollstreckungsgericht einstweilen eingestellt werden.[164] Insoweit ist es den absonderungsberechtigten Gläubigern gegenüber leichter, die Voraussetzungen für eine Betriebsfortführung des insolventen Schuldnerunternehmens zu schaffen.

Wie bereits dargestellt, hat der Gesetzgeber den Zusammenhalt von Gegenständen, die für die Betriebsfortführung bedeutsam sind, bereits im Eröffnungsverfahren durch richterliche Anordnung ermöglicht, selbst wenn diese mit Aus- und Absonderungsrechten belegt sind. Hierdurch ist die gesetzliche Grundlage für eine wirtschaftlich sinnvolle Betriebsfortführung bereits im hierfür besonders bedeutsamen Eröffnungsverfahren gesetzlich verankert worden.

Der Konflikt zwischen verschiedenen Gläubigern tritt wieder auf, wenn beim Unternehmenskauf Kaufpreis und Kaufpreisverteilung festgelegt werden. Es liegt in der Natur der Sache, dass die absonderungsberechtigten Gläubiger selbstverständlich allergrößten Wert darauf legen, „ihr" Sicherungsgut bestmöglich verwertet zu wissen. Wird beispielsweise die Gesamtheit eines Betriebes, bestehend aus an die Gläubigerbank sicherungsübereigneten Maschinen und sonstiger Betriebs- und Geschäftsausstattung, aber auch aus einem von Vorbehaltsrechten der Lieferanten erfassten Warenlager – beide Sicherungsrechte wiederum überlagert durch das Vermieterpfandrecht –, sowie schließlich aus von Sicherungsrechten freien Patenten und sonstigen Urheberrechten zu einem Gesamtpreis X verkauft, lässt sich oftmals ein erhebliches Gerangel zwischen den einzelnen Gläubigergruppen um

---

[163] §§ 21 Abs. 2 Nr. 5; 169 InsO; hierzu Braun/Kind, § 21 Rn. 36 a; Uhlenbruck/Vallender, § 21 Rn. 38 ff.

[164] Zu den Einzelheiten: vgl. §§ 30 d ff. ZVG

die Allokation der auf ihre Sicherungsrechte entfallenden Kaufpreisteile nicht vermeiden. Eigentlich könnte der (vorläufige) Insolvenzverwalter die Kaufpreiszuordnung in Abstimmung mit dem Kaufinteressenten vornehmen. Dies hilft ihm jedoch nicht weiter, da der Käufer regelmäßig darauf besteht, unbelastetes Eigentum an dem Kaufgegenstand zu erwerben. Andererseits reicht der gebotene Kaufpreis in aller Regel nicht aus, die Sicherungsrechte vollständig abzulösen. Es muss also mit allen Sicherungsgläubigern hinsichtlich der Kaufpreisaufteilung ein Kompromiss gefunden werden, der sicherstellt, dass die Sicherungsgläubiger ihre Sicherungsrechte spätestens bei Eigentumsübertragung auf den Käufer freigeben. Also müssen die diffundierenden Einzelinteressen eingefangen und gebündelt werden, um zustimmungsfähig bei allen Sicherungsgläubigern zu werden. Dies ist oftmals ein Balanceakt, der einiges Fingerspitzengefühl erfordert.

5.4.3   Arbeitnehmer und deren institutionelle Vertreter

Fast jede Unternehmenstransaktion aus der Insolvenz wird begleitet von mehr oder weniger intensivem Personalabbau. Es entspricht den verständlichen Interessen der betroffen Arbeitnehmer sowie ihrer institutionellen Vertreter (Betriebsrat/Gewerk-schaften), den Arbeitsplatzabbau zu vermeiden oder zumindest soweit irgend möglich zu minimieren und sozialverträglich zu gestalten. Dabei ist es in diesem Zusammenhang müßig, darüber zu diskutieren, ob die gesetzlich zwingende Vorschrift des § 613 a BGB, wonach im Falle eines Betriebsübergangs – jeder Unternehmenskauf ist zunächst ein solcher – alle zu diesem Zeitpunkt bestehenden Arbeitsverhältnisse auf den Erwerber unverändert übergeleitet werden, arbeitsmarkt- und wirtschaftspolitisch sinnvoll ist. Der Gesetzgeber wird nicht müde, dies zu bejahen, wenngleich er unter der Geltung der Gesamtvollstreckungsordnung in den ostdeutschen Bundesländern – aus wohl gutem Grund – zum Unternehmenserhalt von dieser Vorschrift bis 31.12.1998, also bis zum Inkrafttreten der bundeseinheitlich geltenden Insolvenzordnung, ausdrücklich dispensiert hat.[165]

Die Folge davon ist, dass der Kaufinteressent mit der zwingenden Gesetzeslage konfrontiert wird, sämtliche, zum Zeitpunkt des Betriebsüberganges bei dem Schuldnerunternehmen beschäftigte Mitarbeiter grundsätzlich zu übernehmen. Hierauf insistieren zunächst Betriebsrat, noch mehr aber die bisweilen abseits der Betriebsrealität stehenden Gewerkschaftsvertreter. Dass die Rechtsprechung des Bundesarbeitsgerichts hier für eine gewisse positive Aufweichung und damit auch deutliche Erleichterung für den Unternehmenskauf aus der Insolvenz in den letzten Jahren gesorgt hat,[166] macht die Diskussionen mit den institutionellen Arbeitnehmervertretern oftmals nur vordergründig einfacher. Die hieraus für den (vorläufigen) Insolvenzverwalter resultierende Interessenpolarität kann darin gipfeln, dass der Unternehmenskauf letztlich scheitert.Dass dann alle Arbeitsplätze auf dem Spiel stehen, bleibt als letztes Argument, um den gordischen Knoten festgefahrener Vertragsverhandlungen vielleicht doch noch zu zerschlagen.

---

[165] Art. 32 EGInsO i. V. m. Art. 232 § 5 Abs. 2 Nr. 1 EGBGB

[166] Näheres hierzu: Abschnitt 8.3.2

5.4.4 Kaufpreis und/oder Arbeitsplätze

Das Bündel der Zielkonflikte für den (vorläufigen) Insolvenzverwalter beim geplanten Unternehmenskauf aus der Insolvenz kulminiert in der Frage: Kaufpreis oder Arbeitsplätze. Bereits das Bundesarbeitsgericht[167] hat in älteren Entscheidungen diese Wechselwirkung anklingen lassen und damit die Legitimation für die gesetzlich zwingende Regelung des § 613 a BGB, also den Bestandsschutz für bei Betriebsübergang bestehende Arbeitsverhältnisse, geliefert. Die Gleichung Kaufpreis + Arbeitsplätze = konstant mag wertmäßig stimmen und auch einiges an Erklärungspotenzial beinhalten. Sie ruft jedoch die unterschiedlichen Gläubigerinteressen in der Insolvenz auf den Plan: Läuft die genannte Gleichung doch darauf hinaus, dass die (Sicherungs-)Gläubiger des Schuldnerunternehmens den Erhalt der Arbeitsplätze letztlich finanziell tragen müssen. Ist der Käufer nämlich verpflichtet, alle Arbeitsplätze zu übernehmen, fällt in der Tat der Kaufpreis entsprechend gering aus, was zunächst und in wesentlichen Teilen zu Lasten der (gesicherten) Insolvenzgläubiger geht. Die Verteilungsmasse ist entsprechend gering, die Insolvenzquote oftmals im unteren, einstelligen Prozentbereich. Dies aber führt dazu, dass weder die Zustimmungen nach §§ 160 ff. InsO von der Gesamtgläubigerschaft erteilt werden, noch die zur lastenfreien Eigentumsübertragung notwendigen Freigabeerklärungen von den Sicherheitsgläubigern erfolgen. Der schwarze Peter liegt beim (vorläufigen) Insolvenzverwalter. Er muss versuchen, einen Ausgleich zu finden zwischen höherem Kaufpreis und weniger Arbeitsplätzen oder geringem Kaufpreis und umfänglicherem Erhalt von Arbeitsplätzen: eine schwierig erscheinende Aufgabe.

Geht man das Problem jedoch etwas ehrlicher an, entschärft sich die Polarität deutlich. Wird der Kaufinteressent nämlich verpflichtet, mehr Arbeitnehmer zu übernehmen als betriebswirtschaftlich vertretbar, verwendet er den „ersparten" Kaufpreis, um die unumgänglichen Personalanpassungsmaßnahmen zu finanzieren. Der eigentliche Erhalt von Arbeitsplätzen ist in diesem Fall nur ein dilatorisches Scheingefecht. Auch der Käufer wird nach Übergang der Leitungsfunktion nicht umhin können, im Interesse einer gesicherten Zukunft des Unternehmens Personalüberhang abzubauen. Damit aber sind letztlich alle Gläubiger geschädigt: Die Arbeitsplätze können trotz § 613 a BGB nicht gesichert werden. Der scheinbare Erhalt entpuppt sich lediglich als Agonie. Der Kaufpreis ist entsprechend gering und der verhandelte Unternehmenskauf riskiert, die notwendige Zustimmung der Gläubiger zum Unternehmenskauf, aber auch der Sicherungsgläubiger zur Freigabe ihrer Sicherheiten nicht zu erhalten.

Der oftmals heftig ausgetragene, jedoch letztlich vordergründige Konflikt zwischen Kaufpreis und Arbeitsplätzen kann und muss dadurch entschärft werden, dass allseits mit offenen Fakten operiert wird. Legt man dem Betriebsrat auch die Plandaten des künftigen Trägerunternehmens offen, wird leicht erkennbar, dass die Restrukturierung eben nur mit notwendigen Personalanpassungsmaßnahmen gelingen kann. Es lassen sich dann oftmals bei unterstellter, allseitiger Einsichtsfähigkeit die Zielkonflikte deutlich entschärfen. Es

---

[167] BAG U. v. 17.01.1980, BB 1980, 319 (320); BAG U. v. 04.07.1989, ZIP 1989, 1422 (1424)

kommt zu einem verträglichen, wenn auch aus Sicht des Käufers nicht optimalen Personalanpassungsprozess, der die berechtigten Interessen der Arbeitnehmer und ihrer Interessenvertreter berücksichtigt, aber auch eine realistische Startchance für das den Betrieb aufnehmende, neue Trägerunternehmen beinhaltet.[168] Oftmals ist es jedoch ein weiter Weg bis zu diesem Ziel, der angesichts des enormen Zeitdrucks konsequent, zielgerichtet und sehr rechtzeitig eingeschlagen und zügig beschritten werden muss.

---

[168] Zu den auch und gerade auf diesem Feld liegenden Sanierungspotenzialen: Kapitel 8

6 Vorbereitung der Kaufverhandlungen

Spätestens mit Anordnung der vorläufigen Insolvenzverwaltung gelangt die Nachricht über den Insolvenzantrag des Schuldnerunternehmens an die Öffentlichkeit. Sehen doch §§ 23 Abs. 1 S. 1 i.V.m. 9 Abs. 1 InsO vor, dass diese gerichtlich verfügte Sicherungsmaßnahme öffentlich bekannt gemacht wird. Die Bekanntmachung erfolgt länderübergreifend auf der Internetseite www.insolvenzbekanntmachungen.de (§ 9 Abs. 2 InsO) und ist damit jedermann zugänglich. In der Bekanntmachung ist der Schuldner genau zu bezeichnen, seine Anschrift sowie Geschäftszweig sind anzugeben.

Hinzu kommen weitere Bekanntmachungspflichten über angeordnete Sicherungsmaßnahmen, so in den einschlägigen Handels-, Genossenschafts-, Partnerschafts- oder Vereinsregistern, sollte der Schuldner dort eingetragen sein, § 23 Abs. 2 InsO. Selbstverständlich gelten auch die wesentlich stringenteren kapitalmarktrechtlichen Veröffentlichungspflichten für an der inländischen Börse zum Handel zugelassene Wertpapiere fort, insbesondere für börsennotierte Aktiengesellschaften, § 15 WpHG.

All dies führt dazu, dass bei besonders begehrten Schuldnerunternehmen mit laufendem Geschäftsbetrieb bereits kurzzeitig nach Stellung des Insolvenzantrages sowie gerichtlicher Anordnung der vorläufigen Insolvenzverwaltung Interessenten beim vorläufigen Insolvenzverwalter anklopfen, um ein mögliches Kaufinteresse zu bekunden. Will man als Kaufinteressent bei einem besonders begehrten Kaufgegenstand nicht in der Rubrik „Kaufinteressent" zunächst „abgelegt" werden, so erscheint es ratsam, zumindest im Wesentlichen folgende Hinweise zu beachten:

6.1 Interessenbekundung

Wie bereits ausgeführt[169], ist bereits in dieser Phase der vorläufige Insolvenzverwalter der richtige Ansprechpartner. Sein Name sowie seine Kanzleiadresse werden über die benannte Internetadresse bekanntgegeben, können aber auch bei dem zuständigen Insolvenzgericht abgefragt werden. Nun wird es sicherlich kaum möglich sein, bereits wenige Stunden oder auch Tage nach Anordnung der vorläufigen Insolvenzverwaltung einen persönlichen Gesprächstermin zu erhalten. Je nach Größe des Insolvenzverfahrens muss auch der mit der Einarbeitung in komplexe Vorgänge vertraute vorläufige Insolvenzverwalter eine faire Chance erhalten, sich erst selbst in die spezifische Situation des Schuldnerunternehmens einzuarbeiten. Es empfiehlt sich daher, das Erwerbsinteresse schriftlich und in authentischer Form bekanntzugeben. Dabei erscheint uns auch im E-Mail-Zeitalter ein offizieller

---

[169] Abschnitt 1.2.3

Geschäftsbogen des Absenders, unterschrieben durch dessen vertretungsberechtigte Organe, der nach wie vor seriöseste Weg. Will der Absender – aus in diesem Stadium zu respektierenden Gründen – anonym bleiben, bietet sich auch die Kontaktaufnahme durch einen beauftragten Rechtsanwalt, Steuerberater oder Wirtschaftsprüfer an.

Soweit bereits möglich, sollte das Schreiben erkennen lassen, worauf sich das Kaufinteresse bezieht. Dies ist insbesondere bei komplexen Schuldnerunternehmen, die über mehrere Geschäftsaktivitäten oder Sparten, gar aufgeteilt auf verschiedene Tochtergesellschaften, verfügen, ratsam. Ist es doch Aufgabe des (vorläufigen) Insolvenzverwalters, das gesamte Schuldnervermögen zu verwerten. Auf diesem Hintergrund hat sicherlich derjenige Kaufinteressent einen gewissen, ersten Wettbewerbsvorteil, dessen Kaufinteresse auf das gesamte Schuldnerunternehmen abzielt. Dabei ist es überflüssig zu betonen, dass es sich in diesem Stadium allenfalls um erste, lediglich vorläufige Angaben handeln kann. Allerdings sollten selbst diese seriös und – aus Sicht des (vorläufigen) Insolvenzverwalters – von nachvollziehbarem Interesse sein. Nicht selten nämlich erfolgt die Interessenbekundung nach dem Grundsatz, wir kaufen alles, Hauptsache wir kommen schnell mit dem (vorläufigen) Insolvenzverwalter in Kontakt. Eine solche Art der Annäherung dürfte nicht weit tragen.

Sicherlich hilft es dem (vorläufigen) Insolvenzverwalter, den Kaufinteressenten richtig einzuschätzen, wenn dieser seine Kaufmotivation mitteilt. Dies ist, wie bereits näher dargelegt[170], in der Regel ein strategisches oder finanzwirtschaftliches Kaufinteresse. Auch eine Mischung beider Beweggründe ist denkbar, ohne andere Gründe ausschließen zu wollen. Die Bereitschaft, dem (vorläufigen) Insolvenzverwalter bereits jetzt in diesem Zusammenhang erste Fingerzeige zu geben, ihm damit auch die Möglichkeit einzuräumen, seinen künftigen Verhandlungspartner bereits jetzt richtig einzuschätzen, ist für beide Seiten sicherlich von Vorteil. Diesen sollte sich der Kaufinteressent nicht nehmen lassen.

Nennung und Erreichbarkeit kompetenter Gesprächspartner sind selbstverständlich. Dabei sollten die Gesprächspartner so ausgewählt werden, dass sie aus Sicht des Kaufinteressenten möglichst den gesamten Verhandlungsvorgang begleiten können. Gerade in der erhofften Verhandlungsphase sind kurzfristige Verfügbarkeit und Erreichbarkeit wegen des bereits mehrfach angesprochenen Zeitdrucks unverzichtbar.

All dies sollte im jetzigen Gesprächsstadium jedoch noch ohne Hektik und übertriebene Eile geschehen. Muss sich doch der vorläufige Insolvenzverwalter erst zumindest etwas in die für ihn neue Materie einarbeiten. Ansonsten machen erste Gesprächskontakte wenig inhaltlichen Sinn. Je nach Größe und Komplexität des insolventen Schuldnerunternehmens ist hierbei sicherlich ein Zuwarten bis zu einem ersten, persönlichen Kontakt mit dem vorläufigen Insolvenzverwalter von einigen Tagen bis hin zu etwa zwei Wochen ab Anordnung der vorläufigen Insolvenzverwaltung angemessen und ratsam.

---

[170] Abschnitt 2.2.2 und 2.2.3

6.2 Vertraulichkeit

Die Aufnahme von Gesprächskontakten zwischen dem Kaufinteressenten und dem (vorläufigen) Insolvenzverwalter ist nicht per se vertraulich. Soll Vertraulichkeit herrschen, bedarf es entsprechender Vereinbarungen. Diese sind auch beim Unternehmenskauf aus der Insolvenz üblich. Die Frage, die bleibt, ist lediglich, ab welchem Zeitpunkt des Gesprächs-/Verhandlungsstadiums und mit welchem Inhalt solche Absprachen getroffen werden. Dies müssen die Gesprächspartner je nach Interessenlage selbst entscheiden. Allgemein lässt sich nur so viel sagen:

Dass das insolvente, operativ noch tätige Unternehmen zum Verkauf ansteht, ist in interessierten Kreisen längst bekannt. Ebenfalls kein Geheimnis ist die gesetzliche Verpflichtung des (vorläufigen) Insolvenzverwalters, das Vermögen des Schuldners bestmöglich und vollständig zu verwerten. Hierüber eine Vertraulichkeitsvereinbarung zu schließen, ist somit müßig.

Eine beiderseits festzulegende, eher taktische Frage ist, ob die Öffentlichkeit darüber informiert werden soll, mit welchen Kaufinteressenten namentlich der (vorläufige) Insolvenzverwalter Gesprächs- und Verhandlungskontakte hat. Für den (vorläufigen) Insolvenzverwalter hat eine solche Information an die unmittelbar Beteiligten (Mitarbeiter, Lieferanten, Kunden, Banken) durchaus Sinn. Wird doch hierdurch signalisiert, dass in die bis dahin meist über Monate zuvor statische Situation nunmehr Bewegung kommt, vor allem aber dass selbst das insolvente Unternehmen noch über derart attraktive Seiten verfügt, dass Kaufinteressenten vorstellig werden. Dies beruhigt Mitarbeiter und den Markt gleichermaßen. Es ist jedoch überflüssig zu sagen, dass derlei Informationen in zwischen den Gesprächspartnern abgestimmten Inhalten und Form erfolgen müssen.

Haben sich die Gespräche soweit verdichtet, dass der Kaufinteressent Einsicht in die Geschäftsunterlagen der Schuldnerin nehmen möchte, wird dies ohne Abschluss einer förmlichen Vertraulichkeitsvereinbarung nicht gehen. Dabei unterscheidet sich der Inhalt einer solchen Absprache nicht von dem eines normalen Unternehmenskaufs. Es wird somit ein überschaubarer Personenkreis definiert, der Zugang zu den Unternehmensdaten bekommt, die Verpflichtung, die zur Verfügung gestellten Daten nur in diesem Kreis zirkulieren zu lassen, aufgenommen sowie die Frage der Behandlung der zugänglich gemachten Firmendaten in dem Fall geregelt, dass die Verhandlungen ergebnislos bleiben.[171]

Angezeigt ist auch die Vereinbarung eines Abwerbungsverbotes. Diese sind arbeitsrechtlich zulässig.[172] Das Problem im casus belli dürfte jedoch darin bestehen, die (verbotene) Abwerbung als Ursache für den Wechsel nachzuweisen. In jedem Fall haben solche Absprachen jedoch in gewisser Weise abschreckenden Charakter.

---

[171] Zu Ausgestaltung und Rechtswirkung von Vertraulichkeitsvereinbarungen: Semler in Hölters (Hrsg.), Handbuch Unternehmenskauf, Teil VII, Rn. 64 f.

[172] Semler in Hölters (Hrsg.), Handbuch Unternehmenskauf, Teil VII, Rn. 66

6.3 Due Diligence

Auch der Unternehmenskauf aus der Insolvenz kommt ohne bestmögliche Prüfung der Geschäftsunterlagen des Schuldnerunternehmens durch den Kaufinteressenten nicht aus. Prüfungsmöglichkeiten und Prüfungsumfang sind jedoch, bedingt durch die insolvente Situation des Schuldnerunternehmens, deutlich unterschiedlich gegenüber der Situation beim Kauf eines nicht insolventen Unternehmens.[173] Vorgehensweise und Umfang der Prüfung bestimmen sich maßgeblich nach der im Schuldnerunternehmen vorgefundenen Informationslage, dem zur Verfügung stehenden Prüfungszeitraum sowie dem vom Kaufinteressenten avisierten Kaufgegenstand.

6.3.1 Informationslage

In den seltensten Fällen ist die Informationslage, die in insolventen Unternehmen vorgefunden wird, befriedigend. Der Kaufinteressent muss davon ausgehen, dass die verfügbaren Daten weder aktuell noch vollständig sind. In diesem Punkt unterscheiden sich Kleinunternehmen kaum von börsennotierten Aktiengesellschaften, so verwunderlich dies für den Außenstehenden auch sein mag. Es muss schon als Glücksfall bezeichnet werden, wenn sich die Finanzbuchhaltung auf aktuellem Stand befindet, die zur Erstellung der Jahresabschlüsse gesetzlich vorgegebenen Zeiträume eingehalten sind, eine Dokumentation wichtiger Vertragsunterlagen verfügbar ist, eventuelle Marken- und Patentrechte ordnungsgemäß dokumentiert sind sowie die Mitarbeiterdaten einschließlich (schriftlich) abgeschlossener Arbeitsverträge aktuell und zuverlässig präsentiert werden können. Eigentlich handelt es sich hierbei um Selbstverständlichkeiten, die jeder Kaufinteressent zu Recht erwartet. Die Wirklichkeit ist jedoch oftmals eine völlig andere. Es bleibt weder die Zeit noch verfügt der (vorläufige) Insolvenzverwalter über die notwendigen finanziellen Mittel, die betrieblichen Daten so aufbereiten zu lassen, dass sie „einem sachverständigen Dritten innerhalb angemessener Zeit einen Überblick über die Geschäftsvorfälle und die Lage des Unternehmens vermitteln" können, § 238 Abs. 1 S. 2 HGB. Geschweige denn lassen sich Geschäftsvorfälle „in ihrer Entstehung und Abwicklung" verfolgen, § 238 Abs. 1 S. 3 HGB. Was also ist zu tun?

Dem Gesprächspartner bleibt zunächst nichts anderes übrig, als sich mit der vorgefundenen Informationslage zu arrangieren. So wird der (vorläufige) Insolvenzverwalter zunächst versuchen, in die sich ihm bietende Aktenlage eine gewisse Systematik zu bringen, also die verfügbaren finanzwirtschaftlichen Daten zu bündeln, wichtige Vertragsunterlagen zu systematisieren, Mitarbeiterlisten nach den maßgeblichen Daten wie Qualifikation, Lebensalter und Betriebszugehörigkeit aufzustellen. Gegebenenfalls sind auch einschlägige Tarifverträge zu benennen und im Unternehmen abgeschlossene Betriebsvereinbarun-

---

[173] Zum Prüfungsumfang bei nicht insolventen Unternehmen: Semler in Hölters (Hrsg.), Handbuch Unternehmenskauf, Teil VII, Rn. 43 ff.; Holzapfel/Pöllath, Rn. 19 ff.; zur arbeitsrechtlichen due diligence: Bauer/von Steinau-Steinrück/Thees in Hölters, Handbuch Unternehmenskauf, Teil V, Rn. 408 ff.

gen zu kompilieren. Aktualität und Informationsdichte geben hierbei bei aller Unzuläng-
lichkeit im Einzelfall dem Kaufinteressenten einen ersten, nicht zu unterschätzenden Hinweis auf den Zustand des Unternehmens. In diesem Stadium nicht zu schließende Informationslücken müssen dann schrittweise und bestmöglich während der weiteren Gespräche und Verhandlungen geschlossen werden.

Angesichts dieser Situation kommt den zu führenden Gesprächen mit leitenden Mitarbeitern der zweiten Führungsebene eine nicht zu unterschätzende Bedeutung zu. Hier sollte
der Kaufinteressent darauf bestehen, Gespräche mit den jeweils verantwortlichen Mitarbeitern selbst und offen führen zu können. Oftmals erfährt er in diesen Gesprächen mehr
als in den lückenhaften, zeitlich rückwärts orientierten Geschäftsbüchern. Gleichzeitig
kann er sich durch solche Gespräche ein Bild darüber machen, von wem die Schlüsselposi-
tionen in dem Unternehmen, welches er erwerben möchte, besetzt sind. Sind doch diese
verantwortlichen Mitarbeiter in der Regel die Leistungsträger, auf die der Kaufinteressent
auch in der Zukunft setzen wird. Dass solche Gespräche unter dem Gesichtspunkt einer
möglichen Abwerbung für den (vorläufigen) Insolvenzverwalter nicht ohne Brisanz sind,
versteht sich hierbei von selbst. Die Praxis zeigt jedoch, dass eine offene Vorwärtsstrategie,
verbunden mit der unterstellten Ernsthaftigkeit des Kaufinteressenten, unternehmerische
Einheiten als Ganzes zu erwerben, selbst in diesem sensiblen Bereich der beste Weg zum
Erfolg ist.

6.3.2   Prüfungszeitraum

Auch der zur Verfügung stehende Prüfungszeitraum unterscheidet sich deutlich von den
sonstigen Gegebenheiten: Er beschränkt sich eher auf wenige Wochen, denn auf viele Monate. Seinen Grund hat dies in der bereits mehrfach beschriebenen Zeitschiene, die insolventen Unternehmen insbesondere aus Gründen der verfügbaren Liquidität zur Verfügung steht. Hinzu kommt der nicht zu unterschätzende Erfolgsdruck, der durch die Geschäftspartner (Kunden, Lieferanten und Banken) ausgeübt wird, aber auch die Erwartungshaltung der Mitarbeiter drängt, baldmöglichst zu wissen, ob und in welchem Umfang und mit wem „es weiter geht". Der (vorläufige) Insolvenzverwalter wird daher alles
daran setzen, den Prüfungszeitraum so zu bemessen und festzulegen, dass er für den
Kaufinteressenten zumutbar ist, zeitlich jedoch im Hinblick auf die geschilderte Gesamtsi-
tuation vertretbar bleibt. Dies geschieht in der Regel dadurch, dass der (vorläufige) Insolvenzverwalter bereits bei Prüfungsbeginn einen Zeitpunkt benennt, bis zu dem er ein
verbindliches Kaufangebot als Verhandlungsgrundlage erwartet. Dass dieser Zeitraum –
objektiv betrachtet – von den käuferseits beauftragten Wirtschaftsprüfern in der Regel als
wesentlich zu kurz bezeichnet wird, muss hierbei in Kauf genommen werden. Hier bleibt
dem (vorläufigen) Insolvenzverwalter nur, durch – wiederholte – Schilderung oder gar
Dokumentation der objektiven Gegebenheiten um Verständnis für sein Drängen zu wer-
ben.

6.3.3   Prüfungsfokus

Möglicher Zeitaufwand lässt sich dadurch deutlich reduzieren, dass von vornherein der Prüfungsfokus bestimmt wird. Dieser definiert sich maßgeblich durch den Kaufgegenstand, aber auch die Branche, in welcher das Schuldnerunternehmen tätig ist. Handelt es sich bei dem Schuldnerunternehmen beispielsweise um ein in der Kommunikationsbranche tätiges Entwicklungsunternehmen, liegt der Fokus eindeutig auf Qualifikation und Zusammenhalt der Entwicklungsingenieure, der Rechteinhaberschaft an den entwickelten Produkten, der Entwicklungspotenziale sowie der Kundenstruktur. Weniger ins Gewicht fallen dürfte der Zustand des vorhandenen Anlagevermögens. Auch das Umlaufvermögen ist in diesem Fall nur insoweit von Interesse, als es Hinweise auf die Zahlungsmoral der Kunden gibt. Anders ist die Situation sicherlich bei einem Produktionsunternehmen. Hier spielen Zustand des Maschinenparks, Qualität der hergestellten Produkte sowie Innovationsfähigkeit neben dem Kundenpotenzial eine bedeutende Rolle. Es macht daher wenig Sinn in eine Prüfung mit endlosen Anforderungslisten für jedwede Sachverhalte zu gehen. Vielmehr sei dem Kaufinteressenten empfohlen, thematisch einen klaren Prüfungsfokus zu definieren.

Dabei spielt natürlich auch eine Rolle, ob der Kaufinteressent einen Vermögenskauf (Asset-Deal), gegebenenfalls welcher Betriebe oder Betriebsteile anstrebt, oder als Kaufgegenstand das Unternehmen als Ganzen, möglicherweise sogar im Wege eines Anteilskaufs nach durchgeführtem Insolvenzplanverfahren anstrebt. Im letztgenannten Fall ist der Prüfungsumfang sicherlich ein völlig anderer. Umso wichtiger ist es also, bei der Bestimmung des Prüfungsfokus nicht das Erwerbsziel aus den Augen zu verlieren.

Allgemein lässt sich sagen, dass sich der Prüfungsfokus – je nach Branche – auf Positionen der Aktivseite konzentriert. Die Passivseite des Schuldnerunternehmens ist eher für Analyse der Krisenursachen von Bedeutung. Bestehende Verbindlichkeiten bleiben im Netz der Insolvenz hängen, gehen somit nicht auf den Erwerber über. Ausnahmen hiervon sind lediglich arbeitsrechtliche Besonderheiten[174] sowie Verpflichtungen, die gegebenenfalls aus einem angenommenen und festgestellten Insolvenzplan rühren.

6.3.4   Prüfungsverfahren

Bei Großverfahren ist es allgemein üblich, einen virtuellen Datenraum einzurichten, auf den der Kaufinteressent mittels eines Zugangscodes Zugriff hat.[175] Der große Vorteil dieser Technik besteht darin, dass bei entsprechender on-line-Kapazität mehrere Interessenten zeitlich parallel prüfen können. Auch dies ist ein entscheidender Beitrag zur effizienten Nutzung des zur Verfügung stehenden Prüfungszeitraums.

---

[174] Abschnitt 8.3.2

[175] Näher: Semler in Hölters (Hrsg.), Handbuch Unternehmenskauf, Teil VII, Rn. 43; Holzapfel/Pöllath, Rn. 32 f.

In kleineren Verfahren werden hoher Aufwand und vor allem die erheblichen Kosten, die mit der professionellen Einrichtung eines virtuellen Datenraums entstehenden, kaum vertretbar sein. Hier bleibt nur, einen eigenen, realen Datenraum einzurichten, und dort die zu prüfenden Unterlagen zur Verfügung zu stellen.

6.4   Angebot/Bonität

Nach Vorlage des Prüfungsergebnisses folgt das verbindliche Kaufangebot. Nachdem nun der Kaufinteressent das insolvente Unternehmen aus dem Blickwinkel seines Erwerberinteresses durchleuchtet hat, wird von ihm eine verbindliche Entscheidung innerhalb des vorgegebenen Zeitrahmens erwartet.

Für beide Seiten sicherlich wenig erfreulich ist hierbei das Ergebnis, dass der Erwerb aus Sicht des Kaufinteressenten keinen Sinn macht. Dies ist ein bedauerliches, als unternehmerische Entscheidung jedoch normales und zu respektierendes Ergebnis. Es sollte dem (vorläufigen) Insolvenzverwalter unmissverständlich kommuniziert werden. Durch eine solche Mitteilung wird für alle Seiten Klarheit geschaffen. Auch dies gehört zu einem offenen und vertrauensvollen Umgang miteinander.

Bei einem positiven Prüfungsergebnis legt der Kaufinteressent ein schriftliches und verbindliches Kaufangebot vor. Dieses muss selbstverständlich den Kaufgegenstand klar definieren sowie ein Kaufpreisgebot enthalten. Selbst wenn über den Kaufpreis im Rahmen der Verhandlungen noch zu sprechen sein wird, wird ein Bieter, möchte er ernst genommen werden, einen angemessenen[176] Kaufpreis nennen.

Angesichts der oftmals lückenhaften Informationslage, die während der kurzen Prüfungsphase in den seltensten Fällen geschlossen werden kann, ist es nicht unüblich, in dem Kaufangebot Bedingungen zu formulieren. Diese können sich beispielsweise darauf beziehen, die angesprochenen Informationslücken in bestimmten, wesentlichen Punkten zu schließen, gewisse Sanierungspotenziale[177] zu heben oder auch sonstige Vorbehalte, z. B. Zustimmungsvorbehalte maßgeblicher Gremien beim Kaufinteressenten, zu unterbreiten. Man kann solche, oftmals längeren Bedingungskataloge auch als Checkliste hernehmen, die schrittweise im Laufe der sich anschließenden Verhandlungen abzuarbeiten ist. Allerdings sollte der Bieter darauf achten, dass die von ihm formulierten Bedingungen für den (vorläufigen) Insolvenzverwalter erfüllbar sind[178]. Ansonsten münden noch so optimistisch begonnene Verkaufsverhandlungen bald in der Sackgasse.

---

[176] Abschnitt 2.2.1

[177] Kapitel 8

[178] Abschnitt 7.2

Um die Seriosität des Kaufangebotes zu unterstreichen, sollte es in jedem Fall unwiderruflich sein. Eine angemessene Befristung hingegen ist völlig üblich, wenn nicht sogar erwünscht. Es gibt den Parteien einen klaren Zeitrahmen, bis wann die Kaufverhandlungen abgeschlossen sein müssen.

Sofern der Kaufinteressent bislang noch keinen Bonitätsnachweis erbracht hat, wird der (vorläufige) Insolvenzverwalter spätestens vor Aufnahme der Verhandlungen auf einen Nachweis in Höhe des Kaufangebotes bestehen. Ein Bonitätsnachweis kann – je nach Einzelfall – von einer Verfügbarkeitsbestätigung der Hausbank des Bieters bis zur Bankgarantie reichen, aber auch eine Zahlungsgarantie der Konzernmutter für ihre bietende Tochter sein. Auch hier bestimmt der Einzelfall die jeweils konkrete Ausgestaltung des Bonitätsnachweises.

6.5   Exklusivität

Oft verbindet der Bieter sein Kaufangebot mit der weitergehenden Forderung, Kaufverhandlungen mit ihm allein ab sofort exklusiv zu führen. Dieses in diesem Stadium zunächst verständliche Petitum wird der „vorläufige" Insolvenzverwalter jedoch kaum erfüllen können. Liegen ihm nämlich mehrere Kaufangebote vor, so wird er dem gesetzlichen Auftrag der bestmöglichen Verwertung des Schuldnervermögens nur dann nachkommen, wenn er die Angebote parallel verhandelt. Exklusivität wird in der Regel erst zur Finalisierung der Verhandlungen für eine relativ kurze Zeitdauer zu erreichen sein. Aber auch hier bestimmt der jeweilige Einzelfall die Spielregeln. Allgemeine und für jeden Fall verbindliche Richtlinien gibt es nicht.

7 Vertragsverhandlungen

Der Unternehmenskauf aus der Insolvenz kommt nunmehr in die rechtlich entscheidende Phase. Haben sich Antragsverfahren, erste Kontaktaufnahme und Sondierungsgespräche bis zur Vorbereitung der Kaufverhandlungen in der beschriebenen Weise entwickelt, so beeinflusst dies trotz aller Zeitknappheit die Verhandlungsatmosphäre positiv. Damit ist im Idealfall eine Verhandlungsatmosphäre entstanden, die die Gespräche über das komplexe Kaufthema in eine konstruktive und kurzfristig zielführende Bahn lenken kann.

Die Phase der Vertragsverhandlungen wird im Wesentlichen von den Faktoren bestimmt, die dem Zeitpunkt des Vertragsabschlusses determinieren: verfügbare Liquidität, Zusammenhalt des Unternehmens sowie operativer Erfolg durch Akzeptanz, Unterstützung von Kunden und Lieferanten.

Die Vertragsinhalte haben selbstverständlich im Einzelfall spezifische Probleme zu behandeln. Nachstehend können lediglich selektiv und in allgemeiner Form Verhandlungsthemen angesprochen werden.

7.1 Verhandlungszeitraum

Das Ziel der Vertragsverhandlungen ist, möglichst rasch zu einem Verhandlungsergebnis, nämlich dem Abschluss des Kaufvertrages, zu kommen. Wie bereits gezeigt, bestimmen hierbei die rechtlichen und wirtschaftlichen Handlungsräume des (vorläufigen) Insolvenzverwalters im Wesentlichen den zeitlichen Handlungsrahmen[179]. Es dürfte aber auch im wohlverstandenen Interesse des Kaufinteressenten liegen, die zeitlichen Vorgaben möglichst eng zu fassen. Zügige, erfolgsorientierte Verhandlungen begünstigen die Sanierung und bewahren das Schuldnerunternehmen damit vor weiteren, insolvenzverfahrensbedingten Verlusten[180]. So sollte der Motivationsschub, der eine wohl formulierte Ankündigung der Verhandlungspartner am Markt und bei den Mitarbeitern auslöst, man trete nunmehr in Kaufverhandlungen ein, nicht unterschätzt werden. Es gilt, diesen Schwung in die Verhandlungen mit zu nehmen. Ziehen sich die Gespräche jedoch zu lange hin, ohne dass hierfür nachvollziehbare Gründen vorliegen, verflacht der Motivationsschub, wenn er nicht gar in die Demotivation umschlägt. Schlimmstenfalls zeigt sich dies an einem erneuten Abfall der operativen Ergebnisse, der Abwanderung von Leistungsträgern, Lieferengpässen sowie einer Neuorientierung wesentlicher Kunden. Eine solche Entwicklung dürfte kaum im Interesse der Verhandlungspartner liegen.

---

[179] Kapitel 5, insbesondere Abschnitte 5.2 und 5.3

[180] Pannen/Riedemann, NZI 2006, 193

Der interessierte Zeitungsleser konnte die Zähigkeit der Verhandlungen einschließlich des Umsetzungsprozesses eindrucksvoll im Falle Karstadt (Arcandor) beobachten. Wenngleich hier neben den offensichtlich schwierigen Vertragsverhandlungen auch andere Faktoren die Umsetzung des Vertragsabschlusses hinauszögerten (Einstieg eines weiteren Interessenten, gestützt durch nachhaltige Vermieterinteressen)[181], wirft dieses Geschehen jedoch ein bezeichnendes Bild auf die Motivationslage der unmittelbar Betroffenen, insbesondere der Mitarbeiter. Dass offensichtlich keine größeren Abwanderungen erfolgt sind, ist wohl allein dem Umstand geschuldet, dass geeignete Arbeitsplätze anderweitig nicht verfügbar waren. Auf eine solche Hilfe sollten sich die Verhandlungspartner in weniger spektakulären Fällen jedoch nicht verlassen.

Demgegenüber ist der frühestmögliche Zeitpunkt eines Kaufvertragsabschlusses sowie dessen Umsetzung aus rechtlichen Gründen auch unter Beachtung der Mitspracherechte, die sich aus der Gläubigerautonomie ergeben, klar definiert. Seit der Änderung des § 158 InsO durch das „Gesetz zur Vereinfachung des Insolvenzverfahrens" vom 13.04.2007[182] ist klargestellt, dass der Verkauf von insolvenzbefangenem Vermögen erst nach Eröffnung des Insolvenzverfahrens, aber bereits vor der ersten Gläubigerversammlung (Berichtstermin) erfolgen darf, ohne dass damit Grundsätze der Gläubigerautonomie verletzt werden. Diese Kehrtwende des Gesetzgebers ist in Wahrheit ein Zurück zur Gesetzlage vor Inkrafttreten der Insolvenzordnung am 01.01.1999.

Damit steht aus rechtlichen Gründen fest, dass der vorläufige Insolvenzverwalter einen Unternehmenskauf aus der Insolvenz nicht durchführen darf. Schließt er dennoch einen solchen Vertrag, dürfte dieser wegen mangelnder Verfügungsbefugnis des vorläufigen Insolvenzverwalters, auch wegen Verstoßes gegen den Zweck des Insolvenzverfahrens unwirksam, zumindest aber anfechtbar sein[183]. Andererseits kann der Kaufinteressent davon ausgehen, dass ein gerichtlich bestellter Insolvenzverwalter bereits ab dem Zeitpunkt seiner Bestellung berechtigt ist, einen Unternehmenskaufvertrag rechtswirksam zu unterschreiben und umzusetzen. Rechtlich gesprochen ist dies eine logische Sekunde nach Eröffnung des Insolvenzverfahrens möglich.

Allerdings suchte der Gesetzgeber der Gesetzesänderung vom 13.04.2007 nach einem Kompensat, um die Gläubiger doch in die Kaufentscheidung angemessen einzubinden. Dieses liegt in der notwendigen Zustimmung des (vorläufigen) Gläubigerausschusses, § 158 Abs. 1 InsO[184]. Mangels anderer Möglichkeiten – eine Gläubigerversammlung hat bis zur Entscheidung des Gerichts über die Eröffnung des Insolvenzverfahrens noch nicht getagt – nimmt der (vorläufige) Gläubigerausschuss seine Legitimation aus der gerichtlichen Bestellung, § 67 Abs. 1 InsO. Danach kann das Insolvenzgericht bereits mit der Ent-

---

[181] Siehe Süddeutsche Zeitung vom 03.09.2010, S. 17

[182] Hierzu Abschnitt 5.2.1

[183] Näher hierzu: Abschnitt 7.2

[184] Positive Aufnahme in Literatur und Praxis: Uhlenbruck/Uhlenbruck, § 158 Rn. 8 m.w.N.

scheidung über die Eröffnung des Insolvenzverfahrens einen (vorläufigen) Gläubigeraus-schuss einsetzen, der von den eingesetzten Personen her die in dem jeweils konkreten Insolvenzverfahren vertretenen Gläubigergruppen widerspiegeln soll, § 67 Abs. 2 InsO. Allerdings können auch Personen, die keine Gläubiger sind, zu Ausschussmitgliedern bestellt werden, § 67 Abs. 3 InsO. Zu denken ist hierbei insbesondere an Vertreter wirt-schaftsberatender Berufe.

Sind die bereits während des Eröffnungsverfahrens mit dem vorläufigen Insolvenzverwal-ter geführten Vertragsverhandlungen erfolgreich, so liegt bereits bei Eröffnung des Insol-venzverfahrens ein ausgehandelter, unterschriftsreifer Kaufvertrag oder ein hierauf ge-stütztes verbindliches Kaufangebot vor. Es kann dann bereits am Eröffnungstag der Un-ternehmenskaufvertrag, wie bereits mehrfach praktiziert, unterzeichnet und umgesetzt werden. Die hierzu notwendigen, jeweils aufeinanderfolgenden Schritte sind:

- Eröffnungsbeschluss des Insolvenzgerichts, in dem neben dem Insolvenzverwalter auch der vorläufige Gläubigerausschuss eingesetzt wird, §§ 27, 67 InsO

- Sitzung des vorläufigen Gläubigerausschusses, in welcher der – meist zuvor bereits bekanntgegebene – Inhalt des abzuschließenden Vertrages besprochen und genehmigt wird

- Rechtsverbindliche Unterzeichnung des Unternehmenskaufvertrages

- Umsetzung des nunmehr rechtswirksamen Kaufvertrages

- Information an Mitarbeiter (Betriebsrat) und Markt (Kunden und Lieferanten)

Ist somit der rechtswirksame Abschluss des Unternehmenskaufs aus der Insolvenz recht-lich erst nach Eröffnung des Insolvenzverfahrens möglich, erübrigt sich die Diskussion über Haftungsrisiken nach § 25 HGB und § 75 AO. Nach § 25 HGB haftet der Übernehmer eines „unter Lebenden erworbenen Handelsgeschäfts" für „alle im Betrieb des Geschäfts begründeten Verbindlichkeiten des früheren Inhabers". Zwar kann diese Haftung auch Dritten gegenüber durch entsprechende Veröffentlichung im Handelsregister ausgeschlos-sen werden, § 25 Abs. 2 HGB. Dies aber ist nach gefestigter, unbestrittener Rechtsauffas-sung nicht notwendig, wenn der Verkauf des Handelsgeschäfts (Unternehmens) durch einen Insolvenzverwalter nach Eröffnung des Insolvenzverfahrens erfolgt[185]. Ebenso ver-hält es sich mit der Haftung des Übernehmers für Steuerverbindlichkeiten. Hier ist die Haftung sogar unmittelbar im Gesetz ausgeschlossen, § 75 Abs. 2 AO, wenn der „Erwerb aus einer Insolvenzmasse", will heißen, der Verkauf durch den Insolvenzverwalter erfolgt.

---

[185] Baumbach, HGB, § 25 Rn. 4; gewisse Irritationen hat das OLG Stuttgart mit B. v. 23.10.2010, GmbHR 2010, 1041, ausgelöst (vgl. Paulus, ZinsO 2011, 162 – 169). Diese rein registerrechtliche Ent-scheidung bestätigt jedoch ausdrücklich die ständige Rechtsprechung zu Unternehmenskauf vom Insolvenzverwalter. Sie lässt die Eintragung im Handelsregister beim Kauf – vom Insolvenzverwalter – von einzelnen Vermögensgegenständen dann zu, wenn offensichtlich nicht ganz auszuschließen ist, dass die Nachfolgerhaftung in Betracht kommen kann. Ebenso: OLG München B. v. 23.06.2010, GmbHR 2010, 1039; zu beiden registerrechtlichen Entscheidungen: Gerber, GmbHR 2010, 1028 – 1030

Was bleibt, sind Risiken aus Arbeitnehmerschutzvorschriften, die noch zu diskutieren sein werden[186].

7.2 Insolvenzzzweckwidrigkeit und Anfechtung

Ebensowenig, wie es dem vorläufigen Insolvenzverwalter nach der vorstehend referierten Gesetzeslage gestattet ist, Unternehmenskäufe bereits vor Eröffnung des Insolvenzverfahrens zu tätigen, ist es dem bestellten Insolvenzverwalter gestattet, Handlungen vorzunehmen, also auch Rechtsgeschäfte abzuschließen, die dem gesetzlich definierten Insolvenzzweck offenbar zuwider laufen (Insolvenzzzweckwidrigkeit). Schon die Rechtsprechung des Reichsgerichts hielt solche Rechtsgeschäfte für unwirksam. Der Bundesgerichtshof setzte bis heute diese Rechtsprechung fort (Nachweise bei Uhlenbruck/Uhlenbruck, InsO, § 80 Rn. 150 ff.). Dabei ist es beispielsweise evident insolvenzzweckwidrig, wenn der Insolvenzverwalter das Schuldnervermögen verschenkt[187]. Nicht wesentlich anders dürfte die rechtliche Beurteilung dann ausfallen, wenn der Insolvenzverwalter konkursbefangenes Vermögen offensichtlich deutlich unter Wert veräußert. Dabei ist selbstverständlich einzuräumen, dass die Wertfindung fließend ist. Auch das Kriterium einer offenkundigen Insolvenzzzweckwidrigkeit ist mit erheblichen Bewertungsrisiken behaftet. Bei zunehmendem Wettbewerb und sich stetig verschärfendem Umgang sollte man jedoch diesen Aspekt nicht aus den Augen verlieren.

Auf der sicheren Seite sind die Verhandlungspartner dann, wenn der vereinbarte Kaufpreis vertretbar ist. Für den Insolvenzverwalter ergibt sich dies aus den ihm bei Vertragsabschluss bekannten Verwertungsalternativen. Erfahrene Insolvenzverwalter werden ohnehin darauf abstellen, das in der konkreten Situation bestmögliche Verwertungsergebnis zu erzielen.

Den gleichen Schutz vor einer Verschleuderung der Insolvenzmasse – auch durch den Insolvenzverwalter – bieten die Anfechtungsvorschriften des §§ 129 ff. InsO. Im Fokus dieser Vorschriften steht zwar im Wesentlichen die Gläubigerbenachteiligung durch Ereignisse im Vorfeld des beantragten Insolvenzverfahrens. Es sind aber auch Situationen denkbar und geregelt, die nach dem Insolvenzantrag spielen. Darunter fallen bei einem Unterwertverkauf nicht nur der nach § 158 Abs. 1 InsO ohnehin unzulässige Unternehmensverkauf durch den vorläufigen Insolvenzverwalter, sondern auch Handlungen, durch die bestimmte Gläubigergruppen gegenüber anderen bevorzugt werden. Dies wäre beispielsweise dann der Fall, wenn der Kaufpreis zugunsten Sicherungsgläubigern in einer Weise allokiert wird, die der Sicherungswert nicht hergibt. Ein Beispiel möge dies verdeutlichen:

---

[186] Abschnitt 8.3.2

[187] RGZ 76, 191

Eine Bank ist auf einer Grundstücksparzelle an erster Rangstelle für ein Darlehen abgesichert, welches bei Insolvenzantragstellung mit EUR 1,0 Mio. valutiert. Zum Schuldnervermögen gehören neben dieser Parzelle weitere angrenzende Grundstücksflächen, auf welchen sich seit Jahren eine aufgelassene Industriebrache befindet. In Abstimmung mit der Gemeinde und weiteren öffentlichen Gremien entwickelt der Insolvenzverwalter die Gesamtfläche mit dem Ziel, diese für neue Gewerbeansiedlungen zu verwerten. Folge davon ist, dass die Gesamtfläche deutlich aufgewertet wird, die zugunsten der Bank beliehene Parzelle jedoch lediglich die Hälfte dessen an Wert hergibt, was sich die Bank bei der Jahre zuvor vorgenommenen Beleihungsprüfung – zum damaligen Zeitpunkt zahlte ein Lebensmittelmarkt einen hohen Mietzins – an Beleihungswert errechnet hat. Die Bank verweigert nunmehr die Lastenfreistellung, wenn nur der anteilige Grundstückswert (Substanzwert) von lediglich EUR 500.000,00 bezahlt wird. Vielmehr wird verlangt, dass der Kaufpreis aus der Grundstücksveräußerung so valutiert wird, dass ihr Zug um Zug gegen Lastenfreistellung EUR 1,0 Mio. bezahlten werden. Gibt der Insolvenzverwalter diesem Petitum nach, liegt eine offensichtliche Gläubigerungleichbehandlung vor mit der Folge, dass der Grundstückskaufvertrag insolvenzzweckwidrig und damit unwirksam ist. Dies ist ein Ergebnis, welches weder Insolvenzverwalter noch Käufer beabsichtigen[188]. Es bleibt daher nur, die Bank von dem von ihr eingeschlagenen Irrweg zu überzeugen, äußerstenfalls auf Abgabe der Löschungsbewilligung Zug um Zug gegen Zahlung von EUR 500.000,00 zu verklagen.

7.3   Wesentliche Vertragsinhalte

Ein Vertrag über den Kauf eines Unternehmens im Wege eines Vermögenskaufs (Asset-Deal) ist ein komplexes Regelungswerk. Immerhin sollen letztlich ein gesamtes, tätiges Unternehmen verkauft und die Mitarbeiter wegen des damit zwingend verbundenen Betriebsüberganges i.S.d. § 613 a BGB übernommen werden. Dies bedeutet, dass auch die kollektiv- wie individualarbeitsrechtlichen Rechtsbeziehungen im Hinblick auf den Betriebsübergang zu beachten sind. Immerhin liefert das gesetzliche Regelungswerk in Deutschland, zunehmend determiniert durch EU-Recht, bereits eine Unzahl von teils zwingenden, teils fakultativen Vorschriften, die zu beachten, zumindest aber intensiv zu erwägen sind.

Aus der Fülle der je nach Branche und Einzelfall in einem Unternehmenskaufvertrag über einen Asset-Deal zu regelnden Bereiche können daher nur einzelne, branchen- und einzelfallübergreifende Themen angesprochen werden. Eine Vertiefung durch entsprechendes Expertenwissen ist im konkreten Einzelfall unumgänglich. Hilfreich ist auch die Konsultation einschlägiger Literatur, die sich mit dem Kauf solventer Unternehmen befasst.[189]

---

[188] Vgl. einen analogen, vom BGH mit dem Verdikt der Insolvenzzweckwidrigkeit gebrandmarkten Fall: BGH B. v. 23.03.2008, ZIP 2008, 884 – 885

[189] Z. B.: Holzapfel/Pöllath, Unternehmenskauf in Recht und Praxis, 14. Aufl. 2010; Hölters (Hrsg.),

Wesentlich einfacher ist die Vertragsgestaltung dann, wenn es beim Unternehmenskauf aus der Insolvenz um einen Anteilskauf (Share-Deal) geht. Wird doch dann nur der Rechtsträger, der Eigentümer aller Vermögensrechte des Unternehmens ist, verkauft und übertragen. Hier sind, wie bei jedem Anteilskauf, je nach Gesellschaftstyp gegebenenfalls zwingende Formvorschriften zu beachten. So bedürfen beispielsweise der Verkauf sowie die Übertragung von Geschäftsanteilen an einer GmbH der notariellen Beurkundung, § 15 Abs. 3, 4 GmbHG. Das Vermögen der zu erwerbenden Gesellschaft ist hingegen nicht Gegenstand des Kaufvertrages.

Nachstehende Ausführungen haben daher den Unternehmenskauf als Vermögenskauf (Asset-Deal) im Blickwinkel.

7.3.1   Bestimmtheit des Kaufgegenstandes

Dass der Kaufgegenstand im Kaufvertrag bezeichnet werden muss, bedarf sicherlich keiner besonderen Erwähnung. Viel wichtiger und oftmals unterschätzt wird hingegen, wie der Kaufgegenstand rechtlich korrekt zu bezeichnen ist. Hier kommt der sachenrechtliche Bestimmtheitsgrundsatz ins Spiel. Er fordert als Rechtswirksamkeitsvoraussetzung die detaillierte, bestimmte Bezeichnung aller Vermögensgüter, die verkauft und auch übertragen werden sollen[190].

Wie genügt man diesem Erfordernis bei einem Unternehmen mit beispielsweise mehreren tausend Maschinen, Werkzeugen, einem enormen Vorratsvermögen etc? Der aufwendigste, aber rechtlich sicherste Weg ist der über detaillierte Inventarlisten, die dann dem Unternehmenskaufvertrag als wesentlicher Vertragsbestandteil beigefügt werden. Sowohl eine lediglich nur räumlich Bezeichnung (z. B. die gesamte Betriebs- und Geschäftsausstattung des Unternehmens in „X") als auch eine bloß gattungsmäßige Bezeichnung (z. B. alle Maschinen und Werkzeuge) dürften einer gerichtlichen Überprüfung im Zweifel nicht standhalten. Dies schließt aber nicht aus, dass man vorsorglich in den Vertrag eine zusätzliche Auffangregel mit dem Inhalt aufnimmt, dass auch nicht in den anliegenden Listen erfasste Gegenstände der Betriebs- und Geschäftsausstattung mit verkauft und übertragen sind, soweit sie sich in den – geografisch näher bezeichneten – Geschäftsräumen befinden und/oder zur Fortführung des Geschäftsbetriebes notwendig sind. Mit einer solchen Klausel werden dann übersehene und damit irrtümlich nicht listenmäßig erfasste Gegenstände mitverkauft und übertragen, aber auch Teile, die zum Schuldnervermögen gehören, sich am maßgeblichen Übergabestichtag aber beispielsweise gerade außerhalb zur Reparatur oder Wartung befinden.

Handbuch Unternehmenskauf, 7. Aufl. 2010 – jeweils mit ausführlichen Literatur- und Rechtsprechungshinweisen; aber auch Werke, die sich sowohl mit dem Unternehmenskauf in der Krise als auch in der Insolvenz beschäftigen: z. B. Windhöfel/Ziegenhagen/Denkhaus, Unternehmenskauf in der Krise und Insolvenz, 1. Aufl. 2008

[190] Baur/Stürner, Sachenrecht, § 4 III

Gehören Immobilien zum Schuldnervermögen, ist der gesamte Unternehmenskaufvertrag notariell beurkundungspflichtig, § 311 b Abs. 1 S. 1 BGB. Seinen Grund hat dies darin, dass der gesamte Unternehmenskaufvertrag nach den Parteiwillen eine rechtliche Einheit bildet[191].

Beim Vermögenskauf ist es üblich, dass die Forderungen nicht verkauft und übertragen werden. Vielmehr verbleiben diese – leistungsabgegrenzt zum Übergabestichtag – in der Insolvenzmasse. Flankierend hierzu wird je nach Branche oftmals vereinbart, dass der Erwerber den Insolvenzverwalter unterstützt, wenn beispielsweise der Drittschuldner (Forderungsschuldner) Einwendungen gegen die Forderung erhebt. Oftmals sind dann Sachverhalte aufzuklären, was ohne das Wissen der zwischenzeitlich vom Erwerber übernommenen Mitarbeiter nicht möglich ist. Bisweilen sind im Rahmen bestehender Gewährleistungsansprüche des Drittschuldners auch Nacharbeiten oder Nachlieferungen zu erbringen. Je nach zu erwartendem Umfang dieser Unterstützung ist dann auch die Entgeltfrage hierfür zu regeln.

Auch die Firma[192] einschließlich hiermit im Zusammenhang stehender oder isolierter Markenrechte (meist Wort- und/oder Bildmarken)[193] können Kaufgegenstand sein. Was die Firma betrifft, ist darauf zu achten, dass nach Verkauf und Übertragung des Namens keine Verwechslungsgefahr am Markt entsteht. Um einer solchen Verwechslungsgefahr zu begegnen, ist darauf zu achten, dass der Insolvenzverwalter im Kaufvertrag sich verpflichtet, das Schuldnerunternehmen umzufirmieren. Nur dann nämlich wird der von Schuldnerunternehmen belegte Platz im Handelsregister für den Erwerber frei und damit die erworbene Firma für ihn auch eintragungsfähig.

Kaufgegenstand können auch immaterielle Rechte wie Kundenstamm, Lizenzrechte etc. sein. Allerdings ist darauf zu achten, dass beispielsweise Lizenzrechte überhaupt übertragbar sind oder dies nur mit ausdrücklicher Zustimmung des Rechteinhabers erfolgen kann. Oftmals tauchen hier bei Softwareverträgen erhebliche, nur gemeinsam mit dem Rechteinhaber lösbare Probleme auf.

---

[191] BGH in ständiger Rechtsprechung (Nachweis: Palandt/Grüneberg, § 311 b Rn. 32)

[192] Die Firma ist der Name des Kaufmanns, unter dem er im Handel seine Geschäfte betreibt, seine Unterschrift abgibt sowie klagen und verklagt werden kann, § 17 HGB

[193] § 3 MarkenG definiert, was als schutzfähige Marke anerkannt ist; so „ … alle Zeichen, insbesondere Wörter einschließlich Personennamen, Abbildungen, Buchstaben, Zahlen, Hörzeichen, dreidimensionale Gestaltungen einschließlich der Form einer Ware oder ihrer Verpackung sowie sonstige Aufmachungen einschließlich Farben und Farbzusammenstellungen …"

7.3.2 Wichtige Vertragsbeziehungen, insbesondere Dauerschuldverhältnisse

Wichtige Vertragsbeziehungen zwischen der Schuldnerin und Dritten gehen mit Abschluss eines Vermögenskaufs (Asset-Deal) nicht von selbst auf den Erwerber über. Dies widerspräche dem Grundsatz der Privatautonomie, wonach es jedem grundsätzlich freisteht, Verträge mit einem anderen abzuschließen oder eben nicht. Diese rechtliche Ausgangssituation kann für den Kaufinteressenten komfortabel sein: ist es doch hierdurch möglich, sich lästiger Vertragsbeziehungen, insbesondere soweit sie noch über einen längeren Zeitraum fest vereinbart sind, zu entledigen. Sie kann aber auch äußerst nachteilig sein, wenn es sich für das weiterzuführende, operative Geschäft um existenzielle, zumindest aber wichtige Vertragsbeziehungen handelt, die es aufrechtzuerhalten und mit dem Erwerber fortzuführen gilt. Zu denken sind hierbei gleichermaßen an einmalige, jedoch auf einen längeren Zeitraum angelegte Vertragsbeziehungen wie Rahmenverträge über dringend benötigte Rohstoffe, Kaufverträge über noch herzustellende oder erst teilfertige Maschinen und Anlagen, aber auch Miet- und Pachtverträge, Leasingabsprachen oder sonstige Nutzungsverhältnisse.

Für all diese Vertragsbeziehungen gilt: Der zwischen der Schuldnerin und dem Dritten geschlossene Vertrag geht bei einem Vermögenskauf nur mit Zustimmung des Dritten im Wege der so genannten schuldbefreienden Vertragsübernahme über, § 415 Abs. 1 BGB. Dabei ist es je nach Vertragsverhältnis mehr oder weniger schwierig, ein Einvernehmen mit dem Dritten herzustellen. Stehen Bonität, aber auch Fachkompetenz des Kaufinteressenten außer Frage, ist er darüber hinaus bereit, in den mit dem Schuldnerunternehmen abgeschlossenen Vertrag ohne Änderung einzutreten, dürfte die Zustimmung des Dritten unproblematisch sein. Hat es hingegen schon erhebliche Leistungsstörungen zwischen dem Schuldner und dem Dritten gegeben, hat sich beispielsweise ein wichtiger Kunde schon anderweitig orientiert, oder drohen einem Lieferanten insolvenzbedingt erhebliche Forderungsausfälle, gestalten sich die Gespräche und Verhandlungen mit dem Dritten deutlich schwieriger. In keinem Fall sollte man bei all den komplexen, bilateralen Fragen zwischen (vorläufigem) Insolvenzverwalter und Kaufinteressenten wichtige Vertragsbeziehungen mit Dritten auf die leichte Schulter nehmen. Die Überleitung dieser vertraglichen Bindungen ist oftmals recht schwierig.

Sollte eine für die Fortführung des Unternehmens essenzielle und unverzichtbare Vertragsbeziehung nicht auf den Kaufinteressenten überleitbar sein, kann hierdurch der gesamte Unternehmenskauf aus der Insolvenz gefährdet sein. Dies gilt insbesondere für monopolistisch strukturierte Lieferbeziehungen, bei denen am Markt keine Alternative zu finden ist. Bestehen in einer solchen Situation noch ungekündigte und auch insolvenzbedingt nicht kündbare Vertragsbeziehungen mit dem Schuldnerunternehmen fort, ist der Vertragspartner jedoch nicht bereit, einen solchen Vertrag schuldbefreiend auf den Erwerber überzuleiten, bleibt aus rechtlichen Gründen letztlich nur die Möglichkeit, die Lösung über ein Insolvenzplanverfahren zu suchen. In diesem Fall nämlich erwirbt der Kaufinteressent den gesamten Rechtsträger[194], an welchem die Vertragsbeziehung gebunden ist. Ob dieser völlig andere Weg allerdings im konkreten Fall zielführend ist, bleibt sorgfältig zu prüfen.

Eine andere Ausgangssituation besteht aus Gründen des Arbeitnehmerschutzes bei Arbeitsverhältnissen, die zum Zeitpunkt des Betriebsüberganges noch bestehen. Diese gehen nach Maßgabe des § 613 a BGB auf den Erwerber über, ohne dass es der Zustimmung der betroffenen Mitarbeiter bedarf. Allerdings haben die Arbeitnehmer ein eigenes Widerspruchsrecht, welches jedoch in ihrer eigenen Entscheidungskompetenz liegt, § 613 a Abs. 6 BGB[195].

7.3.3 Abgrenzungsfragen

Wird ein laufender Geschäftsbetrieb übernommen, gibt es eine Reihe von Abgrenzungsthemen, die einvernehmlich und stichtagsbezogen zu regeln sind. Im Wesentlichen sind dies:

Roh-, Hilfs- und Betriebsstoffe einschließlich Warenlager sind zum Übernahmestichtag abzugrenzen. Gibt es im Rahmen der Materialwirtschaft keine zuverlässige, EDV-gestützte Bestandsführung, die stichtagsgenau abgerufen werden kann, bleibt letztlich nur die händische Erstellung eines Inventars zum jeweiligen Stichtag.

Folglich sind auch laufende Lieferungen, seien es eingehende oder ausgehende, stichtagsbezogen abzugrenzen. Diese hat sowohl zwischen Insolvenzverwalter und Erwerber als auch gegenüber dem Dritten zu erfolgen. Sollte sich letzteres als – oftmals – zu schwierig herausstellen, bleibt nur, noch anstehende, einmalige Lieferbeziehungen mit dem Schuldnerunternehmen abzuwickeln und nur im Innenverhältnis, also zwischen Insolvenzverwalter und Erwerber, abzugrenzen.

In diesen Bereich fällt auch die Abgrenzung von Forderungen und Verbindlichkeiten. Sie geht Hand in Hand mit der Abgrenzung noch zu erhaltender und/oder auszuliefernder Ware. Bei noch so guter Abgrenzung wird es sich nicht vermeiden lassen, dass Zahlungseingänge auf Forderungen, die nach Übergabestichtag bereits dem Erwerber zustehen, noch beim Insolvenzverwalter zu verzeichnen sind. Hier lehrt die Erfahrung, dass eingefahrene Zahlungsströme ein zähes Eigenleben führen und oftmals noch mehrere Wochen erfordern, um verlässlich auf eine neue Bankverbindung übergeleitet zu werden. Hier muss eine entsprechende Nachsorge zwischen Insolvenzverwalter und Erwerber vereinbart werden.

---

[194] Abschnitt 3.1.1

[195] Abschnitt 8.3.2

Recht schwierig ist die wertmäßige Abgrenzung von angearbeiteten Leistungen. Je komplexer diese Leistung ist, umso intensiver werden die Abgrenzungsgespräche laufen. Was hierbei die Werterfassung anbelangt, ist nicht zwingend ein prozentualer Anarbeitungswert zum Gesamtwert zu ermitteln. Eine solche Vorgehensweise ließe die Verpflichtung des Erwerbers dem Dritten gegenüber außeracht, Gewährleistungsverpflichtungen zu übernehmen. Hierauf jedoch wird der Dritte zu Recht mit Nachdruck bestehen. Es muss somit ein prognostischer Wert für diese Verpflichtung zwischen Insolvenzverwalter und Erwerber gefunden und bei der Wertabgrenzung angesetzt werden. Dies sind gerade im produzierenden Gewerbe, insbesondere beim Maschinen- und Anlagenbau komplexe Themen, die nach entsprechender Vorbereitung durch die Fachleute im Rahmen der Preisverhandlungen auf höchster Ebene entschieden werden.

7.3.4   Gewährleistung

Gewährleistungsabsprachen zwischen (vorläufigen) Insolvenzverwalter und Erwerber sind für letzteren oftmals ernüchternd: Während es noch relativ einfach ist, darüber Konsens zu finden, dass der Insolvenzverwalter dem Erwerber das Eigentum an dem Kaufgegenstand frei von Rechten Dritter verschaffen muss, also frei von Rechtsmängeln, beißt sich die Diskussion oftmals an der Sachmängelhaftung fest. Hier entspricht es dem Stand der Technik, dass Insolvenzverwalter nicht bereit sind und sich beharrlich weigern, eine wie auch immer geartete Sachmängelhaftung zu übernehmen. Seinen Grund hat dies darin, dass der Insolvenzverwalter als natürliche Person für eventuell übernommene Haftungen persönlich, also auch mit seinem Privatvermögen, verhaftet wird. Dies lehnt er zu Recht ab.

Es bleiben daher lediglich folgende Varianten:

Der Regelfall besteht darin, dass die Sachmängelhaftung in rechtswirksamer Weise vollständig ausgeschlossen wird. Seine Berechtigung hat dies darin, dass der Käufer Gelegenheit hatte, den Kaufgegenstand eingehend zu besichtigen und zu untersuchen. Meist haben er und seine Berater hervorragende Fachkompetenz, um den Zustand des Kaufgegenstandes zu beurteilen. Hinzu kommt, dass in der Regel ein gegenüber einem normalen Unternehmenskaufvertrag günstiger Kaufpreis vereinbart wird. Auch hierin liegt ein entscheidendes Kompensat für den Haftungsausschluss bei Sachmängeln.

Als Ausnahme im Einzelfall vorstellbar ist eine Gewährleistungsverpflichtung, bei welcher zum einen der Haftungsmaßstab auf Vorsatz und grobe Fahrlässigkeit des Insolvenzverwalters reduziert ist, zum anderen auch die Haftungshöhe maximal auf den bezahlten Kaufpreis limitiert ist. Hierin erschöpfen sich aber auch die Gewährleistungs- und Haftungszugeständnisse, die vernünftigerweise von einem Insolvenzverwalter zu erlangen sind.

Ein wichtiger Komplex ist in diesem Zusammenhang die Altlastenproblematik beim isolierten Grundstückskauf. Hier wird es je nach bisheriger Nutzung der Immobilie ohne Altlastengutachten nicht zu einem seriösen Kaufabschluss kommen. Oftmals ist zusätzlich ein Gründungsgutachten angezeigt, wenn das Schuldnerunternehmen beispielsweise über mit zu verkaufende, bislang nicht genutzte Erweiterungsflächen verfügt. Die hierfür anfallenden Kosten werden in der Regel vom Kaufinteressenten übernommen, selbst wenn es nicht zum Vertragsabschluss kommt.

7.3.5 Wettbewerbsrechtliche Fusionskontrolle

Unternehmenskäufe aus der Insolvenz können auch Zusammenschlüsse i.S. des Wettbewerbsrechts sein und unterliegen dann der Fusionskontrolle. Ausgelöst wird diese, wenn durch den Zusammenschluss gesetzlich nach Umsatzerlösen definierte Schwellenwerte überschritten werden. Da durch die Fusionskontrolle letztlich Marktbeherrschung vermieden werden soll, spielt es keine Rolle, ob der Zusammenschluss im Wege des Vermögenskaufs (Asset-Deal) oder Anteilskauf (Share-Deal) erfolgt. § 37 Abs. 1 Nr. 1, 2 GWB stellt dies für die deutsche Fusionskontrolle ausdrücklich klar.

Zu unterscheiden sind die europäische Fusionskontrolle und die deutsche Fusionskontrolle. Letztere ist geregelt in §§ 35 – 43 GWB, erstere in der Verordnung Nr. 139/2004 (FKVO[196])

Unterliegt ein Zusammenschluss der europäischen Fusionskontrolle, schließt dies die Prüfung einer Fusionskontrolle nach §§ 35 – 43 GWB aus, § 35 Abs. 3 GWB. Der europäischen Fusionskontrolle unterliegen Unternehmenszusammenschlüsse von gemeinschaftsweiter Bedeutung. Diese liegen u. a. dann vor, wenn

■ die weltweiten Umsatzerlöse der am Zusammenschluss beteiligten Unternehmen mehr als € 5 Mrd. ausmachen und

■ zwei beteiligte Unternehmen allein mindestens je € 250 Mio. Umsatzerlöse innerhalb der EU erzielen, Art. 1 Abs. 2 FKVO.

Daneben gibt es weitere Zusammenschlusstatbestände, die von gemeinschaftsweiter Bedeutung sind.[197]

Der deutschen Fusionskontrolle nach §§ 35 ff. GWB unterliegen

■ Unternehmen mit weltweiten Umsatzerlösen von mehr als € 500 Mio. und

■ Umsatzerlösen von mehr als € 25 Mio., die mindestens ein beteiligtes Unternehmen im Inland erzielt haben muss, und von mehr als € 5 Mio., die ein weiteres, beteiligtes Unternehmen erreicht hat, § 35 Abs. 1 GWB.

---

[196] HBl. Nr. L24 v. 29.01.2004, S. 1 – 22

[197] Hierzu Holzapfel/Pöllath, Rn. 118; Sedemund in Hölters (Hrsg.), Handbuch Unternehmenskauf, Teil VI, Rn. 14 – 17

Bei allen Schwellenwerten sind die im Jahr vor dem beabsichtigten Zusammenschluss erreichten Umsatzerlöse maßgeblich.

Sowohl die europarechtliche als auch die nationale Fusionskontrolle setzen eine rechtswirksame Freigabeentscheidung, die auch unter Auflagen erteilt werden kann, *vor* dem Vollzug des Zusammenschlusses voraus. Ansonsten ist der Zusammenschluss rechtsunwirksam. Um den Entscheidungsdruck auf alle Beteiligten zu erhöhen, bestimmen sowohl die nationalen als auch die europarechtlichen Wettbewerbsvorschriften relativ kurze Zeiträume für Vorprüfung und gegebenenfalls Hauptverfahren. Die Fristen können allerdings einvernehmlich verlängert werden.[198] Die Einzelheiten sind kartellrechtliches Spezialwissen. Grundsätzliche Informationen können für die deutsche Fusionskontrolle auf der Homepage des Bundeskartellamts unter www.bundeskartellamt.de abgefragt werden. Amtliche Bekanntmachungen der Europäischen Kommission sind auf der Internetseite der Kommission unter ec.europa.eu/competition/mergers/legislation/legislation.html veröffentlicht.

Die nationale wie europäische Fusionskontrolle findet auch beim Unternehmenskauf aus der Insolvenz Anwendung. Liegen daher Sachverhalte vor, die einen entsprechenden Zusammenschluss anzeige- und genehmigungspflichtig machen, sollten entsprechende Genehmigungsanträge rechtzeitig gestellt werden. In jedem Fall wichtig zu beachten ist, dass der Vollzug des Unternehmenskaufs (Zusammenschluss) erst dann stattfinden darf, wenn die wettbewerbsrechtliche Freigabeentscheidung vorliegt. Oftmals sind daher in Unternehmenskaufverträge bei Käufen aus der Insolvenz allein aus Zeitgründen entsprechend aufschiebende Bedingungen aufzunehmen.

7.3.6   Rückforderung von öffentlichen Beihilfeleistungen

Staatliche Unternehmensförderung als wirtschaftspolitische Aufgabe bedeutet eine Gradwanderung zwischen betrieblicher Unterstützung im Einzelfall, z. B. in strukturschwachen Gebieten, und Wettbewerbsverzerrung.[199] Die Beihilfeleistungen können etwa bestehen in Investitionszuschüssen, KfW-Darlehen, öffentlichen Bürgschaften für neue Bankkredite etc. Entsprechende Maßnahmen werden in der Regel mit engen Zweckbestimmungen verbunden. In diesem Zusammenhang können beispielsweise vertragliche Regelungen bedeutsam sein, die die Veräußerung von Betriebsmitteln, die für das Schuldnerunternehmen mit entsprechenden, staatlichen Beihilfeleistungen angeschafft wurden, nicht oder nur mit Zustimmung der Förderstelle zulässig sind.

---

[198] Zum Verfahren: Holzapfel/Pöllath, Rn. 112 ff. (deutsche Fusionskontrolle), Rn. 121 ff. (europarechtliche Fusionskontrolle); vertiefend zur deutschen Fusionskontrolle: Sedemund in Hölters (Hrsg.), Handbuch Unternehmenskauf, Teil VI, Rn. 143 ff.

[199] Raupach in Hölters (Hrsg.), Handbuch Unternehmenskauf, Teil III, Rn. 23

Liegen beim Schuldnerunternehmen solche Sachverhalte vor, ist es beim Vermögenskauf (Asset-Deal) ratsam, rechtzeitig mit der Förderstelle Kontakt aufzunehmen, um unliebsame Sanktionen zu vermeiden. Diese beträfen zwar zunächst im Rahmen der lediglich bilateral getroffenen Förderabsprachen nur das Schuldnerunternehmen; was die Verfügbarkeit über die mit derartigen Finanzmitteln angeschafften Betriebsmitteln anbelangt, wohl aber auch den Insolvenzverwalter. Auch kann nicht ausgeschlossen werden, dass beispielsweise dingliche Sicherungsrechte an den (auch) mit öffentlichen Mitteln angeschafften Gütern bestehen. Hier ist also auch aus Sicht des Erwerbers Vorsicht geboten.

Liegt dem Unternehmenskauf ein Anteilserwerb (Share-Deal) zugrunde, bleiben die Fördermaßnahmen in der Regel hiervon unberührt. Der Erwerber tritt daher als neuer Anteilseigner wirtschaftlich in die Rückzahlungsverpflichtung ein.

Im Wesentlichen gleich gelagert ist die Problematik dann, wenn es sich um EU-Beihilfen handelt. Rückforderungsansprüche sind von der Bundesrepublik Deutschland nach Maßgabe des deutschen Rechts zurückzufordern. In der Insolvenz des geförderten Unternehmens reduziert sich der Rückforderungsanspruch auf eine Insolvenzforderung.[200] Der Erwerber eines Unternehmens aus der Insolvenz ist daher – vorbehaltlich anders lautender, individueller Absprachen – zumindest beim Vermögenskauf (Asset-Deal) mit Rückzahlungsverpflichtungen nicht konfrontiert.

7.3.7 Formalien

Schließlich werden in der Regel noch folgende Formalien in einem Unternehmenskaufvertrag vereinbart:

Hier sind zunächst Zustimmungsvorbehalte zu erwähnen. Diese können Gremienvorbehalte auf Käuferseite sein, so vor allem, wenn es sich hierbei um eine Kapitalgesellschaft mit entsprechenden Aufsichtsgremien handelt. Zu nennen sind aber vor allem Zustimmungsvorbehalte, die der Insolvenzverwalter aufgrund der §§ 160 ff. InsO machen muss. Nach diesen Vorschriften unterliegen besonders bedeutsame Rechtshandlungen – hierzu gehört explizit der Unternehmenskauf, § 160 Abs. 2 Nr. 1 InsO – der Zustimmung der Gläubigerversammlung oder eines bestellten Gläubigerausschusses[201].

Bei Verträgen mit ausländischen Investoren, mit denen die Verträge meist (auch) auf Englisch abgeschlossen werden, ist die Maßgeblichkeit der sprachlichen Fassung, aber auch die Rechtswahl zu vereinbaren. In diesem Zusammenhang stehen auch Fragen einer Schiedsgerichtsabsprache sowie, soweit möglich, einer Gerichtsstandvereinbarung.

---

[200] Vertiefend: Windhöfel/Ziegenhart/Denkhaus, Rn. 338 ff. (344)

[201] Einzelheiten in Kapitel 9

8   Sanierungspotenziale

Die Insolvenzordnung hat – wie auch bereits die Konkursordnung – den Insolvenzverwalter mit einer Reihe von Sonderrechten ausgestattet, die ihn insbesondere ermächtigen, zum Zeitpunkt der Eröffnung des Insolvenzverfahrens bestehende Dauerschuldverhältnisse einseitig zu beenden. Diese Sonderrechte sind in den §§ 103 – 128 InsO geregelt und umfassen im Wesentlichen gegenseitige Verträge, die zur Zeit der Eröffnung des Insolvenzverfahrens beidseitig noch nicht oder nicht vollständig erfüllt sind (§§ 103 – 105 InsO), Miet- und Pachtverhältnisse sowie Dienstverhältnisse (§§ 108 – 118 InsO). Hinzu kommen Sondervorschriften aus dem Bereich des Individualarbeits- und Betriebsverfassungsrechts (§§ 120 – 128 InsO).

Was den Bereich der gegenseitigen Verträge sowie die Sondervorschriften für Miet- und Pachtverhältnisse betrifft, finden die Sonderrechte des Insolvenzverwalters nach heutigem Verständnis ihre Rechtfertigung vor allem darin, die Insolvenzmasse gegebenenfalls vor der Erfüllung noch vom Schuldner vereinbarter Pflichten zu schützen und hierdurch die Insolvenzmasse im Interesse einer gleichmäßigen Befriedigung der Insolvenzgläubiger zu mehren.[202]

Innerhalb der Gruppe der gegenseitigen, zum Zeitpunkt der Insolvenzeröffnung durch keine der Vertragsparteien vollständig erfüllten gegenseitigen Verträge erfahren bestimmte Schuldverhältnisse, nämlich Miet- und Pachtverhältnisse sowie Dienstverhältnisse wiederum eine Sonderbehandlung. Hier gilt im Wesentlichen, dass in § 108 InsO aufgeführte Vertragsverhältnisse von der Eröffnung des Insolvenzverfahrens nicht berührt werden. Ihr weiteres Schicksal ist detailliert geregelt.

Zwar verfolgt der Gesetzgeber mit den genannten Vorschriften zunächst rein insolvenzspezifische Ziele, nämlich Massemehrung zum Zwecke bestmöglicher Gläubigerbefriedigung sowie einen Ausgleich gegenüber aus seiner Sicht schutzwürdigen Vertragspartnern (Miet-, Pacht- und Dienstverhältnisse). Mittelbarer Nutznießer dieser Regelungen kann aber auch der Käufer eines insolventen Unternehmens aus der Insolvenzmasse werden, wenn er es versteht, die in den §§ 103 – 128 InsO normierten Sonderrechte in Kooperation mit dem Insolvenzverwalter einzusetzen.

---

[202] Uhlenbruck/Wegener, § 103 Rn. 1

8.1   Voraussetzung: Kooperation

Kooperation meint in diesem Zusammenhang eine wohlverstandene, der Optimierung des Unternehmenskaufvertrages und damit letztlich beiden Vertragsparteien dienende Vorgehensweise. Ziel ist es, sowohl für die Insolvenzmasse (Gläubiger) als auch für den Käufer Vorteile zu generieren: eine echte Win-Win-Situation also.

■ Dies setzt zunächst voraus, dass beide Verhandlungspartner von den gesetzlich bestehenden Optimierungsmöglichkeiten wissen. Die zum Teil schwierig zu verstehenden, durch langjährige Rechtsprechung und Gesetzesänderungen modifizierten Gestaltungsmöglichkeiten werden nachstehend in ihren Grundzügen vorgestellt.[203] Neben dem insbesondere für den Kaufinteressenten notwendigen Wissen um diese Gestaltungsmöglichkeiten des Insolvenzverwalters erscheinen folgende Parameter wichtig, um die beschriebene Win-Win-Situation nutzbar machen zu können:

Es ist wichtig, die künftige Behandlung der bei Eröffnung des Insolvenzverfahrens von den Sonderregeln betroffenen Vertragsverhältnisse bereits während der Vertragsverhandlungen zu besprechen, um spätestens bei Abschluss des Unternehmenskaufvertrages klare Prärogativen für den Insolvenzverwalter zu haben. Hier ist unverzichtbar, über die mutmaßlich zum Zeitpunkt der Insolvenzeröffnung noch bestehenden und unter die Regelungen der §§ 103 ff. InsO fallenden Vertragsverhältnisse einzeln zu sprechen. Dabei wird sich der Kaufinteressent erklären müssen, in welche der betroffenen Vertragsverhältnisse er eintreten möchte, welche hingegen für ihn keine oder nur eine temporäre Bedeutung haben. Dezidiert angesprochen sind hier alle gegenseitigen, von beiden Vertragspartnern noch nicht vollständig erfüllten Verträge, seien sie auf singuläre oder wiederkehrende Leistungen abgestellt. Hinzu kommen bestehende Miet- oder Pachtverhältnisse, vor allem aber Dienstverhältnisse. Hier spielt die gesamte Palette einzelvertraglicher Arbeitsverhältnisse, aber auch betriebsverfassungsrechtlicher Vereinbarungen mit hinein. All diese Vertragsbeziehungen sind frühzeitig zum Gegenstand der Vertragsverhandlungen zu machen, sollen die hiermit verbundenen Sanierungspotenziale sinnvoll, da planmäßig geschöpft werden.

■ Ein weiterer, wesentlicher Gesprächs- und Verhandlungsgegenstand ist die Zeitschiene, die zwischen Abschluss des Unternehmenskaufvertrages und seiner Umsetzung (Closing) liegt. Idealiter ist der Unternehmenskaufvertrag im Zeitpunkt der Eröffnung des Insolvenzverfahrens bereits unterschriftsreif ausgehandelt. Dem gerichtlich bestellten Insolvenzverwalter liegt bei Eröffnung des Insolvenzverfahrens bereits ein verbindliches Kaufangebot in Form eines unterschriftsreifen Kaufvertrages vor.[204] Sollen nun Sanierungspotenziale dadurch nutzbar gemacht werden, dass der Insolvenzverwalter von bestimmten Sonderrechten Gebrauch macht, so muss ihm zwischen Abschluss des Unternehmenskaufvertrages und seiner Umsetzung (Closing) ausreichend Zeit bleiben,

---

[203] Abschnitte 8.2 u. 8.3

[204] Abschnitt 7.1

um diese Rechte auch auszuüben. Dies gilt insbesondere in den Fällen, in denen betriebsverfassungsrechtliche Mitwirkungsrechte vor dem Ausspruch von Kündigungen einzuhalten sind.[205] Hier ist es wichtig, bereits während der Vertragsverhandlungen die zeitliche Gradwanderung, determiniert durch die wirtschaftlichen Handlungsräume des Insolvenzverwalters[206], klar zu definieren und auszuloten, ob der verbleibende Zeitraum ausreicht, die besprochenen Sanierungspotenziale auszunutzen.

■ Die eingangs beschriebene und beabsichtigte Win-Win-Situation setzt schließlich voraus, dass die Umsetzung von Sanierungspotenzialen durch den Insolvenzverwalter wirtschaftlich zumindest dadurch teilweise in die Masse fließen, dass ein angemessener Kaufpreis vereinbart wird. Es ist sicherlich ein im Einzelfall schwieriges Unterfangen, sich auf einen angemessenen Kaufpreis zu einigen. Wenn jedoch beide Seiten die Bedeutung der Sanierungspotenziale richtig zu gewichten wissen, dürfte auch diese Hürde im Verhandlungswege zu nehmen sein.

8.2 Sonderrechte

Die angesprochenen Sonderrechte des Insolvenzverwalters, überwiegend Gestaltungs- und Erfüllungsrechte wie Erfüllungswahl[207] bei beiderseits zum Zeitpunkt der Eröffnung des Insolvenzverfahrens nicht vollständig erfüllten, gegenseitigen Verträgen sowie Sonderkündigungs- und Rücktrittsrechte sind mit der Person des Insolvenzverwalters fest verbunden. Nur er ist gesetzlich legitimiert, diese Rechte auszuüben.[208] Ein weiteres kommt hinzu: Die Sonderrechte des Insolvenzverwalters nach §§ 103 – 118 InsO sind zwingendes Recht. Vertragliche Vereinbarungen, die im Voraus die in den genannten Bestimmungen modifizierten Sonderrechte einschränken oder ausschließen, sind unwirksam, § 119 InsO.

8.2.1 Gegenseitige Verträge, §§ 103 - 105 InsO

Die Schwierigkeit dieser Vorschriften dokumentiert sich allein in der Fülle hierzu ergangener Rechtsprechung und Literatur. Dem Selbstverständnis dieses Praxisleitfadens folgend, beschränken sich die nachfolgenden Ausführungen darauf, die Grundzüge zu skizzieren:

---

[205] Abschnitt 8.3.2

[206] Abschnitt 5.3

[207] Uhlenbruck/Wegener, § 103 Rn. 96; lehnt der Insolvenzverwalter hingegen die Vertragserfüllung ab, wird hierin zu Recht nur eine deklaratorische Wirkung gesehen, da nach gesetzlicher Fiktion die Nichterfüllungswirkung auch dann eintritt, wenn sich der Verwalter bei entsprechender Aufforderung durch den Vertragspartner nicht unverzüglich erklärt, § 103 Abs. 2 S. 3 InsO.

[208] BGH U. v. 8.11.2007, NZI 2008, 36; Uhlenbruck/Wegener, §103 Rn. 98 m.w.N.

Nach § 103 InsO hat der Insolvenzverwalter – nicht bereits der vorläufige Insolvenzverwalter, gleich welcher Prägung – das Recht, eine noch ausstehende Leistung aus einem zum Zeitpunkt der Eröffnung des Insolvenzverfahrens bestehenden, gegenseitigen Vertrages des Schuldners zur Masse zu verlangen mit der Folge, dass er dann auch verpflichtet ist, die seitens des Schuldners noch zu erbringende Leistung als Masseverbindlichkeit zu bewirken. Lehnt der Insolvenzverwalter die Erfüllung ab oder erklärt er sich nicht unverzüglich auf entsprechende Anfrage des Vertragspartners, verliert er das Recht, Erfüllung zu verlangen. Die Erfüllungsansprüche sind daher nicht mehr durchsetzbar, das Schicksal des zugrunde liegenden Vertrages bestimmt sich nunmehr nach dem Recht der Leistungsstörungen mit der Folge, dass eventuelle Schadenersatzansprüche des Vertragspartners nur Insolvenzforderungen sind.[209]

Ab Eröffnung des Insolvenzverfahrens kann sich der Insolvenzverwalter somit von noch offenen Leistungspflichten aus bestehenden, beidseitig nicht erfüllten Verträgen lossagen. Damit tritt zunächst eine Kostenentlastung in den Fällen ein, in denen die Erfüllungsablehnung Verträge betrifft, die in der jetzigen Situation vom Insolvenzverwalter für nicht mehr fortführungsnötig erachtet werden. Es ist damit aber auch die Gefahr verbunden, dass sich der Insolvenzverwalter vertraglicher Positionen entledigt, die für einen Käufer – aus welchen Gründen auch immer – von Bedeutung sind. Unabhängig von dem Problem, dass der Käufer beim Asset-Deal in die Vertragsbeziehungen selbstverständlich nur mit Zustimmung des Vertragspartners schuldbefreiend eintreten kann,[210] ist eine solche Möglichkeit bereits dann vertan, wenn die Erfüllungsablehnung nicht mit dem Kaufinteressenten abgestimmt wird. Dieser nämlich mag das erworbene Unternehmen dergestalt ausrichten, dass der derzeit nutzlose, aber in wirtschaftlicher und rechtlicher Hinsicht sinnvolle Vertrag in seinem Unternehmenskonzept eine nicht unbedeutende Rolle spielt.

Entwickelt man diesen Gedanken weiter, stößt man sogleich auf das nächste, zwischen den Verhandlungspartnern abzustimmende Thema: Ist der besagte Vertrag nur für den Kaufinteressenten, nicht aber für den Insolvenzverwalter bedeutsam, wird man entweder rasch zu einem Verhandlungsergebnis kommen müssen oder eine Regelung finden, wie die möglicherweise bei Scheitern der Vertragsverhandlungen – aus Sicht des Insolvenzverwalters – nutzlosen Aufwendungen zu Lasten der Insolvenzmasse zu behandeln sind. Die Brisanz wird dann nochmals verschärft, wenn der Insolvenzverwalter von dem Dritten aufgefordert wird, sich zu erklären, ob er die Erfüllung des gegenseitigen Vertrages wählt oder sie ablehnt. Die Erklärung des Verwalters hat nach § 103 Abs. 2 S. 2 InsO unverzüglich nach Zugang der Anfrage zu erfolgen. Zwar heißt unverzüglich nicht sofort[211]. Es bleibt dem Insolvenzverwalter somit eine angemessene Prüfungs- und Überlegungsfrist, um sich über die Tragweite seiner Erklärung im Klaren zu werden. Diese dürfte jedoch – je nach Bedeutung des angefragten Vertragsverhältnisses – eher nach Tagen denn nach Wochen zu bemessen

---

[209] Ständige Rechtsprechung des BGH seit dem Grundsatzurteil vom 25.04.2002, NZI 2002, 375; weitere Erläuterungen und Nachweise bei Uhlenbruck/Wegener, § 103 Rn. 4 ff. (8)

[210] Abschnitt 7.3.2

[211] § 121 Abs. 1 S. 1 BGB definiert unverzüglich als „ohne schuldhaftes Zögern"

sein. Schon gar nicht bestimmt sich die Frist danach, wie sich der Kaufinteressent, mit dem der Insolvenzverwalter gerade den Unternehmenskaufvertrag verhandelt, entscheidet. Diesen unnötigen Zeitdruck von dritter Seite kann man sich leicht dadurch ersparen, dass diese Fälle bereits während laufender Vertragsverhandlungen im Antragsverfahren zwischen den Verhandlungspartner besprochen und entschieden werden.

Die Palette der gegenseitigen Verträge, die unter § 103 InsO fällt, ist weit gefasst. Sie reicht von Kauf-, Tausch- und Leasingverträgen über Bauverträge, Lizenzverträge, Maklerverträge bis zu Werk- und Wartungsverträgen sowie nachvertraglichen Wettbewerbsverboten i. S. d. §§ 74, 90 a HGB.[212] Nicht unter § 103 InsO fallen Vertragsverhältnisse, für welche in den §§ 104 – 118 InsO Sonderregelungen bestehen, nämlich Warenfixgeschäfte und Finanztermingeschäfte (§ 104 InsO), Miet- und Pachtverträge über Grundstücke und Räume sowie Dienst- und Arbeitsverträge (§ 108 Abs. 1 InsO) und Werkverträge, die eine Geschäftsbesorgung zum Inhalt haben (§ 116 InsO). Im Einzelnen ist die Abgrenzung schwierig und bedarf einer gesonderten Prüfung.[213]

Die Untersuchung der unter § 103 InsO fallenden gegenseitigen Verträge ist somit ein weites Feld und setzt Gründlichkeit und Sorgfalt bei Sichtung und Prüfung voraus. Dies gilt umso mehr, wenn die Informationslage beim Schuldnerunternehmen – wie so oft – ungeordnet und intransparent ist. Hier hilft nur die Absprache zwischen Insolvenzverwalter und Kaufinteressenten, sich bei entsprechenden Drittanfragen i. S. d. § 103 Abs. 2 S. 2 InsO unverzüglich wechselseitig abzustimmen, insbesondere den Insolvenzverwalter zu verpflichten, die Erfüllungsablehnung nur dann zu erklären, wenn der Kaufinteressent zugestimmt hat. Dieser andererseits muss die Verpflichtung akzeptieren, sich kurzfristig und endgültig zu erklären.

8.2.2 Bestimmte Schuldverhältnisse ohne Erfüllungswahlrecht

§ 108 InsO schließt für bestimmte Schuldverhältnisse das Erfüllungswahlrecht des Insolvenzverwalters aus. Der Insolvenzverwalter ist und bleibt somit zunächst verpflichtet, die vom Schuldner eingegangenen Vertragsverpflichtungen ab Eröffnung des Insolvenzverfahrens zu erfüllen, § 108 Abs. 3 InsO.[214] § 108 InsO ist eine Sondervorschrift zu § 103 InsO. Sie verdrängt somit das Erfüllungswahlrecht des Insolvenzverwalters.[215] Stattdessen räumen die nachfolgenden §§ 109 – 111 InsO (für gewisse Miet- und Pachtverhältnisse) sowie § 113 InsO (für Dienstverhältnisse) besondere Kündigungs- bzw. Rücktrittsrechte ein.

---

[212] Zu Einzelheiten: Uhlenbruck/Wegener, § 103 Rn. 25 – 52

[213] Zu problematischen Abgrenzungsfällen: Uhlenbruck/Wegener, § 103 Rn. 53

[214] Wie die Abgrenzung bei teilbaren und nicht teilbaren Leistungen zu erfolgen hat, vgl. Uhlenbruck/Wegener, § 108 Rn. 42 – 44

[215] BGH U. v. 5.7.2007, NZI 2007, 713

Betroffen sind Miet- oder Pachtverhältnisse über unbewegliche Gegenstände oder Räume sowie Arbeitsverhältnisse (Dienstverträge). Über den Gesetzeswortlaut hinaus hat der Bundesgerichtshof den Anwendungsbereich des § 108 Abs. 1 S. 1 InsO bei Insolvenz des Vermieters auf den Fall beschränkt, dass der Mietvertrag im Falle der Verfahrenseröffnung bereits vollzogen ist, insbesondere somit der Mietgegenstand bereits dem Mieter übergeben wurde.[216]

Bei den vorgenannten Verträgen – und nur bei diesen – gelten somit die Sondervorschriften der §§ 109 ff. InsO.

8.2.3   Miet- oder Pachtverhältnisse

§§ 109 – 111 InsO enthalten Sondervorschriften hinsichtlich Miet- oder Pachtverhältnisse über unbewegliche Gegenstände und Räume, die vor Insolvenzeröffnung abgeschlossen und zum Zeitpunkt der Eröffnung des Insolvenzverfahrens über das Schuldnervermögen nicht oder nicht rechtswirksam[217] gekündigt sind. §§ 109 – 111 InsO regeln im Wesentlichen folgendes:

■ Ist der Schuldner Mieter (Mieterinsolvenz), so hat der Insolvenzverwalter ein Sonderkündigungsrecht. Er kann das Mietverhältnis – gleich ob befristet oder unbefristet und mit welchen Kündigungsfristen abgeschlossen – mit einer Frist von drei Monaten zum Monatsende kündigen, wenn nicht eine kürzere Frist maßgeblich ist, § 109 Abs. 1 S. 1 InsO. Nachteile, die dem Vermieter durch die Kündigung entstehen, kann dieser lediglich als Insolvenzforderungen geltend machen, § 109 Abs. 1 S. 3 InsO.

Diese für den Unternehmenskauf aus der Insolvenz wichtige Vorschrift eröffnet dem Insolvenzverwalter die Möglichkeit, beispielsweise Miet- oder Pachtverträge über nicht mehr benötigte Geschäftslokale, Produktionsstätten, Lagerhallen etc. innerhalb genannter Fristen zu beenden. Hierdurch wird nicht nur die Insolvenzmasse vor fortlaufenden Kosten bewahrt. Vielmehr hat der Insolvenzverwalter auch Zugriff auf in den Mieträumen noch befindliches Inventar einschließlich dort vorhandener Betriebs- und Geschäftsausstattung. Er kann etwa in seinem Besitz befindliche Gegenstände im Zusammenhang mit dem angedachten Unternehmenskauf veräußern, § 166 Abs. 1 InsO, ohne an das Mietverhältnis einschließlich zu Gunsten des Vermieters wirkende Sicherungsrechte an den eingebrachten Gegenständen des Mieters (Vermieterpfandrechte) gebunden zu sein. Sicherungsrechte hat er lediglich durch die Verpflichtung zu beachten, entsprechende Verwertungserlöse an den Sicherungsnehmer auszukehren (abzusondern). Der Käufer erwirbt hingegen lastenfreies Eigentum.

---

[216] BGH U. v. 5.7.2007, NZI 2007, 713

[217] § 112 InsO sieht in der Mieterinsolvenz für den Vermieter unter bestimmten Voraussetzungen eine Kündigungssperre vor, die jedoch im Zusammenhang mit dem Untersuchungsgegenstand nur marginale Bedeutung hat.

Ist der Miet- oder Pachtgegenstand dem Schuldner als Mieter oder Pächter bei Eröffnung des Insolvenzverfahrens noch nicht überlassen, so haben beide Vertragsseiten das Recht, von dem Miet- oder Pachtvertrag zurückzutreten, § 109 Abs. 2 InsO. Hierdurch bestehen gesetzliche Lösungsmöglichkeiten von vor der Mieterinsolvenz noch nicht vollzogenen Miet- oder Pachtverhältnissen.

■ Ist der Schuldner Vermieter (Vermieterinsolvenz) gestaltet sich die Rechtslage hinsichtlich bei Eröffnung des Insolvenzverfahrens vollzogener Miet- oder Pachtverhältnisse anders: Hier gibt es kein Sonderkündigungsrecht des Insolvenzverwalters. Vielmehr sieht § 110 InsO lediglich eine Regelung zum Schutz der Insolvenzmasse vor, wenn der Schuldner vor Eröffnung des Insolvenzverfahrens bereits im Voraus verfügt hat. Für den Unternehmenskauf spielt dies keine Rolle.

Das fehlende Sonderkündigungsrecht des Insolvenzverwalters in dieser Konstellation könnte sich beim Unternehmenskauf aus der Insolvenz dann negativ auswirken, wenn beispielsweise auf dem Betriebsgelände befindliche Lager- und Produktionshallen vom Schuldner langfristig vermietet wurden, der Kaufinteressent jedoch diese Immobilien für eigene Erweiterungszwecke benötigt. Auch in diesem Fall fordert die Insolvenzordnung vom Schuldner und Insolvenzverwalter Vertragstreue. Es bestehen keine gesonderten Lösungsmöglichkeiten. Es bleibt zunächst lediglich der Verhandlungsweg, wäre da nicht noch § 111 InsO: Danach tritt im Falle der Veräußerung des Miet- oder Pachtobjektes der Erwerber zwar anstelle des Schuldners auf Vermieterseite in den bestehenden Miet- oder Pachtvertrag ein. Insoweit setzt sich des Miet- oder Pachtverhältnis zunächst fort. Der Erwerber hat jedoch nach § 111 InsO das Recht, den Miet- oder Pachtvertrag unter Einhaltung der gesetzlichen Kündigungsfrist zu kündigen. Allerdings ist die Kündigung nur zu dem ehestmöglichen Termin zulässig.

Dieser Weg ist zwar etwas beschwerlicher als die Kündigungsmöglichkeit des Insolvenzverwalters in der Mieterinsolvenz. Für den Käufer des Schuldnerunternehmens, zu dem auch vermietete Immobilien gehören, eröffnet sie jedoch in einem zeitlich überschaubaren Rahmen ebenfalls den Weg, die vermieteten Flächen mittelfristig selbst zu nutzen. Das Sonderkündigungsrecht liegt somit in der Person des Erwerbers begründet. Der Schlüssel hierzu ist der Erwerb der vermieteten Immobilie vom Insolvenzverwalter. Handelt es sich hierbei um gewerblich genutzte Immobilien, bestehen auch keine sonstigen Kündigungsschutzvorschriften zu Gunsten des Mieters. Diese greifen lediglich bei Wohnraummietverhältnissen ein.

Anders sieht nach der Entscheidung des Bundesgerichtshofs vom 05.07.2007[218] die Situation dann aus, wenn der vom Schuldner als Vermieter geschlossene Mietvertrag zum Zeitpunkt der Eröffnung des Insolvenzverfahrens noch nicht vollzogen ist. Sind dem Vertragspartner zu diesem Zeitpunkt die Miet- oder Pachträume noch nicht überlassen worden, hält der Bundesgerichtshof den Rückgriff auf § 103 InsO (Erfüllungswahlrecht des Insolvenzverwalters) für gegeben. Der Insolvenzverwalter kann sich somit über dieses

---

[218] BGH U. v. 5.7.2007, NZI 2007, 713

Sonderrecht gegebenenfalls von dem geschlossenen, aber zum Zeitpunkt der Eröffnung des Insolvenzverfahrens noch vollzogenen Miet- oder Pachtvertrag befreien.

8.3 Dienstverhältnisse

8.3.1 Personalmanagement

Personalwirtschaftliche Maßnahmen wie Personalanpassung, Personaleinsatz, Neustrukturierung von Abteilungen, gar ganzer Unternehmenshierarchien (Lean-Management) sind zentraler Bestandteil jeglicher Unternehmenssanierung. Geht es doch darum, das restrukturierte Unternehmen für eine erfolgreiche Zukunft neu auszurichten. Die hierzu erforderlichen und damit erhaltbaren Arbeitsplätze sind die zentrale Basis künftigen Erfolges oder Misserfolges.

In der Betriebswirtschaftslehre verschiebt sich die Diskussion allmählich: vom ursprünglich notwendigen Personalabbau, Personalfreisetzung und Personalanpassung bis hin zur optimalen Erhaltung, Nutzung und stetigen Weiterentwicklung des Humankapitals.[219] Ein einheitlicher Begriff für diese Sichtweise – weg von der reinen Personalkostenbetrachtung zur langfristigen Personalplanung im weitesten Sinne – ist offensichtlich noch nicht gefunden. Der Begriff „Personalmanagement" scheint jedoch am ehesten das auszudrücken, was gemeint ist: die Verwirklichung der unternehmerischen Ziele durch planvolle Sicherstellung und Einsatz der hierzu erforderlichen Human Resources, eine Aufgabe, die deutlich mehr fordert als meist nur reaktive Personalanpassung an temporäre Situationen[220]. Personalmanagement verträgt keine kurzatmigen ad-hoc-Entscheidungen. Dies gilt auch und erst recht für Unternehmen in der Krise.

Volkswirtschaftlich hat sich dies deutlich in jüngsten Finanz- und Wirtschaftskrise gezeigt: Der Erhalt von insbesondere qualifizierten Arbeitsplätzen durch die erweiterte Möglichkeit, Kurzarbeitergeld zur Minderung der Personalkosten zu beziehen, war sicherlich ein wesentlicher Beitrag für den unerwartet raschen Aufschwung in 2010.

Ein negatives Beispiel auf unternehmerischer Ebene mag die Bedeutung des Personalmanagements für die gesamte unternehmerische Führung in gleicher Weise unterstreichen: Ein namhafter deutscher Zulieferer für die Automobilindustrie hat im Krisenjahr 2009 massiv Arbeitsplätze abgebaut, darunter auch zahlreiche qualifizierte Stellen. Schließlich musste Mitte 2010 Insolvenzantrag gestellt werden. In dieser Phase stieg jedoch die Nachfrage nach den von ihm hergestellten Zubehörteilen sprunghaft an. Die Folge waren massive Lieferengpässe bei schlechter Qualität. Da selbst weltweit keine Bezugsmöglichkeiten für die benötigten Teile bestanden, führte dies zu erheblichen Engpässen und Lieferverzögerungen bei bestimmten Modellreihen deutscher Automobilhersteller.

---

[219] Kammel in: Handelsblatt, Wirtschaftslexikon, 2006, Bd. 8, 4303

[220] Gabler, Wirtschaftslexikon, 15. Aufl. Sept. 2000, „Personalmanagement"

Wie bei jedem Unternehmenskauf orientieren sich auch beim Unternehmenskauf aus der Insolvenz notwendige Maßnahmen des Personalmanagements an der geplanten Ausrichtung des Zielunternehmens. Dieses wird in der Planung in eine Form gegossen, die von den unternehmerischen Vorstellungen des Erwerbers geprägt ist. Dabei wird gerade im Bereich des Personalmanagements sehr schnell deutlich, dass die Wunschliste des Kaufinteressenten schnell auf rechtliche Grenzen stößt. Der arbeitsrechtliche Filter und damit Messlatte für erfolgreiches und wohl durchdachtes Personalmanagement ist § 613 a BGB. Dieser legt in seiner Kernaussage für den Unternehmenskauf folgendes fest: „Geht ein Betrieb oder Betriebsteil durch Rechtsgeschäft auf einen anderen Inhaber über, so tritt dieser in die Rechte und Pflichten aus im Zeitpunkt des Übergangs bestehenden Arbeitsverhältnissen ein", § 613 a Abs. 1 S. 1 BGB. Dieser arbeitsrechtlichen Bestandsgarantie kommt auch beim Unternehmenskauf aus der Insolvenz zentrale Bedeutung zu. Es gibt aber auch deutliche Gestaltungsräume, die beachtliche Sanierungspotenziale bergen. Man muss sie nur kennen und gezielt nutzen.

8.3.2 Arbeitsrecht und Betriebsübergang

Seit nunmehr bald vierzig Jahren findet sich § 613 a BGB, eingeführt im Zusammenhang mit dem Betriebsverfassungsrecht 1972[221] im deutschen Arbeitsrecht: Von den einen als notwendiger Bestandsschutz für Arbeitsverhältnisse bei Betriebsübergängen – auch und gerade im Krisenfall – hoch gelobt, von anderen als „rechtsdogmatisch fehlerhaft" und sanierungsfeindlich nach wie vor kritisiert.[222] Die Antwort auf diese Einschätzung hat der Gesetzgeber wohl selbst dadurch gegeben, dass er die Anwendung des § 613 a BGB auf Unternehmenskäufe unter dem Geltungsbereich der Gesamtvollstreckungsordnung, die für die neuen Bundesländer bis zum 31.12.1998 galt, ausdrücklich ausgenommen hat.[223] Für den Unternehmenskauf aus der Insolvenz ist seit dem Inkrafttreten der Insolvenzordnung zum 01.01.1999 unstreitig: § 613 a BGB ist nach Maßgabe der insolvenzrechtlichen Bestimmungen anzuwenden. Viele Einzelheiten sind dagegen nach wie vor Gegenstand wissenschaftlicher Diskussion und (höchst-)gerichtlicher Entscheidungen.

Eines der Hauptziele des § 613 a BGB ist, beim rechtsgeschäftlichen Betriebsinhaberwechsel die Arbeitsplätze zu erhalten (Bestandsgarantie). In den fast vierzig Jahren seiner Geltung hat § 613 a BGB nunmehr gewisse Konturen bekommen. Dies gilt insbesondere für den Unternehmenskauf aus der Insolvenz durch die arbeitsrechtlichen Bestimmungen der Insolvenzordnung, §§ 113 – 128 InsO. Hier wurden beachtenswerte Lockerungen bei der Haftungsverteilung eingeführt.[224]

---

[221] BGBl. I 1972, S. 13

[222] Bauer/v. Steinau-Steinrück/Thees in Hölters (Hrsg.), Handbuch Unternehmenskauf, Teil V, Rn. 25 f.; dort wird § 613 a BGB auch „als Evergreen des Arbeitsrechts" apostrophiert.

[223] Art. 232 § 5 Abs. 2 Nr. 1 EGBGB

[224] Hierzu: Abschnitt 8.3.2.3

8.3.2.1 Anwendungsbereich und EU-Harmonisierung

§ 613 a BGB findet auch auf den Unternehmenskauf aus der Insolvenz Anwendung. Dies ist unbestrittene Rechtsauffassung in Rechtsprechung und Literatur.[225] Der Regelungsmechanismus des § 613 a BGB besteht darin, dass zum Zeitpunkt des rechtsgeschäftlich begründeten Betriebsüberganges bestehende Arbeitsverhältnisse unverändert auf den Erwerber übergehen. Damit ist der arbeitsrechtliche Bestandsschutz garantiert. Klargestellt wird in § 613 a Abs. 4 S. 1 BGB, dass Kündigungen „wegen des Überganges eines Betriebs oder Betriebsteils" unwirksam sind. Da es sich um eine Schutzvorschrift zu Gunsten bestehender Arbeitsverhältnisse handelt, hat allein der betroffene Arbeitnehmer – nach entsprechend ordnungsgemäßer Belehrung, § 613 a Abs. 5 BGB – das Recht, dem Übergang des Arbeitsverhältnisses zu widersprechen, § 613 a Abs. 6 BGB.

Der gesetzliche Bestandsschutz wirkt uneingeschränkt auch beim Unternehmenskauf aus der Insolvenz. Insolvenzbedingte Einschränkungen erfährt die Arbeitnehmerschutzvorschrift allein hinsichtlich der Haftungsverteilung für geldwerte Verpflichtungen aus übergeleiteten Arbeitsverhältnissen. Hier – und nur hier – überlagert die insolvenzrechtliche Werteordnung das Arbeitnehmerschutzrecht. Dies bedeutet, dass bei Eröffnung des Insolvenzverfahrens offene Entgeltansprüche aus dem Arbeitsverhältnis auch der insolvenzrechtlichen Klassifizierung unterliegen, nämlich in Insolvenzforderungen, das sind Ansprüche, die zum Zeitpunkt der Insolvenzeröffnung bereits begründet waren, § 38 InsO, und solchen, die erst nach Eröffnung des Insolvenzverfahrens entstanden sind, so genannte Masseverbindlichkeiten, §§ 55, 108 Abs. 2 InsO.

Darüber hinaus sind die Anwendungsvoraussetzungen des § 613 a BGB permanent durch die Rechtsprechung des Bundesarbeitsgerichts, aber auch durch europarechtliche Vorgaben modifiziert und strukturiert worden.[226] Ob diese Entwicklung mit 775 Entscheidungen des BAG[227] allein bis Oktober 2009 und einer weiteren Vorgabe des Europäischen Gerichtshofs[228] nunmehr etwas zur Ruhe kommt und der Rechtspraxis Zeit zum Einüben gibt, bleibt – mit deutlicher Skepsis – abzuwarten.

8.3.2.2 Grundtatbestand des § 613 a BGB

Bis hierhin bleibt festzuhalten: § 613 a BGB gilt als Bestandsgarantie für Arbeitsverhältnisse auch beim Unternehmenskauf aus der Insolvenz. Lediglich die Frage der Haftungsverteilung differiert gegenüber der Situation beim Kauf nicht insolventer Unternehmen. Die

---

[225] Uhlenbruck/Berscheidt, § 128 Rn. 5; Braun/Wolf, § 128 Rn. 3; Bauer/v. Steinau-Steinrück/Thees in Hölters (Hrsg.), Handbuch Unternehmenskauf, Teil V. Rn. 278; Holzapfel/Pöllath, Rn. 824 – jeweils m.w. N.

[226] Hierzu: Holzapfel/Pöllath, Rn. 809; Bauer/v. Steinau-Steinrück/Thees in Hölters (Hrsg.), Handbuch Unternehmenskauf, Teil V, Rn. 22

[227] Bauer/v. Steinau-Steinrück/Thees in Hölters (Hrsg.), Handbuch Unternehmenskauf, Teil V, Rn. 26

[228] EuGH v. 12.02.2009, NZA 2009, 251

inhaltliche Ausgestaltung der arbeitsrechtlichen Bestandsgarantie beim Unternehmenskauf ist einem permanenten Modifizierungsprozess durch Rechtsprechung und EU-Recht unterworfen. Neben inzwischen verfestigten Strukturen steht in der Rechtsprechung nach wie vor der Einzelfall im Vordergrund. Es sei daher angeraten, die im Einzelfall bestehenden, nicht unerheblichen Gestaltungsräume, welche EU-Recht und Rechtsprechung eröffnet haben, sinnvoll zu nutzen. Hierbei ist der Expertenrat unverzichtbar. Die nachstehenden Ausführungen können lediglich allgemeine Hinweise geben. Die fachkundige Prüfung im Einzelfall ist unerlässlich und dringend angeraten. Nachstehende Ausführungen sprechen daher nur wichtige Teilbereiche an und wollen hierdurch für die komplexe, nur im konkreten Fall lösbare Aufgabenstellungen sensibilisieren.

Zur arbeitsvertraglichen Bestandsgarantie i.S.d. § 613 a BGB kommt es dann, wenn ein Betrieb oder Betriebsteil durch rechtsgeschäftlich vereinbarten Wechsel auf einen neuen Inhaber übergeht. Der Kauf eines Unternehmens mit laufenden Betrieben oder Betriebsteilen ist damit der klassische Fall, welcher von seinem Ansatz her der Bestandsgarantie des § 613 a BGB unterfällt. Europarechtliche Vorgaben[229] haben bis in die jüngste Zeit die einschlägigen Entscheidungen des BAG beeinflusst und harmonisiert[230].

Zwischenzeitlich wird der Betrieb bzw. Betriebsteil i.S.d. § 613 a BGB als eine die Identität wahrende wirtschaftliche Einheit i.S. einer organisierten Gesamtheit von Personen und/oder Sachen definiert, die zu einer auf Dauer angelegten Ausübung einer wirtschaftlichen Tätigkeit mit eigener Zielsetzung angelegt ist.[231] Allein die Komplexität der inzwischen allgemein anerkannten Definition offenbart die Abgrenzungsschwierigkeiten im Einzelfall. Die Entscheidung des BAG vom 17.12.2009 („Betriebskantine") mag eine Ahnung über die immer noch bestehenden Definitionsschwierigkeiten vermitteln, was ein Betrieb oder Betriebsteil i.S.d. § 613 a BGB ist:

Die Klägerin war als Küchenhilfe ab August 2002 in einer Betriebskantine eingesetzt. Ab 07.12.2003 bis 01.08.2009 befand sie sich in Mutterschutz/Elternzeit. In dieser Zeit übernahm die Beklagte aufgrund von Nutzungsvereinbarungen die Bewirtschaftung u. a. der Betriebskantine, in welcher die Klägerin beschäftigt war. Nach der zunächst geltenden Nutzungsvereinbarung vom 11.11.1996 war die Beklagte verpflichtet, „zum Mittagessen Speisen anzubieten, die sie selbst in den Kantinen, frisch zuzubereiten hatte. Für die frische Zubereitung und Ausgabe der Speisen vor Ort setzte die Beklagte jeweils einen Koch und ein bis zwei Küchenhilfen ein. Eine dieser Küchenhilfen war ... die Klägerin, die als Springerin eingesetzt wurde", ... Dabei bestand die Aufgabe der Klägerin darin, zwischen 7.30 Uhr und 14.30 Uhr Kaffee zu kochen, die Getränkeautomaten aufzufüllen, Gebäck anzu-

---

[229] Richtlinie 2001/23/EG v. 12.03.2001 sowie eine kontinuierliche Rechtsprechung des EuGH (Nachweise: Holzapfel/Pöllath, Rn. 809)

[230] BAG U. v. 17.12.2009, NZA 2010, 499 m.w.N.

[231] NZA Beilage 2/2009 V/1; Holzapfel/Pöllath, Rn. 810; Bauer/v. Steinau-Steinrück/Thees in Hölters (Hrsg.), Handbuch Unternehmenskauf, Teil V, Rn. 27 ff (28); BAG ZIP 2006, 1145 (1147); BAG NZA 2010, 499 (Betriebskantine)

nehmen und dieses in der Thekenauslage zu verteilen, belegte Brötchen sowie Salate und Dessert für den Mittagstisch zuzubereiten, Zwischenmahlzeiten auszugeben, zu kassieren, aufzuräumen sowie Reinigungsarbeiten vorzunehmen. Zum 01.01.2007 übernahm die Streithelferin (Anm.: Übernehmerin des Betriebs) die Bewirtschaftung. Sie bereitete jedoch die Speisen nicht mehr vor Ort frisch zu. Vielmehr wurden die zentral vorgefertigten Speisen angeliefert und lediglich in Konvektomaten aufgewärmt. Noch vor dem Betriebsübergang informierte die Streithelferin die Beklagte, dass aus ihrer Sicht ein Betriebsübergang nicht vorliege. Die Klägerin begehrt Feststellung, dass das Arbeitsverhältnis unverändert fortbestehe und nicht auf die Streithelferin übergegangen sei, wie dies die Beklagte behauptete.

Die Klage hatte in allen drei Instanzen Erfolg. Auch das BAG hat letztlich einen Betriebsübergang verneint und die Fortsetzung des Arbeitsverhältnisses zwischen Klägerin und ursprünglichem Arbeitgeber bestätigt. Entscheidend ist das Abgrenzungskriterium, welches nach seitenlanger Erörterung unter Darlegung und Auseinandersetzung mit der bislang ergangenen nationalen wie europäischen Rechtsprechung den Ausschlag gab:

In den Orientierungssätzen der BAG-Richter heißt es: „4. Wird eine Betriebskantine von dem neuen Betreiber nur noch benutzt, um fertig zubereitete Speisen zu wärmen und auszugeben, so kann dies eine neue Identität des Betriebes bedeuten, wenn zuvor die Speisen vor Ort frisch gekocht wurden. Eine Betriebskantine ohne eigene Kochleistung kann eine der Annahme eines Betriebsübergangs entgegenstehende Konzeptänderung darstellen".[232] Es fehlte somit letztlich an der für einen Betriebsübergang notwendigen Wahrung der betrieblichen Identität.

Schlüsselbegriffe für die Annahme eines Betriebes oder Betriebsteiles i.S.d. § 613 a Abs. 1 BGB ist somit die gewahrte Identität einer auf gewisse Dauer angelegten, hinreichend strukturierten und selbständigen wirtschaftlichen Einheit. Diese müssen beim Inhaberwechsel (Betriebsübergang) noch in der Weise funktionell verknüpft bleiben, dass man von einer organisatorischen Fortführung sprechen kann. Wie subtil die vergleichende Analyse ausfallen kann, mag die referierte Entscheidung des BAG vom 19.12.2009 vermitteln. Sollten im Falle des Unternehmenskaufs jedoch organisatorische Veränderungen beabsichtigt sein, dürfte dies sicherlich – je nach Gestaltung – Auswirkungen auf die Anwendbarkeit des § 613 a BGB haben. Hier gibt es somit deutliche Gestaltungsräume, die Anwendung des § 613 a BGB auszuschließen. Die Wahrung der betrieblichen Identität ist ein wesentliches Kriterium für den dann – und nur dann – zu bejahenden Betriebsübergang i.S.d. § 613 a BGB.

---

[232] BAG U. v. 17.12.2009, NZA 2010, 499

Im Regelfall muss der Käufer jedoch davon ausgehen, dass § 613 a BGB Anwendung findet. Eindeutige Ausnahmen sind

■ Betriebseinstellung

■ Funktionsnachfolge sowie

■ Zwischenschaltung von Beschäftigungs- und Qualifizierungsgesellschaften (BQG).

Große Vorsicht ist angezeigt bei dem Modell „Betriebsstilllegung". Die Versuchung ist groß, Wochen andauernde Phasen für eine beispielsweise ohnehin anstehende Sanierung von Betriebsgebäuden, in welchen der Geschäftsbetrieb vollständig ruht, als Betriebseinstellung anzusehen. Die Rechtsprechung des BAG nimmt eine § 613 a BGB ausschließende Betriebseinstellung nur an, wenn ein ernsthafter und endgültiger Beschluss vorliegt, die Betriebsgemeinschaft für einen unbestimmten, wirtschaftlich nicht unerheblichen Zeitraum aufzugeben.[233] Die Rechtsprechung der Arbeitsgerichte ist, was den Zeitfaktor anbelangt, höchst unterschiedlich und wenig berechenbar. Eine Betriebsaufnahme während der Auslauffrist von ausgesprochenen Kündigungen dürfte den ernsthaften Entschluss einer Betriebsstilllegung und damit den Ausschluss des § 613 a BGB in jedem Fall konterkarieren. Gleiches gilt, wenn bei Ausspruch der Kündigung Verhandlungen über eine mögliche Betriebsübernahme mit Dritten laufen.[234] Auch in diesen Fällen liegt keine § 613 a BGB ausschließende Betriebsstilllegung vor.

Das BAG[235] hat beispielsweise den Anspruch auf Wiedereinstellung gegen den Betriebserwerber in dem Fall bejaht, dass der Betriebsübergang während der Kündigungsfrist zwar noch nicht vollzogen, aber bereits beschlossen war. Dieser zwar von BAG als Ausnahmefall bezeichnete Sachverhalt macht jedoch deutlich, wie schnell im rechtlichen Sinne die Leitungsmacht bereits auf den Erwerber übergehen kann, ohne dass dies den Vertragsparteien bereits bewusst ist.

Von einer reinen Funktionsnachfolge spricht man dann, wenn die ausgeübte und übernommene Tätigkeit im Wesentlichen in der Übernahme eines Auftrages, meist im Bereich des Dienstleistungssektors, besteht, z. B. Reinigung, Überwachung. Es geht somit um personenbezogene Tätigkeiten, die weitgehend ohne Übernahme von Betriebsmitteln ausgeübt werden.[236] Dieser Ausnahmefall kommt nur bei betriebsmittelarmen Tätigkeiten überhaupt zum Tragen. Angesprochen ist daher in erster Linie die Dienstleistungsbranche. Selbst hier sind jedoch subtile Prüfungen, ob es sich bei dem zu übernehmenden Betrieb oder Betriebsteil um eine organisatorisch verdichtete, wirtschaftliche Einheit handelt, im

---

[233] Bauer/v. Steinau-Steinrück/Thees in Hölters (Hrsg.), Handbuch Unternehmenskauf, Teil V, Rn. 63

[234] Holzapfel/Pöllath, Rn. 814

[235] BAG U. v. 21.8.2008, NZA 2009, 29 (34)

[236] Holzapfel/Pöllath, Rn. 810; Bauer/v. Steinau-Steinrück/Thees in Hölters (Hrsg.), Handbuch Unternehmenskauf, Teil V, Rn. 34

Einzelfall vorzunehmen. Eine generelle Gleichung betriebsmittelarm = kein Betriebsübergang i.S.d. § 613 a BGB kann zu unliebsamen Überraschungen auf Erwerberseite führen.

Eine deutliche Erleichterung, Personalanpassungsmaßnahmen beim Unternehmenskauf aus der Insolvenz vorzunehmen, stellt der Einsatz von Beschäftigungs- und Qualifizierungsgesellschaften (BQG) dar. Dabei werden Arbeitsverhältnisse einvernehmlich auf eine externe BQG ausgegliedert und – ohne Weiterbeschäftigungsanspruch des betroffenen Arbeitnehmers – bei Bedarf in die Zielgesellschaft zurückgeführt.[237] Das Hauptproblem dieses Weges liegt in der Finanzierung der BQG. Das hierfür aus öffentlichen Mitteln zur Verfügung stehende Transferkurzarbeitergeld (§ 216 b SGB III), welches maximal zwölf Monate gewährt wird, reicht allerdings nicht aus, die Alimentierung der betroffenen Arbeitnehmer in arbeitsvertraglich geschuldeter Form zu gewährleisten. Die verbleibende Deckungslücke ist nicht immer leicht zu schließen. Wohlgemeinte Hinweise, der Insolvenzverwalter könne die Differenz aus der Masse aufbringen[238], scheitern oftmals „mangels Masse". In konzertierter Aktion zwischen Insolvenzverwalter und Erwerber dürfte es jedoch insbesondere bei größeren Verfahren gelingen, eine Finanzierung auf die Beine zu stellen, um hierdurch bei notwendigen Personalanpassungsmaßnahmen mehr Gestaltungsspielraum zu erhalten. Es sei deshalb auch die Prüfung dieser Variante im Einzelfall als Gestaltungsmittel empfohlen.

Mit größter Sorgfalt ist an das Thema heranzugehen, zu welchem Zeitpunkt der Betriebsübergang greift. Entscheidend hierfür ist, wann die Leitungs- und Organisationsmacht auf den Erwerber übergeht. Dies wird zu dem Zeitpunkt angenommen, in dem der Erwerber die Leitungsmacht im Betrieb im Einvernehmen mit dem Betriebsveräußerer mit eigener Zielsetzung ausübt.[239]

Liegt ein Betriebsübergang i.S.d. § 613 a BGB vor, so hat der betroffene Mitarbeiter das Wahlrecht, die Überleitung seines Arbeitsverhältnisses zu akzeptieren oder hiergegen Widerspruch einzulegen. Der Widerspruch ist innerhalb eines Monats nach Zugang der in § 613 a Abs. 5 BGB detaillierten Belehrung auszuführen, § 613 a Abs. 6 BGB. Dabei fordert die Rechtsprechung eine offene und umfassende Information über die Identität des Betriebserwerbers, so dass die betroffenen Arbeitnehmer in die Lage versetzt werden, über ihren möglichen neuen Arbeitgeber Erkundigungen einzuholen.[240] Dass das Widerspruchsrecht etwa bei Abschluss einer Aufhebungsvereinbarung auch verwirkt sein kann,[241] verdeutlicht nur die Brisanz auch dieser Vorschrift. Allerdings dürfte beim Unter-

---

[237] Näheres zur Funktionsweise: Bauer/v. Steinau-Steinrück/Thees in Hölters (Hrsg.), Handbuch Unternehmenskauf, Teil V, Rn. 301 – 303

[238] Bauer/v. Steinau-Steinrück/Thees in Hölters (Hrsg.), Handbuch Unternehmenskauf, Teil V, Rn. 302

[239] Holzapfel/Pöllath, Rn. 826; Bauer/v. Steinau-Steinrück/Thees in Hölters (Hrsg.), Handbuch Unternehmenskauf, Teil V Rn. 89

[240] BAG U. v. 23.7.2009, NZA 2010, 89; zur Vertiefung: Reinhard NZA 2009, 63 – 69; Hauck NZA Beilage 1/2009, 18 – 22

[241] BAG U. v. 23.7.2009, NZA 2010, 393

nehmenskauf aus der Insolvenz der Fokus weniger hierauf gelegt werden: Der Rückfall des Arbeitsverhältnisses an einen Insolvenzverwalter, der über keinen laufenden Geschäftsbetrieb mehr verfügt, ist wenig attraktiv.

8.3.2.3   Einschränkungen in der Insolvenz

Die Bestandsgarantie, die § 613 a Abs. 1 BGB postuliert, ist auch beim Unternehmenskauf aus der Insolvenz unumstößlich, so der Tatbestand erfüllt ist. Dennoch gibt es nicht unwesentliche Einschränkungen, ausgelöst durch die insolvenzrechtliche Haftungsverteilung. Diese behandelt auch offene Vermögensansprüche aus nach § 613 a Abs. 1 BGB im Falle des Unternehmenskaufs aus der Insolvenz übergeleiteten Arbeitsverhältnissen, die allein nach den Kautelen des Insolvenzrechts zu behandeln sind: Dies bedeutet:

■ Alle zum Zeitpunkt der Eröffnung des Insolvenzverfahrens begründeten Vermögensansprüche gegen das Schuldnerunternehmen sind als Insolvenzforderungen zu behandeln, §§ 38, 174 ff. InsO.

■ Ansprüche, die insbesondere durch Handlungen des Insolvenzverwalters oder in anderer Weise ab Eröffnung des Insolvenzverfahrens begründet worden sind, § 55 Abs. 1 Nr. 1 InsO, oder solche aus gegenseitigen Verträgen, deren Erfüllung zur Insolvenzmasse verlangt oder die (kraft Gesetzes) erfüllt werden müssen, sind als so genannte Masseverbindlichkeiten in vertraglich vereinbarter Höhe für die Zeit ab Eröffnung des Insolvenzverfahrens aus der Insolvenzmasse zu erfüllen, §§ 55 Abs. 1 Nr. 2, 108 Abs. 1 InsO.

■ Mit Übergang der Arbeitsverhältnisse auf den Unternehmenskäufer haftet dieser neben der Insolvenzmasse gesamtschuldnerisch für die ab Eröffnung des Insolvenzverfahrens entstandenen Ansprüche aus dem übergeleiteten Arbeitsverhältnis, § 613 a Abs. 2 S. 1 BGB.

■ Für ab dem Betriebsübergang entstandene Ansprüche haftet jedoch der Betriebsübernehmer allein, § 613 a Abs. 2 S. 2 BGB.

Die insolvenzrechtliche Haftungsverteilung regelt im Wesentlichen die Haftungsverteilung für Ansprüche bis zur Eröffnung des Insolvenzverfahrens. Diese sind Insolvenzforderungen und werden als solche nach Maßgabe der §§ 174 ff. InsO behandelt. Sie sind also als Insolvenzforderungen zur Insolvenztabelle anzumelden und zu prüfen. Bei Anerkenntnis durch den Insolvenzverwalter erleiden sie nach dem Grundsatz der Gläubigergleichbehandlung dasselbe Schicksal wie alle Insolvenzforderungen. Sie werden bestenfalls quotal bedient. Bestreitet der Insolvenzverwalter die Ansprüche, bleibt auch dem Arbeitnehmer nur der Weg, die Berechtigung seiner Forderung im Wege der Feststellungsklage gerichtlich zu verfolgen, § 180 InsO.[242]

---

[242] Zur Haftungsverteilung: Bauer/v. Steinau-Steinrück/Thees in Hölters (Hrsg.), Handbuch Unternehmenskauf, Teil V, Rn. 278; Holzapfel/Pöllath, Rn. 837; Uhlenbruck/Berscheid, InsO, § 128 Rn. 6

Zu den wesentlichen Vermögensansprüchen (§ 38 InsO), die hiervon betroffen und entsprechend abzugrenzen sind, zählen:

■ Rückständige Entgeltansprüche, soweit sie nicht ohnehin für die letzten drei Monate vor Eröffnung des Insolvenzverfahrens durch Insolvenzgeld abgesichert sind (§§ 183 ff. SGB III[243]). Soweit Ansprüche über die Insolvenzgeldsicherung hinaus bestehen, sei es dass die rückständigen Entgeltforderungen über den Zeitraum von drei Monaten hinausgehen oder die Anspruchshöhe die gesetzliche Kappungsgrenze für das Insolvenzgeld übersteigt, können diese lediglich als Insolvenzforderungen geltend gemacht werden[244]. Der Betriebsübernehmer haftet für diese Ansprüche nicht.

■ Einen weiteren Schwerpunkt bilden rückständige Urlaubsansprüche. Auch hierbei handelt es sich grundsätzlich um Vermögensansprüche i.S.d. § 38 InsO, da rückständige Urlaubsansprüche als Urlaubsabgeltungsansprüche geldmäßig bestimmt werden können, § 45 S. 1 InsO. Soweit diese Ansprüche jedoch i.S.d. § 7 BUrlG nicht eindeutig auf die Zeit vor Eröffnung des Insolvenzverfahrens zu fixieren sind, bleiben sie als Masseverbindlichkeit in vollem Umfang erhalten und sind gegebenenfalls zwischen Insolvenzverwalter und Käufer intern abzugrenzen.[245]

Schließlich sind in diesem Zusammenhang Versorgungsansprüche aus betrieblicher Altersversorgung zu nennen. Hier gilt folgendes:

■ Bis zur Eröffnung des Insolvenzverfahrens entstandene, aber verfallbare Versorgungsanwartschaften sind lediglich als Insolvenzforderungen zu behandeln.

■ Bis zur Eröffnung des Insolvenzverfahrens entstandene unverfallbare Versorgungsanwartschaften sowie bereits entstandene Rentenansprüche werden auf den Pensionssicherungsverein (PSV) übergeleitet und von diesem bedient, § 7 Abs. 2 BetrAVG.

■ Versorgungsanwartschaften, die ab Eröffnung des Insolvenzverfahrens (weiter) entstehen, sind als Masseverbindlichkeiten zu behandeln und gehen im Fall des Betriebsübergangs i.S.d. § 613 a Abs. 1 BGB auf den Erwerber über.[246] Der Ausgleich zwischen Insolvenzverwalter und Erwerber für die ab Eröffnung des Insolvenzverfahrens bis zum Betriebsübergang entstandenen Anwartschaften hat intern zu erfolgen. Allerdings hat der Insolvenzverwalter die Möglichkeit, auch ohne Zustimmung des betroffenen Arbeitnehmers die in diesem Zeitraum entstandenen Anwartschaften abzufinden, § 3 Abs. 4 BetrAVG. Das Gesetz sieht die Abfindungsmöglichkeit zwar nur bei vollständiger Betriebseinstellung und Liquidation des Unternehmens vor. Das BAG hat diese

---

[243] Hierzu Abschnitt 5.3.1

[244] Bauer/v. Steinau-Steinrück/Thees in Hölters (Hrsg.), Handbuch Unternehmenskauf, Teil V, Rn. 281

[245] Bauer/v. Steinau-Steinrück/Thees in Hölters (Hrsg.), Handbuch Unternehmenskauf, Teil V, Rn. 282, 265 f.

[246] BAG U. v. 22.12.2009, NZA 2010, 568; Bauer/v. Steinau-Steinrück/Thees in Hölters (Hrsg.), Handbuch Unternehmenskauf, Teil V, Rn. 286

Möglichkeit jedoch auch auf den Fall ausgedehnt, dass das Schuldnerunternehmen selbst keiner gewerblichen Tätigkeit mehr nachgeht.[247] Damit wird auch der Fall eines (vollständigen) Unternehmenskaufs aus der Insolvenz von der Abfindungsmöglichkeit des § 3 Abs. 4 BetrAVG erfasst.

Ein besonderes Problemfeld stellt in diesem Zusammenhang die Altersteilzeit dar. Altersteilzeit-Verhältnisse, die sich nach dem Blockmodell bereits in der Freistellungsphase befinden, gehen nach § 613 a BGB auf den Erwerber über. Ist die Arbeitsphase bereits vor Insolvenzeröffnung abgeschlossen, sind die hieraus resultierenden Entgeltansprüche Insolvenzforderungen. Eine Abgrenzung auf den Zeitpunkt der Insolvenzeröffnung nach insolvenzrechtlichen Kategorien (Insolvenzforderung – überleitungsfähige Masseverbindlichkeiten) hat dann zu erfolgen, wenn die Arbeitsphase bei Eröffnung des Insolvenzverfahrens andauert.[248]

8.3.2.4 Kündigung und Betriebsübergang

§ 613 a Abs. 4 S. 1 BGB bestimmt, dass die Kündigung eines Arbeitsverhältnisses, gleich ob durch den bisherigen Arbeitgeber oder durch den neuen Betriebsinhaber, „wegen des Überganges eines Betriebs oder Betriebsteils" unwirksam ist. Klargestellt wird in Satz 2, dass die Kündigung aus anderen Gründen hiervon unberührt bleibt. Damit scheinen Personalanpassungsmaßnahmen, die notwendig sind, um einen Betrieb oder Betriebsteil überhaupt verkaufsfähig und übertragbar zu machen, rechtlich ausgeschlossen – ein für eine dringend notwendige Unternehmenssanierung in der Insolvenz kaum hilfreiche Konstellation.

Der Gesetzgeber der InsO hat dieses Dilemma zwischen Bestandsschutz und Sanierungsfähigkeit gesehen und bietet in § 128 Abs. 1 S. 1 InsO eine Zwitterlösung an, die erst durch umfangreiche Rechtsprechung und Diskussion in der Fachliteratur zu praktikablen Konturen gefunden hat:

Unproblematisch sind die Fälle, in denen der Insolvenzverwalter allein Personalanpassungsmaßnahmen durchführt, um den insolventen Betrieb wieder rentabel und damit überhaupt erst – an wen auch immer – verkaufsfähig zu machen. Ebenso unproblematisch ist der Fall, dass der Betriebserwerber nach Betriebsübergang das Personalmanagement selbst in die Hand nimmt. Der kritische Fall liegt dann vor, wenn der Insolvenzverwalter in Abstimmung mit dem künftigen Betriebsinhaber Sanierungsmaßnahmen trifft.[249] Ist es

---

[247] BAG U. v. 22.12.2009, NZA 2010, 568

[248] BAG U. v. 30.10.2008, NZA 2009, 432; zur – verneinten – Haftung des Arbeitgebers (Schuldnerunternehmen) bei unzureichender Insolvenzsicherung: zwei Entscheidungen des BAG v. 23.02.2010 – 9 AZR 44/09 – LNR 2010, 18233 sowie - 9 AZR 71/09-, LNR 2010, 17780 = BB 2010, 2698 – 2702; zur Neuregelung der Altersteilzeit ab 01.01.2009: Hanau, NZA 2009, 225 – 228

[249] Uhlenbruck/Berscheid, § 128 Rn. 9 f.

also möglich und im Hinblick auf § 613 a BGB rechtlich zulässig, zwischen Insolvenzverwalter und künftigen Betriebsinhaber abgestimmte Kündigungen von Arbeitsverhältnissen vor Betriebsübergang auszusprechen?

Die Klarstellung in § 128 Abs. 1 S. 1 InsO hat inzwischen einen Wechsel der höchstrichterlichen Rechtsprechung herbeigeführt. Es ist nunmehr anerkannt, dass sich Insolvenzverwalter und künftiger Erwerber auf ein Sanierungskonzept, welches sich an den Bedürfnissen der Zielgesellschaft orientiert, verständigen können und der Insolvenzverwalter dieses Konzept umsetzt, ohne dass damit eine unzulässige „Kündigung wegen des Übergangs eines Betriebs oder Betriebsteils" i.S.d. § 613 a Abs. 4 S. 1 BGB vorliegt.[250] Dadurch ist es beim Unternehmenskauf aus der Insolvenz auch im Bereich des Personalmanagements arbeitsrechtlich möglich, die Verkaufschancen deutlich zu verbessern. Insolvenzverwalter und potenzieller Betriebserwerber können Hand in Hand arbeiten, ohne allein durch den Betriebsübergang die Unwirksamkeit notwendiger Kündigungen zu riskieren.

Allerdings sind alle sonstigen, durch das Kündigungsschutzrecht normierten Voraussetzungen zu beachten (§ 1 KSchG – sozial ungerechtfertigte Kündigungen), soweit die InsO selbst nicht wiederum Erleichterungen schafft. Zu nennen ist in diesem Zusammenhang der Interessenausgleich mit Namensliste, § 125 InsO. Einigen sich nämlich Insolvenzverwalter und Betriebsrat bei den anstehenden Personalanpassungsmaßnahmen im Interessenausgleich darauf, diesem eine Liste beizufügen, auf der die Arbeitnehmer, denen gekündigt werden soll, namentlich bezeichnet sind, so wird kraft Gesetzes im Hinblick auf den in § 1 KSchG postulierten Kündigungsschutz vermutet, dass die Kündigung der Arbeitsverhältnisse der namentlich bezeichneten Arbeitnehmer aus dringenden betrieblichen Erfordernissen erfolgt. Ferner kann die Sozialauswahl nur eingeschränkt, nämlich im Hinblick auf „die Dauer der Betriebszugehörigkeit, das Lebensalter und die Unterhaltspflichten" überprüft werden und insoweit auch nur auf grobe Fehlerhaftigkeit. Selbst die grobe Fehlerhaftigkeit ist dann nicht anzunehmen, wenn eine ausgewogene Personalstruktur erhalten oder geschaffen wird.[251] Damit bestehen beim Unternehmenskauf aus der Insolvenz arbeitsrechtlich deutliche Gestaltungsräume für ein zwischen Insolvenzverwalter und künftigen Betriebsinhaber abgestimmtes Personalmanagement.

8.3.2.5 Betriebsübergang und kollektivarbeitsrechtliche Normen

Der Betriebsübergang i.S.d. § 613 a Abs. 1 BGB hat auch Auswirkungen auf kollektivarbeitsrechtliche Normen (Tarifverträge und Betriebsvereinbarungen). Dabei besteht Einverständnis, dass der Begriff Betriebsvereinbarungen Gesamtbetriebs- und Konzernbetriebsvereinbarungen einschließt.[252]

---

[250] BAG U. v. 20.3.2003, ZIP 2003, 1671; Bauer/v. Steinau-Steinrück/Thees in Hölters (Hrsg.), Handbuch Unternehmenskauf, Teil V, Rn. 300; Holzapfel/Pöllath, Rn. 850; Uhlenbruck/Berscheid, § 128 Rn. 12

[251] Hierzu: Uhlenbruck/Berscheid, InsO, § 125 Rn. 6 – 8; Bauer/v. Steinau-Steinrück/Thees in Hölters (Hrsg.), Handbuch Unternehmenskauf, Teil V, Rn. 297; Holzapfel/Pöllath, Rn. 848; Zwanziger, § 125 Rn. 6 ff.

[252] Bauer/v. Steinau-Steinrück/Thees in Hölters (Hrsg.), Handbuch Unternehmenskauf, Teil V, Rn. 348

Um den Arbeitnehmerschutz durch kollektivarbeitsrechtliche Normen zu gewährleisten, musste der Gesetzgeber jedoch aus logischen Gründen beim Betriebsübergang einen anderen Weg wählen: Zwar gehen, wie gezeigt, die einzelne Arbeitsverhältnisse kraft Gesetzes i.S. einer Vertragsübernahme durch den Unternehmenskäufer über, nicht aber Tarifverträge und Betriebsvereinbarungen. Dies ist allein deshalb nicht möglich, da es in der Zielgesellschaft niemanden gibt, der als potenzieller Vertragspartner zur „Übernahme" von Tarifverträgen und/oder Betriebsvereinbarungen legitimiert ist. Was Betriebsvereinbarungen betrifft, setzte dies nämlich eine Fortsetzung des im abgebenden Betrieb gewählten Betriebsrates auch für betriebsverfassungsrechtliche Aufgaben im aufnehmenden Betrieb voraus. Dies aber ist meist nicht der Fall.[253] Auch die Tarifbindung besteht grundsätzlich nur zwischen den Tarifvertragsparteien des abgebenden Unternehmens, §§ 3 Abs. 1, 4 TVG.[254] Eine Ausnahme hat das BAG konsequenterweise nur für den Fall für möglich erachtet, dass der Erwerber selbst einen entsprechenden Tarifvertrag in schriftlicher Form (§ 1 Abs. 2 TVG) abgeschlossen hat.[255]

Soll somit der durch kollektivarbeitsrechtliche Normen bezweckte Individualarbeitsschutz beim Betriebsübergang auf den Erwerber übergeleitet werden, bleibt als Regelungstechnik nur die Möglichkeit, kollektivarbeitsrechtliche Vorschriften in das Einzelarbeitsverhältnis zu transformieren. Eben diesen Weg hat der Gesetzgeber in § 613 a Abs. 1 S. 2 BGB gewählt. Dort heißt es: „Sind diese Rechte und Pflichten (aus im Zeitpunkt des Übergangs bestehenden Arbeitsverhältnissen) durch Rechtsnormen eines Tarifvertrages oder durch eine Betriebsvereinbarung geregelt, so werden sie Inhalt des Arbeitsverhältnisses zwischen dem neuen Inhaber und dem Arbeitnehmer und dürfen nicht vor Ablauf eines Jahres nach dem Zeitpunkt des Übergangs zum Nachteil des Arbeitnehmers geändert werden." Unbeschadet dessen gelten trotz Betriebsübergang die zwischen ehemaligem Arbeitgeber und Gewerkschaft geschlossenen Tarifverträge fort.[256] Die jüngste Rechtsprechung des BAG hat nochmals klargestellt:

- ■ Gegenstand der Transformation von in Rechtsnormen eines Tarifvertrages geregelten Rechten und Pflichten eines Arbeitsverhältnisses nach § 613 a Abs. 1 S. 2 BGB ist allein deren normative Geltung vor dem Betriebsübergang. Die Transformation wirkt für die Sperrfrist von einem Jahr individualarbeitsrechtlich weiter.[257]

- ■ Transformiert werden nur die Rechtsnormen des Tarifvertrages, nicht aber seine schuldrechtlichen Abreden.[258]

---

[253] Zur Ausnahme: Wahrung der Betriebsidentität s. am Ende dieses Abschnitts

[254] BAG U. v. 22.4.2009, B. v. 10.6.2009, NZA 2010, 41; 2010, 51

[255] BAG U. v. 26.8.2009, NZA 2010, 238

[256] BAG U. v. 26.8.2009, NZA 2010, 238 (240): zum Fortbestand eines zwischen Insolvenzverwalter und IG Metall befristet geschlossenen Firmentarifvertrages bei zwischenzeitlich erfolgtem Betriebsübergang

[257] BAG U. v. 22.4.2009, NZA 2010, 41; B. v. 10.6.2009, 2010, 51; U. v. 26.8.2009, 2010, 238

[258] BAG U. v. 26.8.2009, NZA 2010, 238 (Rn. 31)

■ Trotz Betriebsübergang bleiben Tarifverträge zwischen den ursprünglichen Tarifvertragspartnern bestehen.

Die Fortgeltung des kollektivarbeitsrechtlichen Schutzes gilt i.d.R. für die Frist von einem Jahr, § 613 a Abs. 1 S. 2 BGB. Ausnahmen hiervon greifen dann ein, wenn

■ die maßgeblichen Rechte und Pflichten bei dem neuen Inhaber bereits kollektivarbeitsrechtlich geregelt sind, § 613 a Abs. 1 S. 3 BGB. In diesem Fall gelten die Normen des aufnehmenden Unternehmens;

■ die transformierten, kollektivarbeitsrechtlichen Normen vorzeitig enden, z. B. durch bereits vor Betriebsübergang ausgesprochene Kündigung oder Befristung, § 613 a Abs. 1 S. 4 BGB.

Wie bereits eingangs erwähnt, setzt die Transformation sachnotwendig voraus, dass in der aufnehmenden Gesellschaft keine legitimierten Vertragspartner zur Weiterführung der kollektivarbeitsrechtlichen Regeln vorhanden sind. Bei Tarifverträgen wird die Fortgeltung im Wege der Transformation durch die nach § 3 Abs. 3 TVG andauernde Tarifgebundenheit bis zur Beendigung des Tarifvertrages legitimiert. Bei Betriebsvereinbarungen wird dies anders beurteilt: Hier bleibt der Betriebsrat dann trotz Betriebsübergang im Amt, wenn die Identität des Betriebes beim Betriebsübergang gewahrt wird.[259] In diesem Fall gelten gültige Betriebsvereinbarungen in der Zielgesellschaft fort. Endet hingegen – beispielsweise durch Teilbetriebsübernahme oder erhebliche Personalanpassungsmaßnahmen – die betriebsverfassungsrechtliche Identität beim Betriebsübergang, so verliert der (gewählte) Betriebsrat seine Legitimation und es kommt – quasi subsidiär – zu vorbeschriebener Transformation der Betriebsvereinbarung.[260]

Wird die Betriebsidentität beispielsweise durch Personalanpassungsmaßnahmen geändert, so ist ein neuer Betriebsrat zu wählen, § 13 Abs. 2 Nr. 1 BetrVG. Bis dahin gilt, ebenso wie für den abgetrennten Betriebsteil ein Übergangsmandat des Betriebsrates für längstens sechs Monate, § 21 a BetrVG.

8.3.3 Interessenausgleich und Sozialplan

Der Unternehmenskauf aus der Insolvenz beinhaltet normalerweise auch eine Betriebsänderung i.S.d § 111 BetrVG: Sei es, dass es in diesem Zusammenhang zur Stilllegung von ganzen Betrieben oder wesentlichen Betriebsteilen, zu Betriebsverlegungen oder dem Zusammenschluss mit anderen Betrieben kommt, bestehende Betriebe aufgespalten werden oder einfach grundlegende Änderungen der Betriebsorganisation hiermit verbunden sind.[261] Liegt eine Betriebsänderung vor, führt dies zwangsläufig in die Verpflichtung, mit

---

[259] Bauer/v. Steinau-Steinrück/Thees in Hölters (Hrsg.), Handbuch Unternehmenskauf, Teil V, Rn. 355

[260] Bauer/v. Steinau-Steinrück/Thees in Hölters (Hrsg.), Handbuch Unternehmenskauf, Teil V, Rn. 357

[261] Uhlenbruck/Berscheid/Ries, §§ 123, 124 Rn. 11 ff. zu einzelnen Fällen, die eine Betriebsänderung i.S.d. § 111 BetrVG darstellen

dem Betriebsrat einen Interessenausgleich herbeizuführen, § 112 BetrVG, will man sich nicht der Gefahr des Nachteilsausgleichs aussetzen, § 113 BetrVG. Für den Insolvenzverwalter bietet es sich an, einen qualifizierten Interessenausgleich nach § 125 InsO herbeizuführen[262]. Kommt innerhalb von drei Wochen nach Verhandlungsbeginn oder schriftliche Aufforderung an den Betriebsrat, entsprechende Verhandlungen aufzunehmen, verbunden mit vollständigen, für den Betriebsrat zur Verhandlungsaufnahme notwendigen Informationen, kein Interessenausgleich zustande, hat der Insolvenzverwalter die Möglichkeit, im arbeitsgerichtlichen Beschlussverfahren feststellen zu lassen, dass die Kündigung der im Antrag einzeln aufgeführten Arbeitsverhältnisse aus dringenden betrieblichen Erfordernissen erfolgt und sozial gerechtfertigt ist, § 126 Abs. 1 S. 1 InsO. Gleiches gilt, wenn kein Betriebsrat besteht. Das arbeitsgerichtliche Verfahren selbst ist jedoch ein normales Beschlussverfahren, in welchem keine Beschleunigung eintritt. Dies muss bei der geplanten Zeitvorgabe beachtet werden.

Wird im Rahmen der Verhandlungen mit dem Betriebsrat, wie allgemein üblich, auch ein Sozialplan abgeschlossen, so unterliegt dieser, was das Sozialplanvolumen betrifft, einer doppelten Kappungsgrenze: Absolut darf das Sozialplanvolumen den Gesamtbetrag von bis zu 2,5 Montasverdiensten der von der Entlassung betroffenen Mitarbeiter nicht übersteigen (absolute Obergrenze)[263]. Zusätzlich stellt § 123 Abs. 2 S. 2 InsO eine relative Obergrenze auf, welche die zur Berichtigung von Sozialplanforderungen aufzubringende Insolvenzmasse auf ein Drittel der Masse begrenzt, die ohne Sozialplan zur Verteilung an die Insolvenzgläubiger zur Verfügung stünde.[264]

Klargestellt wird, dass Sozialplananspräche Masseverbindlichkeiten sind, § 123 Abs. 2 S. 1 InsO. Dies bedeutet, dass sie vor Insolvenzforderungen aus der Insolvenzmasse zu bedienen sind. Anders verhält es sich mit noch offenen Abfindungsansprüchen aus Sozialplänen, die vor Eröffnung des Insolvenzverfahrens abgeschlossen wurden. Diese Ansprüche sind in der späteren Insolvenz des Schuldnerunternehmens lediglich als Insolvenzforderungen zu behandeln.[265] Ein gewisses Korrelat hierzu hat der Gesetzgeber für insolvenznahe Sozialpläne dadurch geschaffen, dass diese dann vom Insolvenzverwalter und/oder Betriebsrat widerrufen werden können, wenn sie innerhalb von drei Monaten vor Stellung des Insolvenzantrages abgeschlossen wurden, § 124 Abs. 1 InsO.

Es liegt auf der Hand, dass es durch die Möglichkeiten, den Abschluss eines qualifizierten Interessenausgleichs (§ 125 InsO) gerichtlich erzwingen sowie das Volumen des Sozialplanes in zweifacher Weise begrenzen zu können, Sinn macht, im Rahmen anstehender Unternehmenskaufverhandlungen, auch diese Möglichkeiten zu diskutieren und in die Verhandlungen einzubringen. Handelt es sich doch auch hier um Vorteile, die nur dem insolventen Unternehmen in der Person des bestellten Insolvenzverwalters zugutekommen.

---

[262] Zu den damit verbundenen Erleichterungen für betriebsbedingte Kündigungen: Abschnitt 8.3.2.4

[263] Hierzu näher: Uhlenbruck/Berscheid/Ries, §§ 123, 124 Rn. 17 ff.; Zwanziger, § 123 Rn. 16 ff.

[264] Uhlenbruck/Berscheid/Ries, §§ 123, 124 Rn. 21 ff.; Zwanziger, § 123 Rn. 23 ff.

[265] BAG U. v. 31.7.2002, NZA 2002, 1332

9 Vertragsabschluss und Umsetzung

Vertragsabschluss und Umsetzung unterliegen weiteren Besonderheiten, die beim Unternehmenskauf aus der Insolvenz aus den sich aus der Gläubigerautonomie ergebenden Mitwirkungsrechte der Gläubiger resultieren. Jeder Unternehmenskauf, sei es ein Vermögenskauf, sei es ein Anteilskauf, unterliegt gesetzlichen Zustimmungsvorbehalten durch die Organe der Gläubiger. Wie wirken sich diese Vorbehalte aus und wie ist mit ihnen umzugehen?

9.1 Insolvenzspezifische Vorbehalte - Zustimmungsverfahren

Die Insolvenzordnung unterwirft in den §§ 160 ff. InsO Rechtshandlungen des Insolvenzverwalters, „die für das Insolvenzverfahren von besonderer Bedeutung sind" der Zustimmung des Gläubigerausschusses oder der Gläubigerversammlung, sollte ein Gläubigerausschuss nicht bestellt sein. Dieses Zustimmungserfordernis wirkt kraft ausdrücklicher gesetzlicher Anordnung in § 164 InsO jedoch nicht im Außenverhältnis. Vielmehr lässt die fehlende Zustimmung die Rechtswirksamkeit von Rechtshandlungen, die der Insolvenzverwalter vornimmt, unberührt: Der von den Vertragsparteien unterzeichnete Unternehmenskaufvertrag erlangt somit auch ohne Zustimmung der Gläubiger (Gläubigerausschuss oder Gläubigerversammlung) uneingeschränkt Rechtswirksamkeit. Dies gilt selbst dann, wenn sich der Insolvenzverwalter über eine ausdrücklich verweigerte Zustimmung hinwegsetzt und den Unternehmenskaufvertrag dennoch unterzeichnet[266]. Der Vertrag ist somit uneingeschränkt wirksam, noch nicht einmal nur schwebend wirksam, selbst wenn der Vertragspartner Kenntnis von der fehlenden Zustimmung hat[267].

Mit dieser gesetzlichen Konstruktion soll der Rechtsverkehr im Außenverhältnis geschützt werden. Interne Abstimmungs- und Mitwirkungsmodalitäten zwischen Insolvenzverwalter und Gläubiger berühren das Außenverhältnis nicht[268].

Die Praxis sieht jedoch anders aus. Grund hierfür ist, dass der Insolvenzverwalter bei fehlender Zustimmung im Innenverhältnis, also insbesondere den betroffenen Gläubigern gegenüber, zum Schadenersatz verpflichtet ist, wenn er sich schuldhaft über die ihm obliegenden Pflichten hinwegsetzt, welche die Insolvenzordnung ihm auferlegt. Hierzu ge-

---

[266] Braun/Diethmar, § 164 Rn. 2

[267] Uhlenbruck/Uhlenbruck, § 164 Rn. 2

[268] Braun/Diethmar, a. a. O.; Uhlenbruck/Uhlenbruck, a. a. O.

hören auch die Zustimmungsrechte der Gläubiger nach §§ 160 ff. InsO.[269] Vernünftigerweise wird sich der Insolvenzverwalter daher nicht einer Haftung nach § 60 InsO aussetzen und auf das Risiko einlassen, er habe den Unternehmenskaufvertrag ohne Gläubigermitwirkung abschließen müssen, da ansonsten der Vertragsabschluss gescheitert wäre. Durch den Vertragsabschluss sei den Gläubigern mitnichten ein Schaden entstanden, da sich keine besseren Verwertungsmöglichkeiten geboten hätten. Vielmehr wird er den Zustimmungsvorbehalt als aufschiebende Bedingung oder vertragliches Rücktrittsrecht in den Unternehmenskaufvertrag – mit Außenwirkung – verlagern.

In der Praxis haben sich folgende Wege herausgebildet, wie den Mitwirkungsrechten der Gläubiger angemessen Rechnung getragen werden kann:

In den meisten Fällen wird der Insolvenzverwalter sich die notwendigen Zustimmungen in allgemein gehaltener Form in der ersten Gläubigerversammlung (Berichtstermin) geben lassen. Eine solch generelle Zustimmung ist zulässig und üblich und schützt den Insolvenzverwalter vor den angesprochenen Haftungsfolgen des § 60 InsO. Erscheint im Berichtstermin kein Gläubiger, was bei weniger spektakulären Fällen fast schon die Regel ist, oder sind die anwesenden oder vertretenen Gläubiger nicht beschlussfähig, so gilt die Zustimmung als erteilt, § 160 Abs. 1 S. 3 InsO. Voraussetzung hierfür ist allerdings, dass die Gläubiger bereits in der Ladung zur Versammlung auf die gesetzliche Zustimmungsfiktion hingewiesen wurden. In Fällen dieser Art liegt die Gläubigerzustimmung daher bereits bei Vertragsabschluss vor.

Für einen abzuschließenden Unternehmenskaufvertrag dürfte dieser Weg in der Regel jedoch nicht gangbar sein, da Abschluss und Umsetzung des Unternehmenskaufvertrages meist deutlich vor dem Berichtstermin stattfinden. Auch auf eine nachträgliche Genehmigung durch die Gläubigerversammlung wird sich der Insolvenzverwalter wegen der bestehenden Unsicherheit, ob eine Genehmigung überhaupt erteilt wird, nicht einlassen.

Damit aber wird im Ergebnis der kraft Gesetzes nur intern wirkende Zustimmungsvorbehalt durch vertragliche Absprachen mit dem Käufer in das Außenverhältnis verlagert. Dies erfolgt in der Regel durch Aufnahme einer aufschiebenden Bedingung, die darin besteht, dass der Kaufvertrag erst mit Zustimmung des Gläubigerausschusses oder der Gläubigerversammlung wirksam wird. Wie bereits ausgeführt, führt dies dann zu keinerlei Verzögerung oder Rechtsunsicherheit, wenn der Kaufvertrag zur Eröffnung des Insolvenzverfahrens bereits unterschriftsreif verhandelt ist und ein vorläufiger Gläubigerausschuss im Eröffnungsbeschluss gerichtlich bestellt wird.[270]

Sollte der zu schließende Unternehmenskaufvertrag – aus welchen Gründen auch immer – bedingungsfeindlich sein, kann die bei Vertragsabschluss noch fehlende Zustimmung auch durch entsprechende Rücktrittsrechte zu Gunsten des Insolvenzverwalters geregelt wer-

---

[269] Braun/Diethmar, § 164 Rn. 3

[270] Abschnitt 7.1

den.[271] Sowohl im Falle einer aufschiebenden Bedingung als auch eines vereinbarten Rücktrittsrechts zu Gunsten des Insolvenzverwalters sollte jedoch aus Gründen der Rechtssicherheit eine zeitliche Befristung aufgenommen werden, bis wann der Bedingungseintritt längstens zu erfolgen hat oder das Rücktrittsrecht ausgeübt werden muss. Der vertragliche Schwebezustand über längere Zeit wirkt sich insgesamt schädlich aus. Nicht zuletzt deshalb hat der Gesetzgeber im gesetzlichen Regelfall die vertragliche Wirksamkeit im Außenverhältnis von der lediglich intern wirkenden Zustimmung getrennt.

9.2 Zustimmungspflichtige Rechtshandlungen

9.2.1 § 160 InsO

Als Generalklausel der gesetzlich kodifizierten Zustimmungsvorbehalte ist § 160 InsO anzusehen. Danach bedürfen alle Rechtshandlungen des Insolvenzverwalters, „die für das Insolvenzverfahren von besonderer Bedeutung sind", der Gläubigerzustimmung. Dabei gibt es wenig Zweifel, dass ein Unternehmenskauf aus der Insolvenz, sei es als Vermögenskauf oder als Anteilskauf, eine besonders bedeutsame Rechtshandlung darstellt. So bestimmt § 160 Abs. 2 Nr. 1 InsO, dass die Zustimmung insbesondere dann erforderlich ist, wenn das Schuldnerunternehmen oder ein Betrieb des Schuldnerunternehmens, das gesamte Warenlager und/oder eine in das Schuldnervermögen fallende Immobilie freihändig durch den Insolvenzverwalter veräußert werden sollen. Selbst wenn somit Gegenstand eines Unternehmenskaufvertrages nur einzelne Betriebe oder Betriebsteile beinhalten, muss somit von einem zustimmungspflichtigen Kaufvertrag (Rechtshandlung) ausgegangen werden.

9.2.2 § 162 InsO

Nicht der Gläubigerausschuss, sondern die Gläubigerversammlung als solche ist gefordert, wenn das Schuldnerunternehmen oder ein Schuldnerbetrieb an Personen verkauft werden soll, die bereits an dem Schuldnerunternehmen beteiligt waren oder es sich um dem Schuldner nahestehende Personen i.S.d. § 138 InsO handelt. Durch diesen besonderen Zustimmungsvorbehalt sollen Insidergeschäfte offengelegt und damit in die Kompetenz der Gläubigerversammlung an sich verlagert werden. Gleiches gilt, wenn ein Sicherungsnehmer, der nach Schätzung des Insolvenzgerichts 1/5 aller Sicherungsrechte auf sich vereinigt, als Käufer in Betracht kommt.

Praktische Bedeutung erlangen in diesem Zusammenhang vor allem Unternehmenskaufverträge, die mit nahestehenden Personen, also Ehegatten und/oder Verwandten des Schuldners oder Personen geschlossen werden sollen, die als Vertretungs- oder Aufsichts-

---

[271] Braun/Diethmar, § 164 Rn. 3

organ des Schuldnerunternehmens fungieren oder zu mehr als 1/4 am Kapital des Schuldnerunternehmens beteiligt sind. Gerade bei familiengeführten Unternehmen wird sich häufig die Konstellation bieten, dass ein Familienmitglied, welches bislang mit dem Schuldnerunternehmen nicht befasst war, als möglicher Käufer auftritt. Werden doch oft über diese Schiene auch Fragen der Unternehmensnachfolge geregelt. Dies ist per se sicherlich nicht verwerflich. Es sollte aber in jedem Fall die gesetzgeberische Intention, zu Gunsten aller Gläubiger Klarheit und Transparenz zu schaffen, beachtet werden. In dieser Konstellation ist bereits dem bösen Schein zu wehren.

9.2.3 § 163 InsO

Der Abwehr von bösen Mutmaßungen oder Verdachtsmomenten dient letztlich auch § 163 InsO. Danach kann das Insolvenzgericht bei einem Antrag, der von einer qualifizierten Gläubigermehrheit (§ 75 Abs. 1 Nr. 3 InsO) gestellt wird, anordnen, dass die Veräußerung des Schuldnerunternehmens oder eines Schuldnerbetriebes nur mit Zustimmung der Gläubigerversammlung zulässig ist, wenn der Antragsteller glaubhaft macht, dass eine Veräußerung an einen anderen Erwerber letztlich für die Insolvenzmasse günstiger wäre. Hier soll letztlich der optimalen Verwertung des Schuldnervermögens Rechnung getragen werden. In der Praxis selbst spielt diese Vorschrift keine wesentliche Bedeutung, es sei denn, die Verhandlungsführung des (vorläufigen) Insolvenzverwalters ist aus dem Ruder gelaufen, so dass aus – unkoordinierten oder unkoordinierbaren Gläubigerinteressen – über die Schiene des § 163 InsO ein Bieterwettstreit ausgetragen wird.

9.3 Checkliste: „Wesentliche Vertragsinhalte"

Vor der Unterzeichnung des Unternehmenskaufvertrages sollte nochmals eine gründliche Revision des Vertragsinhaltes stehen. Es geht hierbei insbesondere um die Vollständigkeit der zu regelnden Themenbereiche. Bei aller Besonderheit im konkreten Einzelfall soll nachstehende Checkliste die wesentlichen, in den vorstehenden Passagen diskutierten Regelungsbereiche nochmals in ihren wesentlichen Aspekten zusammenfassen:

■ Kaufgegenstand:

Der Kaufgegenstand muss vollständig und bestimmt im Vertrag definiert sein. Während dies beim Anteilskauf (Share-Deal) unproblematisch ist, ist beim Vermögenskauf (Asset-Deal) große Sorgfalt auf die konkrete Auflistung des Kaufgegenstandes zu verwenden. Meist geschieht dies dadurch, dass die zu verkaufenden Vermögens-teile in entsprechenden Anlagen, die wesentlicher Vertragsbestandteil sind, aufgelistet werden. Oftmals werden einzelne Teile des Kaufgegenstandes völlig separat erfasst und auch getrennt bewertet mit der Folge, dass sich der Gesamtkaufpreis aus der Summe der auf einzelne Kaufgegenstände (z.B.: Kaufgegenstand 1, Kaufgegenstand 2, etc.) aufgeteilten Einzelkaufpreise zusammensetzt.

Die Aufteilungskriterien sind vielfältig. So kann man beispielsweise gedanklich nach dem Bilanzgliederungsschema vorgehen, aber auch die einzelnen Teile des Kaufgegenstandes danach unterscheiden, ob der Insolvenzverwalter hierüber mutmaßlich alleinverfügungsberechtigt ist oder er der Zustimmung dritter Personen bedarf. Selbstverständlich ist auch im Rahmen der alleinigen Verfügbarkeit des Insolvenzverwalters zu prüfen, ob Drittrechte an dem Kaufgegenstand bestehen. Hierunter fallen beispielsweise gesetzliche wie vertragliche Pfandrechte, Sicherungseigentum, aber auch noch nicht vollständig abgelöste Eigentumsvorbehaltsrechte (§ 449 BGB).

Eine solche Systematisierung könnte beispielsweise wie folgt aussehen:

Kaufgegenstände mit mutmaßlich *alleiniger* Verfügbarkeit:

- Bewegliches/unbewegliches Anlagevermögen (+ Auffangklausel)
- Finanzanlagen/Beteiligungen
- Betriebs- und Geschäftsausstattung (+ Auffangklausel)
- Vorratsvermögen
- Forderungen und sonstige Vermögensgegenstände
- Imaterielle Vermögensgegenstände:
- Gewerbliche Schutzrechte
- Firma
- Geschäftswert (Goodwill)

■ Verfügbarkeit unter mutmaßlicher *Mitwirkung* Dritter:

- Lizenzrechte
- Dauerschuldverhältnisse
- Mietverhältnisse
- Pachtverhältnisse
- Leasingverträge
- Sonstige Nutzungsüberlassungsverhältnisse

■ Ausschluss von Teilleistungen:

Es empfiehlt sich, den Ausschluss von Teilleistungen trotz § 266 BGB ausdrücklich zu regeln, da das Unternehmen insgesamt verkauft werden soll. Denkbar ist allenfalls eine Differenzierung zwischen der Übertragung zwingend notwendigen Vermögens und dem Fall, dass beispielsweise eine Drittmitwirkung nicht beigebracht werden kann. In diesem Fall muss vereinbart werden, was dann das Schicksal des gesamten Kaufvertrages ist.

■ Kaufpreis und Kaufpreisfälligkeit:

Werden verschiedene Einzelkaufgegenstände gebildet, so empfiehlt es sich auch, die jeweils hierauf entfallenden Kaufpreisteile separat zu vereinbaren und auszuweisen. Ist dann beispielsweise die Verkaufserfüllung eines Kaufgegenstandes im Nachhinein nicht möglich, lässt sich der dann zu zahlende Kaufpreis anhand der Einzelallokation leicht ermitteln.

Klargestellt werden sollte auch, ob es sich bei dem Kaufpreis um einen Nettokaufpreis handelt oder beispielsweise Umsatzsteuer hinzukommt. Dabei ist der Unternehmenskauf auch als Vermögenskauf grundsätzlich umsatzsteuerfrei, § 1 a UStG. Vorsorglich sollte jedoch eine Klausel aufgenommen werden, wonach die gesetzliche Umsatzsteuer zu dem Kaufpreis hinzukommt, sollte die Steuerbehörde eine andere Rechtsauffassung vertreten. Für den Käufer bedeutet dies keine Belastung, da ihm dann insoweit der Vorsteuerabzug zusteht.

■ Rücktrittsrechte:

Zu klären ist, ob vertragliche Rücktrittsrechte aufgenommen werden sollen. Sie empfehlen sich dann, wenn die Kaufpreiszahlung bei Vertragsabschluss nicht bankverbürgt ist.

■ Eigentumsvorbehaltsrechte:

Üblich ist es auch, die Eigentumsverschaffung an dem Kaufgegenstand an die jeweils vollständige Zahlung des Kaufpreises zu koppeln. Die hierdurch zu Gunsten des Insolvenzverwalters zurückbehaltenen Eigentums- und Verfügungsrechte entsprechen den bei Transaktionen dieser Art üblichen Gepflogenheiten.

■ Gewährleistung:

Dass der Insolvenzverwalter verfügungsberechtigt ist und dem Käufer das Eigentum an den Kaufgegenständen frei von Rechten auch verschaffen kann, gehört zu den Standards des Unternehmenskaufvertrages aus der Insolvenz.

Gewährleistungs- oder gar Garantieansprüche wegen möglicher Sachmängel werden hingegen ausgeschlossen. In der Regel verbleibt es bei einer im Vertrag niedergelegten Beschaffenheitsbeschreibung, die das zum Gegenstand hat, was beide Parteien durch Augenschein wahrnehmen können. Eine Beschaffenheitszusicherung ist hiermit nicht verbunden.

■ Leistungsabgrenzung:

Im Falle des Verkaufs eines laufenden Geschäftsbetriebes ist es unverzichtbar, das Vorratsvermögen wie Roh-, Hilfs- und Betriebsstoffe sowie das Fertig- und Halbfertigwarenlager stichtagsbezogen abzugrenzen. Der für die abzugrenzenden Kaufgegenstandsteile vereinbarte Kaufpreis muss daher so beschaffen sein, dass den zwangsläufig gegebenen Veränderungen am Übergabestichtag gegenüber dem Zeitpunkt des Vertragsabschlusses Rechnung getragen werden kann.

Gleiches gilt für die Abgrenzung von Eingangs- und Ausgangsrechnungen, die die jeweils erbrachten Leistungen zum Übergabestichtag zugrunde zu legen haben.

Unbeschadet dessen wird es im Geldfluss zu Überschneidungen kommen, die ein Zusammenwirken der Vertragsparteien einschließlich der im Kaufvertrag zu regelnden Bereitschaft nach sich zieht, nicht richtig geleitete Geldflüsse intern auszugleichen.

■ Weitergabe von (schuldrechtlichen) Verpflichtungen:

Oftmals ist das Schuldnerunternehmen vertraglich gehalten, Verpflichtungen an einen Rechtsnachfolger weiterzugeben, ohne dass diese Verpflichtung dinglichen Charakter hat. Prominenteste Beispiele sind Ankaufs- und Vorkaufsrechte. Diese Verpflichtungen sind an den Käufer – ebenfalls schuldrechtlich – weiterzugeben.

■ Übergabe und Übergabestichtag (Closing):

Meist abweichend vom Zeitpunkt der Vertragsunterzeichnung ist der Übergabestichtag im Vertrag benannt. Zu diesem Zeitpunkt geht – vollständige Kaufpreiszahlung unterstellt – das Eigentum an dem Kaufgegenstand auf den Käufer über. Gleichzeitig ist zu diesem Stichtag die vereinbarte Leistungsabgrenzung vorzunehmen.

■ Betriebsübergang:

Es empfiehlt sich, in dem Kaufvertrag festzuhalten, dass es sich bei dem Verkauf des tätigen Unternehmens um einen Betriebsübergang i.S.d. § 613 a BGB handelt. Hier ist dann das gesamte arbeitsrechtliche Instrumentarium der verabredeten Maßnahmen aufzunehmen, die aus Anlass des besprochenen Personalmanagements umzusetzen sind. Darüber hinaus ist zu regeln, wer von den beiden Vertragspartnern die gesetzlich vorgesehenen Informationspflichten gegenüber den Arbeitnehmern übernimmt (§ 613 a Abs. 5 BGB). Dies ist deshalb wichtig, da erst die ordnungsgemäße Information über den Betriebsübergang die Monatsfrist für das Widerspruchsrecht der betroffenen Arbeitnehmer in Gang setzt (§ 613 a Abs. 6 BGB).

■ Umfirmierung:

Ist die Firma Kaufgegenstand, muss die Verpflichtung des Insolvenzverwalters zur Umfirmierung in den Kaufvertrag aufgenommen werden. Ansonsten wird sich das Handelsregister wegen Namensgleichheit weigern, die Firma des Schuldnerunternehmens auf den Käufer zu übertragen.

■ Aufbewahrungspflichten für Geschäftsunterlagen:

Die meist umfangreichen Geschäftspapiere, die der Aufbewahrungspflicht unterliegen, wird im Falle des Unternehmenskaufs der Käufer übernehmen. In diesem Fall ist es notwendig, ihm für die übernommenen Geschäftspapiere auch die gesetzlichen Aufbewahrungspflichten zu übertragen.

■ Unterstützung:

Oftmals findet sich in Kaufverträgen eine wechselseitige Unterstützungsvereinbarung. Ist sie allgemein gehalten, wird sich hieraus kaum ein einklagbarer Anspruch herleiten lassen. Es entspricht jedoch gutem Brauch, wechselseitige Hilfestellungen wenigstens als Absichtserklärungen zu formulieren.

Ist hingegen erkennbar, dass konkrete Hilfestellungen noch gegeben werden müssen, so empfiehlt es sich, diese eindeutig zu formulieren. Zu denken ist hierbei beispielsweise an noch vorzunehmende Abrechnungen oder sonstige, im Rahmen der Vertragsumsetzung nachlaufende Verpflichtungen.

■ Aufschiebende Bedingungen:

Als aufschiebende Bedingungen, die durch eine zeitliche Befristung in ihrer Wirkung möglichst limitiert werden sollten, sind zu nennen:

- Genehmigungsvorbehalte der Gläubiger (Gläubigerversammlung oder Gläubigerausschuss)
- Genehmigungsvorbehalte durch Aufsichtsgremien des Käufers
- kartellrechtliche Genehmigungen

■ Information und Verschwiegenheit:

Unter diesem Titel sollten die Vertragsparteien regeln, welche Informationen aus dem Unternehmenskaufvertrag sie an Dritte weitergeben, gegebenenfalls in welcher Form und welche Themen vertraulich bleiben sollen. Je nach Bekanntheitsgrad und Öffentlichkeitswirkung sollten Art und Weise sowie Inhalte der Information an Mitarbeiter, Kunden und Lieferanten sowie gegebenenfalls Presse intern abgestimmt und gegebenenfalls gemeinsam publiziert werden.

■ Salvatorik:

Die in sonstigen Verträgen übliche Salvatorik ist auch beim Unternehmenskauf unverzichtbar.

■ Rechtswahl und Gerichtsstand:

Wird der Unternehmenskauf mit einem nicht im Inland ansässigen Käufer geschlossen, empfiehlt sich schließlich eine Regelung über Rechtswahl und, soweit gesetzlich zulässig, Gerichtsstand.

9.4   Vertragsumsetzung

Der Abschluss des Unternehmenskaufvertrages sowie seine Umsetzung zum vereinbarten Übergabestichtag werden oftmals als Paradebeispiel für eine gelungene „Sanierung durch Insolvenz" dargestellt. Für alle Beteiligten, nämlich Käufer, Mitarbeiter sowie die Geschäftspartner am Markt, aber auch für die durch das Schuldnerunternehmen geschädigten Gläubiger ist mit diesem Schritt eine maßgebliche Zäsur im Insolvenzverfahren erreicht:

Das Schuldnerunternehmen ist auf einen neuen Rechtsträger übergeleitet und damit nicht mehr insolvenzbefangen. Es hat einen neuen Eigentümer, in der Regel auch ein neues Management und kann am Markt wieder frei agieren.

Die Altverbindlichkeiten (Insolvenzforderungen) bleiben im Netz des Insolvenzverfahrens hängen. Sie werden spätestens bei Abschluss des Insolvenzverfahrens mit einer Insolvenzquote bedient. Eine Nachhaftung des Erwerbers für die Altverbindlichkeiten besteht nicht.

Die restliche Abwicklung des Insolvenzverfahrens erledigt der Insolvenzverwalter. Auch hiermit ist das verkaufte Unternehmen, seine Mitarbeiter oder gar der Erwerber – abgesehen von vertraglich vereinbarten Unterstützungsleistungen – nicht mehr gefordert.

Dennoch ist in der Regel das bis hierin erreichte Ziel noch nicht der finale Akt der Sanierung durch Insolvenz. Meist warten auf den Erwerber weitere, strukturelle Sanierungsschritte, um das erworbene Unternehmen am Markt wieder fest zu installieren.

Auch hierfür liefert Karstadt wiederum ein prominentes Beispiel: Der Erwerb durch den Investor Berggruen war nach zermürbenden Verhandlungswochen sicherlich ein Befreiungsschlag für die unmittelbar Beteiligten. Allein damit ist Karstadt jedoch noch nicht abschließend saniert. Dies weiß auch der Investor. So hat er verlautbaren lassen, dass er in einem Zeitplan schrittweise das Gesamtkonzept von Karstadt überarbeiten wird sowie neue Akzente verfolgt, um Karstadt langfristig wieder als erfolgreiche und starke Handelsmarke zu präsentieren[272].

Nicht nur bei Karstadt beginnt die eigentliche Neuorientierung des erworbenen Unternehmens erst mit dem Übergabestichtag. Die Basis für einen erfolgreichen Sanierungsabschluss ist mit der finanzwirtschaftlichen Sanierung erreicht. Die Weichen für eine auch operative erfolgreiche Zukunft sind gestellt.[273]

---

[272] Siehe Süddeutsche Zeitung vom 18./19.12.2010, S. 28

[273] Es gibt wenige (bekannte) Fälle, in denen sich das verkaufte Unternehmen nach einiger Zeit mit seinem neuen Rechtsträger wieder in der Insolvenz befindet. Ein in der Presse diskutiertes Beispiel für den Ausnahmefall bietet das „König Ludwig Musical" in Füssen. Hier ist es den Erwerbern nicht gelungen, nach dem Erwerb ein dauerhaftes Konzept zu entwickeln, so dass bereits knapp zwei Jahre nach Verkauf des Musiktheaters aus dem ersten Insolvenzverfahren vom damaligen Erwerber ein weiteres Insolvenzverfahren beantragt werden musste. Es soll nunmehr in Kempten ein neuer Anlauf versucht werden – siehe Süddeutsche Zeitung vom 19.10.2010 (http://sueddeutsche.de/bayern/neues-musical-ueber-koenig-ludwig-und-wenn-sie-nicht-gestorben-sind-1.1013334)

10 Begleitende Maßnahmen in der Umsetzungsphase

Der Kauf eines Unternehmens aus der Insolvenz hat neben vielfältigen wirtschaftlichen und rechtlichen Besonderheiten auch eine starke, nicht zu unterschätzende psychologische Komponente: Neben den rechtlichen und wirtschaftlichen Handlungsräumen, die das Gelingen des Unternehmenskaufs insbesondere in zeitlicher Hinsicht erheblich bestimmen, kommt der Kunst, das zu verkaufende Unternehmen, den Betrieb oder Betriebsteil zusammenzuhalten, entscheidende Bedeutung zu. Dies aber heißt nichts anderes, als dass die Betriebsabläufe möglichst ungestört und reibungslos erfolgen müssen. Angesprochen sind damit alle Leistungsträger, die hierzu in ihrer jeweiligen Funktion entscheidend beitragen: Mitarbeiter, Lieferanten und Kunden. Ihnen gegenüber gilt es, durch eine möglichst offensive Informationspolitik Vertrauen zurückzugewinnen, zu stabilisieren und über die Kontaktphase, Verhandlungsphase bis zur Umsetzungsphase zu erhalten. Dabei muss man sich immer bewusst sein, dass der Unternehmenskauf aus der Insolvenz auf einer zumindest halböffentlichen Bühne spielt. Die betroffenen Kreise wissen um die insolvente Situation. Die Gerüchteküche brodelt umso mehr, je weniger autorisierte Informationen fließen. Es gilt, die sich durch eine klare und verständliche Nachrichtenlage für den Zusammenhalt des Unternehmens bietende Chance zu nutzen: Eine gute, da vorbereitete und gezielte Informationspolitik schafft Vertrauen und Zuversicht. Sie unterstützt und ergänzt die Bemühungen von Verkäufer und Käufer, die Transaktion in einem gut und richtig informierten Umfeld zielstrebig umzusetzen. Bei großen Insolvenzverfahren leisten darüber hinaus die Medien, insbesondere die Wirtschaftspresse ihre Informationsbeiträge. Der vorbereitete und richtige Umgang mit den Medien kann den Unternehmenstransfer positiv begleiten. Nicht zuletzt die jüngsten Großverfahren wie Arcandor (Karstadt), Quelle, Escada, Grundig, Schiesser etc. haben die breite Öffentlichkeit jenseits der unmittelbar Beteiligten beschäftigt.

10.1 Betriebsinterne Informationspolitik

Es entspricht nicht nur gutem Stil, sondern trägt auch entscheidend zur Stabilisierung der Stimmung im Schuldnerunternehmen bei, die von der Insolvenz betroffenen Mitarbeiter zeitnah, ungeschminkt und vertrauensvoll über die bestehende Situation sowie die geplanten Schritte zu informieren. Nur so wird es möglich sein, vor allem die Leistungsträger im Unternehmen zu halten. Dass hierbei nicht über jedes Detail informiert werden kann und auch muss, versteht sich von selbst. Entscheidend ist, wahrheitsgemäß über erreichte Abschnitte und weitere, richtungsweisende Maßnahmen zu unterrichten.

Als Forum bietet sich für eine solche „Mitarbeiterinformation" die Einberufung von Versammlungen an, zu denen jeder Mitarbeiter selbstverständlich Zutritt hat. Besteht ein Betriebsrat, sollten diese Informationsveranstaltungen nicht als „Betriebsversammlung" angekündigt werden, um nicht in eine Kollision zu der betriebsverfassungsrechtlich vorgesehenen Einrichtung zu geraten. Absolut sinnvoll ist es jedoch in diesen Fällen, vor der „Mitarbeiterinformation" die wesentlichen Punkte vorab dem Betriebsrat zu kommunizieren. Die Erfahrung zeigt, dass sich hieran möglichst nahtlos die Mitarbeiterversammlung anschließen sollte.

Die Informationsinhalte sind stark vom Einzelfall bestimmt. Typischerweise lassen sich jedoch folgende Informationsphasen unterscheiden:

- ■ Stabilisierungsphase: Es versteht sich von selbst, dass der vorläufige Insolvenzverwalter zeitnah zu seiner Bestellung die Mitarbeiter eines noch arbeitenden Unternehmens zusammenruft und sie in den Grundzügen mit seinen Kompetenzen, dem Zusammenspiel mit der Geschäftsleitung, den ersten, von ihm einzuleitenden Schritten, die insbesondere der Stabilisierung des Unternehmens dienen, sowie den absehbaren Perspektiven vertraut macht. Insbesondere zu zwei Themen sind möglichst konkrete Aussagen unverzichtbar: Wann und in welcher Form werden die meist überfälligen Löhne und Gehälter bezahlt und welcher, für die Mitarbeiter berechenbare Zeithorizont zeichnet sich ab, in welchem sie verlässlich ihre Bezüge erhalten. Hiermit sind Insolvenzgeldfinanzierung und Dauer des Eröffnungsverfahrens angesprochen. Erfahrungsgemäß sind dies etwa zwei Wochen, bis die ersten Auszahlungen aus dem finanzierten Insolvenzgeld an die Mitarbeiter erfolgen können sowie der je im Einzelfall unterschiedlich lang verbleibende Zeitraum für das Eröffnungsverfahren. In der Regel entspricht dieser der Insolvenzgeldfinanzierungsphase, also bis zu höchstens drei Monaten.

- ■ Weichenstellung: Die nächste Mitarbeiterinformation macht dann Sinn, wenn sich der vorläufige Insolvenzverwalter selbst ein erstes Bild über Möglichkeit und Dauer einer weiteren Betriebsfortführung gemacht hat. Erfahrungsgemäß ist dies auch der Zeitraum, in welchem sich erste Kaufinteressenten melden. Unter diesen gilt es die Spreu vom Weizen zu trennen, also Seriosität und Ernsthaftigkeit der jeweiligen Anfrage zu prüfen. Bis dahin liegen auch erste Planrechnungen über die wirtschaftlichen Handlungsräume (Liquiditätsplan) vor. Aus all dem lässt sich ein erstes Bild darüber entwerfen, ob berechtigte Chancen für einen Unternehmenskauf bestehen oder die Betriebsstilllegung die wahrscheinlichere Variante ist. Erste, vorläufig gesicherte Erkenntnisse hierüber sind Anlass, die Mitarbeiter wahrheitsgemäß zu unterrichten. Sollten bereits Personalanpassungsmaßnahmen erkennbar sein, ist es in der Regel unschädlich, auch hierüber bereits jetzt in allgemeiner Form zu informieren.

- ■ Kaufinteressenten: Sobald sich erste Kaufinteressenten gemeldet haben, sollte auch dies den Mitarbeitern gegenüber kommuniziert werden. Ob dabei bereits konkrete Namen von Interessenten genannt werden, muss im Einzelfall und in vorheriger Abstimmung mit den jeweiligen Interessenten entschieden werden. Oftmals ist es jedoch so, dass unter den Mitarbeitern die Gerüchteküche brodelt. Um hier nicht weiter Öl ins Feuer zu gießen, macht es in jedem Fall Sinn, die Anzahl der ernsthaften Interessenten zu nennen sowie mitzuteilen, dass man selbst großen Wert legt auf Seriosität, Bonität und den ernsthaften Willen, den Geschäftsbetrieb der Schuldnerin bestmöglich fortzusetzen. In diesem Zusammenhang sollte auch ein realistischer Zeithorizont, den man sich für Gespräche und Verhandlungen mit Interessenten selbst gesetzt hat, angedeutet werden.

- **Vertragsabschluss:** Ist ein rechtswirksamer, wenn auch möglicherweise noch unter Bedingungen stehender Vertragsabschluss erreicht, gibt dies Anlass zu einer weiteren Mitarbeiterinformation. Spätestens jetzt sollte auch der Käufer – hier selbstverständlich mit seiner Zustimmung – genannt werden. Die beste Form der Mitarbeiterinformation besteht darin, gemeinsam mit dem Käufer die Mitarbeiterversammlung abzuhalten und ihm Gelegenheit zu geben, seine Vorstellungen über künftige Unternehmensziele zu präsentieren. Spätestens jetzt muss – unbeschadet bereits laufender oder abgeschlossener Verhandlungen mit dem Betriebsrat – abschließend über notwendige Personalanpassungsmaßnahmen unterrichtet werden. Wichtig ist, in diesem Punkt endgültige Klarheit und somit Berechenbarkeit für jeden einzelnen Mitarbeiter zu schaffen.

- **Umsetzung des Unternehmenskaufs:** Ist der Unternehmenskaufvertrag erst einmal verbindlich abgeschlossen, ist für die Mitarbeiter der Zeitpunkt seiner Umsetzung weniger bedeutsam. Es bleibt somit bei einer offensiven Information gegenüber den Mitarbeitern durchaus die Möglichkeit, die zur Optimierung der Kaufentscheidung vom Insolvenzverwalter durchzuführenden Restrukturierungsmaßnahmen planmäßig und vollständig umzusetzen. Die Umsetzungsphase selbst wird allein durch die wirtschaftlichen Handlungsräume definiert. Dass hierbei auch der Käufer unterstützend mitwirken kann, zum Beispiel durch Zahlung eines Kaufpreisteils zur Verbesserung der Liquiditätssituation, ist Bestandteil der internen Absprache zwischen Insolvenzverwalter und Käufer und dient mehr der Optimierung des Unternehmenskaufs denn der Vertrauensbildung bei den Mitarbeitern.

10.2 Marktinformation

Auch der Markt in Person der Lieferanten und Kunden will zeitnah und offen informiert werden. Dies ist ebenfalls wesentlicher Bestandteil zur Stabilisierung des Unternehmens, Erreichen einer möglichst störungsfreien Betriebsfortführung und damit Gelingen des Unternehmenskaufs. Die in diesem Zusammenhang zu gebenden Informationen reduzieren sich erfahrungsgemäß auf folgende Teilbereiche:

Was die Lieferanten betrifft, bestimmen am Anfang des Eröffnungsverfahrens zwei Themen den Informationsinhalt: Sicherung und Beachtung der Vorbehaltsrechte sowie Abnahme und Zahlung der bestellten Lieferungen. Zu beiden Bereichen muss der vorläufige Insolvenzverwalter zeitnah zu seinem Amtsantritt Aussagen treffen und dies den Lieferanten möglichst schriftlich und damit für sie nachvollziehbar mitteilen. Die strikte Beachtung anerkannter Sicherungsrechte durch nachvollziehbare Rechnungslegung über verwertete Sicherungsrechte und Auskehrung der Sicherheitenerlöse ist entscheidende Voraussetzung für das Vertrauen der Lieferanten. Da die Lieferanten mit zum Teil nicht unerheblichen Forderungsausfällen rechnen müssen, ist es zur Stabilisierung des Unternehmens von zentraler Bedeutung, klare und nachvollziehbare Aussagen zu den künftigen Zahlungsmodalitäten zu treffen. Oftmals sind auch Einzelgespräche hilfreich und weiterführend. Dies ist insbesondere dann der Fall, wenn es sich um Schlüssellieferanten oder solche handelt, die mit ihrem Liefergut quasi eine Monopolstellung innehaben. Verlässlichkeit und damit Vertrauen in die Ankündigungen des (vorläufigen) Insolvenzverwalters flankieren die entsprechenden Informationen sinnvoll.

Bei den Kundenbeziehungen liegt es in erster Linie im Interesse des Schuldnerunternehmens, die bestehenden Geschäftskontakte auch in der Krise aufrechtzuerhalten. Gelingt dies nicht, bricht der Absatzmarkt weg. Hier muss die Information schwerpunktmäßig von dem Bemühen getragen sein, die Kunden über die Perspektive des Schuldnerunternehmens zu unterrichten. Kann dies am Anfang nur in der Information bestehen, dass der Geschäftsbetrieb bis auf weiteres planmäßig weiterläuft und die Kundenaufträge erfüllt werden, verbunden mit der dringenden Bitte um pünktliche und vollständige Zahlung, so ist für die Kunden wichtig zu wissen, wer denn ihr künftiger Vertragspartner sein wird. Hier sollte spätestens bei Abschluss des Vertrages über den Unternehmenskauf und nach entsprechender Mitarbeiterinformation auch ein erstes Informationsschreiben an die wesentlichen Kunden adressiert werden. Auch dies schafft Vertrauen und bereitet den Boden für eine weiterhin fruchtbare Zusammenarbeit. Dass sich der Käufer spätestens mit Umsetzung des Unternehmenskaufvertrages selbst bei den Kunden vorstellt und seine Kooperationsbereitschaft anbietet, versteht sich dabei von selbst. Auch hier zeigt die Erfahrung, dass eine schriftliche Information, unterzeichnet sowohl vom Insolvenzverwalter als auch vom Käufer, dem Informationsbedürfnis der Kunden am besten Rechnung trägt.

10.3 Allgemeine Öffentlichkeitsarbeit

Bei großen und daher meist spektakulären Insolvenzverfahren hat der (vorläufige) Insolvenzverwalter darüber hinaus auch allgemeine Öffentlichkeitsarbeit zu leisten. Ist im Schuldnerunternehmen selbst eine Pressestelle vorhanden, sind Spielregeln und Informationsinhalte mit den dort tätigen, meist erfahrenen Mitarbeitern abzustimmen. Ist der (vorläufige) Insolvenzverwalter hingegen auf sich selbst gestellt, bleibt die Informationspolitik seinem Geschick überlassen. Dabei hat sich bewährt, auch die Medien offensiv und wahrheitsgemäß zu informieren.[274] Es sollte allerdings dringend vermieden werden, die unmittelbar Beteiligten, nämlich Mitarbeiter, Lieferanten und Kunden über die oder aus den Medien zu informieren. Diese Adressatenkreise sollten nichts aus den öffentlichen Medien erfahren, was sie nicht zuvor schon wissen oder gar besser wissen. Ansonsten können erste, positive Ansätze für sich bildendes Vertrauen schnell zunichte gemacht werden.

Der Vollständigkeit halber sind bei börsennotierten Aktiengesellschaften die kapitalmarktrechtlichen Veröffentlichungspflichten zu erwähnen. Diese gelten auch im eröffneten Insolvenzverfahren uneingeschränkt solange fort, bis das Schuldnerunternehmen aus dem Börsenhandel genommen wird (Delisting).[275]

---

[274] Hilfestellung bieten die Beiträge von Huff, Die Öffentlichkeitsarbeit der Insolvenzverwalter – Möglichkeiten und Grenzen, NZI 2005, Heft 5, V (Gastkommentar) sowie ders., Notwendige Öffentlichkeitsarbeit der Justiz, NJW 2004, 403-407 und 432.

[275] Zu Einzelfragen: Abschnitt 3.3.5

11 Exkurs: Eigenverwaltung

Die Insolvenzordnung bescherte der Insolvenzpraxis zum 01.01.1999 neben dem Insolvenzplan ein weiteres neues Instrument: Die Eigenverwaltung, §§ 270 – 285 InsO. Danach ist der Schuldner bei entsprechendem Eigenantrag berechtigt, unter Aufsicht eines Sachverwalters die Insolvenzmasse selbst zu verwalten und über sie zu verfügen, wenn das Insolvenzgericht dem Antrag stattgibt. Wesentliche Hürde gerichtlicher Prüfung ist die in § 270 Abs. 2 Nr. 3 InsO postulierte Voraussetzung, dass „nach den Umständen zu erwarten ist, dass die Anordnung nicht zu einer Verzögerung des Verfahrens oder sonstigen Nachteilen für die Gläubiger führen wird". Ziel des Gesetzgebers war es, bei entsprechendem Gläubigerwillen (Gläubigerautonomie) ein kostengünstiges Insolvenzverfahren mit dem Anreiz für den Schuldner zu schaffen, frühzeitig Insolvenzantrag zu stellen.[276]

Die Akzeptanz der Eigenverwaltung in der Rechtswirklichkeit ist ernüchternd. Eine kritische Zwischenbilanz von Wilhelm Uhlenbruck und Heinz Vollender zu „10 Jahre Insolvenzordnung" resümiert lapidar: „Die Eigenverwaltung – das unbekannte Wesen".[277] Die mehr als kritische Distanz bis hin zur Ablehnung dieses Instituts liegen in Argumenten wie den „Bock zum Gärtner" zu machen[278], jemand, der sein Unternehmen nicht aus eigener Kraft habe retten können, könne auch nicht die Sanierung und Befriedigung seiner Gläubiger anvertraut werden[279] und dergleichen. Folge dieser „Fachdiskussion" ist eine zunehmend kritische bis distanzierte Behandlung der Eigenverwaltung durch die Insolvenzgerichte,[280] die der BGH im Ergebnis 2007 bestätigte.[281] Damit, so könnte man nach über zehnjähriger Erfolglosigkeit feststellen, hat die Rechtspraxis den als wesentliche Neuerung deutschen Insolvenzrechts unternommenen Versuch des Gesetzgebers der Insolvenzordnung vom 5. Oktober 1994 verworfen. Weitere Diskussionen hierüber, gar im Zusammenhang mit dem Unternehmenskauf aus der Insolvenz, lohnen daher nicht.

Mit diesem Ergebnis gibt sich die Politik jedoch nicht zufrieden. Unter dem Leitmotiv, „Wir brauchen eine andere Insolvenzkultur"[282], will die Bundesregierung unter Vorlage eines Diskussionsentwurfs des Bundesministeriums der Justiz für ein Gesetz zur weiteren

---

[276] Uhlenbruck/Uhlenbruck, § 270 Rn. 1

[277] Uhlenbruck/Vallender, NZI 2009, 1 (5)

[278] Uhlenbruck/Uhlenbruck, § 270 Rn. 1

[279] Amtsgericht Darmstadt, ZIP 1999, 1494 – 1496

[280] Hierzu: Uhlenbruck/Vallender, NZI 2009, 1 (6)

[281] BGH B. v. 11.1.2007, NZI 2007, 231; B. v. 11.1.2007, 2007, 238; hierzu Uhlenbruck/Vallender, NZI 2009, 1 (6)

[282] So Bundesjustizministerin Leutheusser-Schnarrenberger am 17.03.2010 beim 7. Deutschen Insolvenzrechtstag in Berlin, NZI 2010, Heft 8, VII; abrufbar auch unter www.bmjbund.de zur Insolvenzkultur: Vallender, NZI 2010, 838, 844

Erleichterung der Sanierung von Unternehmen („DiskE-ESUG")[283] versuchen, das Institut der Eigenverwaltung für die Praxis attraktiv zu machen, insbesondere die Insolvenzgerichte zu zwingen, entsprechenden Schuldneranträgen auf Anordnung der Eigenverwaltung stattzugeben und damit das Instrument für die Rechtspraxis planbar zu machen.[284] Ergebnis des mehrstufigen Reformvorhabens[285] und seine Auswirkung auf die Insolvenzpraxis bleiben abzuwarten. Der erneute Vorstoß rechtfertigt es jedoch, sich bereits jetzt mit seinen möglichen Auswirkungen auf den „Unternehmenskauf aus der Insolvenz" zu beschäftigen.

11.1   Geplanter Regelungsinhalt (DiskE-ESUG)

Als Hemmschuh für die Akzeptanz der Eigenverwaltung in der Rechtspraxis hat die Politik im Wesentlichen drei Gründe ausgemacht:

- ■ Ein psychologisches Problem, was sich in der fehlenden „Insolvenzkultur" niederschlägt. So wird nach Auffassung der Politik die Insolvenz nach wie vor mit „persönlichem Versagen und vollständigem wirtschaftlichen Scheitern" gleichgesetzt. Noch zu wenig werde wahrgenommen, dass das Insolvenzverfahren auch ein Instrument der Sanierung sei.[286]

  In dem hiermit geforderten „Mentalitätswandel"[287] liegt sicherlich ein zentrales Problem. Allerdings wird dieser Mentalitätswechsel nicht „von oben" verfügt werden können. Zu gespalten ist selbst die Fachwelt. Selbst wohlmeinende Äußerungen räumen ein, dass Missbrauchsfälle im Rahmen der Eigenverwaltung wie gläubigerschädigende Absichten des Schuldners, insolvenzzweckwidrige Vorgehensweisen, insbesondere die Verletzung des Gleichbehandlungsgrundsatzes, Manipulation bei Information bis hin zur Zweckentfremdung von Geldern[288] die derzeit herrschende Meinung gestärkt haben, die Eigenverwaltung müsse der Ausnahmefall bleiben. Hier einen Stimmungswandel herbeizuführen, dürfte letztlich nur „von unten" Erfolg versprechend sein, also

---

[283] DiskE-ESUG, NZI, Beilage zu Heft 16/2010; ZIP, Beilage zu Heft 28/2010

[284] Zum DiskE-ESUG: Hofmann, NZI 2010, 798 – 805; Kammel/Staps, NZI 2010, 791 – 798; Borg, ZIP 2010, 397 – 413; Eidenmüller, ZIP 2010, 649 – 660; Frind, NZI 2010, 705 – 709; kritisch: Lüke, ZIP 2010, 1371

[285] Als „weitest reichende Novellierung des deutschen Insolvenzrechts seit Inkrafttreten der InsO am 01.01.1999" apostrophiert: Kammel/Staps, NZI 2010, 791 sowie zu den wesentlich geplanten Reformschritten (Insolvenzverfahren für systemrelevante Banken; Sanierung vor Insolvenz; Konzerninsolvenz und Verwalterauswahl – Rede der Bundesjustizministerin vom 17.03.2010 – FN 7

[286] So die Ausführungen der Bundesministerin der Justiz Sabine Leutheusser-Schnarrenberger am 17.03.2010 in Berlin – FN 7

[287] Vallender, NZI 2010, 838 (842)

[288] Uhlenbruck/Uhlenbruck, § 270 Rn. 2 m.w.N.

durch den in der Praxis – nicht nur bei Großverfahren – geführten Nachweis, dass die Eigenverwaltung ein durchaus taugliches Sanierungsmittel darstellt. Hierzu ist unerlässlich, dieses Institut in der Insolvenzpraxis, vornehmlich bei den Insolvenzgerichten, vom Hautgoût des insolvenzrechtlichen Fremdkörpers zu befreien.

■ Auf diesem Hintergrund erscheinen die Vorschläge des Diskussionsentwurfs im Ansatz durchaus Erfolg versprechend. Sollen sie doch durch entsprechende Gesetzesänderungen bewirken, die Anordnung der Eigenverwaltung bei den Insolvenzgerichten für Schuldner und Gläubiger berechenbarer und damit verlässlicher zu machen. Hierzu ist im Wesentlichen vorgesehen:

Die Anordnungsvoraussetzung des § 270 Abs. 2 Nr. 3 InsO, wonach nach bisherigem Recht der Antrag auf Eigenverwaltung dann abzulehnen ist, wenn „nach den Umständen zu erwarten ist, dass sie zu Nachteilen für die Gläubiger führt", soll dahingehend geändert werden, „dass keine Umstände bekannt sind, die erwarten lassen, dass die Anordnung zu Nachteilen für die Gläubiger führen wird". Damit gehen bislang seitens der Gerichte angenommene Zweifel einer Gläubigerbenachteiligung nicht mehr zu Lasten des antragstellenden Schuldners. Vielmehr hat das Insolvenzgericht im Rahmen der ihm obliegenden Amtsermittlung, § 5 Abs. 1 InsO, zu prüfen, ob und inwieweit tatsächlich nachteilige Umstände bekannt sind. Sicherlich wird auch hier durch entsprechende Gerichtsentscheidungen erst eine Einübung des Gesetzes erfolgen müssen. Die gesetzliche Ausgangslage ändert sich mit diesem Vorschlag jedoch eindeutig zu Gunsten des antragstellenden Schuldners.

■ Als weiteres gesetzliches Hemmnis für die Akzeptanz der Eigenverwaltung hat die Politik zu Recht das Fehlen einer eigenen Regelung für das Eröffnungsverfahren ausgemacht. Ist nämlich erstmals der vorläufige Insolvenzverwalter – gar mit dem Recht, Mitglieder der Geschäftsführung, leitende Angestellte oder Prokuristen von ihren Aufgaben zu entbinden und freizustellen[289] – eingesetzt, und hat er damit in der für den Gesamtverlauf des Insolvenzverfahrens wichtigen Prägungsphase bereits maßgebliche Weichenstellungen vorgenommen, so ist ein Zurück zur Eigenverwaltung, deren Anordnung erst im Eröffnungsbeschluss möglich ist, kaum mehr denkbar. Auf diesem Hintergrund soll in § 270 a DiskE-ESUG in dem Fall, dass ein Antrag des Schuldners auf Eigenverwaltung nicht offensichtlich aussichtslos ist, anstelle des vorläufigen Insolvenzverwalters ein vorläufiger Sachwalter bestellt werden, der bereits im Eröffnungsverfahren die ihm eigentlich erst im eröffneten Verfahren zugedachten Kompetenzen wahrnehmen soll.

Neben anderen, eher marginalen Gesetzesänderungen erscheinen die vorgenannten Punkte im Ansatz die Chance zu bieten, die mentale Akzeptanz der Eigenverwaltung „von unten nach oben" zu ermöglichen. Auf das Ergebnis darf man gespannt sein.

---

[289] Fallgestaltung, in welcher der BGH B. v. 11.1.2007, NZI 2007, 240 – 241 die Ablehnung der Eigenverwaltung durch das Insolvenzgericht bestätigt hat.

11.2 Eigenverwaltung als idealtypische Ergänzung eines ganzheitlichen Sanierungsinstrumentariums

Die nachfolgenden Überlegungen sind derzeit noch fiktiver Natur. Sollte der vorgestellte Diskussionsentwurf das Gesetzgebungsverfahren jedoch im Wesentlichen passieren, könnte sich hieraus eine wertvolle Ergänzung für die Unternehmenssanierung insbesondere durch Unternehmenskauf aus der Insolvenz ergeben:

11.2.1 Modellfall

Die Sanierungspraxis von krisenbefallenden Unternehmen krankt oftmals an einer ganzheitlichen, durchgängigen Betrachtung: Wohlgemeinte und im Ansatz sicherlich Erfolg versprechende Bemühungen, das Krisenunternehmen vor Eintritt in die Insolvenz zu restrukturieren[290], scheitern letztlich – aus welchen Gründen auch immer. Was bleibt, sind Ratlosigkeit, Frustration und Lähmung. Mit diesem Ergebnis hatte keiner gerechnet. Die Berater ziehen sich zurück. Die alleingelassene Geschäftsleitung lebt von dem Prinzip Hoffnung und wartet auf bessere Zeiten. Wertvolle Zeit für eine ganzheitliche Sanierung wird vertan.

11.2.2 Sanierung als ganzheitliche Aufgabe

Sicherlich ist eine Restrukturierung des Krisenunternehmens vor Insolvenz nicht nur angesichts der von höchster politischer Seite festgestellten, immer noch fehlenden „Insolvenzkultur" einer Sanierung durch Insolvenz vorzuziehen. Da der Erfolg einer Restrukturierung jedoch nicht nur vom Grad der Krise abhängt, in welcher sich das Unternehmen bereits befindet, sondern auch auf erhebliche Zugeständnisse der Geschäfts- und Vertragspartner wie Mitarbeiter angewiesen ist, ist ihr Erfolg bei ehrlicher Betrachtung mit erheblichen Imponderabilien belegt. Hier nun könnte im Modellfall eine Vorwärtsstrategie abhelfen, die im Sinne eines ganzheitlichen Sanierungsansatzes (unterstelltes Scheitern der Restrukturierung) die Sanierung durch Insolvenz von Anfang an einschließt. Eine solch ganzheitliche Betrachtung hätte den Vorteil, eine fehlgeschlagene Restrukturierung nahtlos in den Versuch einer Sanierung durch Insolvenz mit dem hierfür von der InsO zur Verfügung gestellten Sonderrechten des Insolvenzverwalters überzuleiten. Eine solch ganzheitliche Betrachtung könnte auch den Anreiz für das Schuldnerunternehmen geben, rechtzeitig und damit bei noch ausreichend vorhandener Unternehmenssubstanz Insolvenzantrag zu stellen.

---

[290] Ausführliche Hinweise zu dem umfangreichen Restrukturierungsinstrumentarium finden sich in Theiselmann (Hrsg.), Praxishandbuch des Restrukturierungsrechts, 2010, konkrete, branchenbezogene Beispiele schildern Evertz/Krystek (Hrsg.), Restrukturierung und Sanierung von Unternehmen, 2010

Auch die Politik hat die Lücke zwischen Restrukturierung außerhalb der Insolvenz und Sanierung durch Insolvenz gesehen und möchte sie schließen. Sie schlägt hierzu ein eigenständiges „Sanierungsverfahren vor Insolvenz" vor. Es müsse – bei vielen offenen Fragen – mit Augenmaß umgesetzt werden und mit der Insolvenzordnung zusammen ein „schlüssiges Gesamtkonzept" bilden.[291]

Begrüßenswert ist der Ansatz einer Verzahnung von Restrukturierung (außerhalb der Insolvenz) und Sanierung durch Insolvenz. Ob hierfür jedoch ein weiteres „unbekanntes Wesen", ein noch völlig unausgegorenes „Sanierungsverfahren vor Insolvenz" eingeführt werden sollte, erscheint recht zweifelhaft.[292] Wird nämlich die Akzeptanz bereits vorhandener Instrumentarien wie Eigenverwaltung und Insolvenzplan durch die diskutierten gesetzgeberischen Maßnahmen verstärkt, lässt sich allein hierdurch die Sanierung eines Unternehmens in der Krise ganzheitlich in für das Krisenunternehmen berechen- und damit planbarer Weise gestalten und umsetzen. Ein „Sanierungsverfahren vor Insolvenz" wäre für die beabsichtigte Stärkung von Eigenverwaltung und Insolvenzplan auf dem Hintergrund einer „neuen (geänderten) Insolvenzkultur" somit sogar kontraproduktiv. Steht doch zu befürchten, dass das von der Insolvenzordnung von Anfang an verfolgte und nunmehr wieder aufgegriffene Ziel, die Sanierungschancen durch rechtzeitige Stellung des Insolvenzantrages deutlich zu verbessern, bei Einführung eines neuen „unbekannten Wesens" wieder aus den Augen verloren wird. Notwendig ist die Verbesserung der Anwendungsmöglichkeiten bestehender Instrumentarien sowie deren konstruktive, unbefangene Aufnahme und Einübung in einen ganzheitlichen Sanierungsansatz, statt der Einführung neuer Verfahren, die die Praxis erst einmal auf Jahre (wieder) liegen lässt.

Ist erst einmal das Ergebnis eines Insolvenzantrages für das Schuldnerunternehmen planbar und berechenbar, hat es gar die Möglichkeit, über das Institut der Eigenverwaltung die bereits eingeleitete Restrukturierung in der Insolvenz im Einvernehmen mit seinen Gläubigern und unter Aufsicht eines gerichtlich bestellten Sachwalters im Wesentlichen selbst zu gestalten und in die Hand zu nehmen, dürfte ein bis heute entscheidendes Hemmnis für eine ganzheitliche Betrachtung entfallen. Es könnten dann (endlich) das erfolgreich in der Praxis umgesetzt werden, was dem Gesetzgeber der InsO idealtypisch bereits zum 01.01.1999 vorschwebte. Wie könnte eine solche Vorsorgestrategie im Sinne ganzheitlicher Sanierungsmaßnahmen aussehen?

---

[291] Bundesjustizministerin Sabine Leutheusser-Schnarrenberger am 17.03.2010 – FN 7

[292] Ebenfalls kritisch: Vallender, NZI 2010, 838 (843); einen eigenen Vorschlag für einen Sanierungsvergleich als integralen Bestandteil der InsO unterbreitet Hölzle, NZI 2010, 207 – 214

11.2.3   Ganzheitliche Sanierungsstrategie

Das Modell einer ganzheitlichen Sanierung von Krisenunternehmen ließe folgende Vision zu:

Das Krisenunternehmen fokussiert sich in einem ersten Schritt auf einen fachkundig beratenen, branchenspezifisch ausgerichteten Restrukturierungsplan. Das Restrukturierungsmanagement wird mit Zustimmung der Gesellschafter und der Hauptgläubiger installiert. Es nimmt seine Arbeit auf (1. Stufe).

Spätestens zu Beginn der Restrukturierungsmaßnahmen wird unter Hinzunahme von insolvenzrechtlichen Fachberatern die Vorsorgestrategie für den Fall entwickelt, dass die Restrukturierung scheitern sollte, das in die „Sanierung durch Insolvenz" eingetreten wird (2. Stufe). Wichtig ist hierbei auch, dass objektiv ein „point of no return" festgelegt wird, zu dem spätestens Insolvenzantrag zu stellen ist. Dieser sollte nicht erst bei Eintritt der Antragspflicht also bereits eingetretener Zahlungsunfähigkeit und/oder Überschuldung liegen[293], sondern von der Möglichkeit Gebrauch machen, bereits bei drohender Zahlungsunfähigkeit, § 18 InsO, einen Eigenantrag auf Eröffnung des Insolvenzverfahrens stellen zu können. Ohne eine solch klare Festlegung wird bei Scheitern der Restrukturierungsmaßnahmen das Prinzip Hoffnung wieder Oberhand gewinnen und das Schuldnerunternehmen weiter in eine möglicherweise auch in einem Insolvenzverfahren nicht mehr reparable Krise bringen.

Eine ganzheitliche Vorsorgestrategie kann bei dieser Vision auch einen „Unternehmenskauf aus der Insolvenz" im Wege der Eigenverwaltung vorbereiten. Gelten doch bei der Eigenverwaltung die allgemeinen insolvenzrechtlichen Vorschriften für eine Sanierung durch Insolvenz uneingeschränkt, § 270 Abs. 1 S. 2 InsO. Hieran soll sich nach dem politischen Willen auch in Zukunft nichts ändern. Dies bedeutet uneingeschränkte Nutzung der vorgestellten Sanierungspotenziale[294], die Möglichkeit eines Unternehmenskaufs als Anteilskauf (Share-Deal) über ein Insolvenzplanverfahren, aber auch als Vermögenskauf (Asset-Deal) im Wege der übertragenden Sanierung. Entscheidend hierbei ist, dass die Vorsorgestrategie auf der 2. Stufe für das Krisenunternehmen planbar und berechenbar ist. Dies aber setzt voraus, dass einem nach Maßgabe klar konturierter gesetzlicher Vorschriften gestellter Schuldnerantrag auf Anordnung der Eigenverwaltung auch Erfolg beschieden sein wird. Nur dann behält das Krisenunternehmen auch in der Insolvenz das Heft weiter in der Hand und kann das ganzheitliche Sanierungskonzept bis hin zum Unternehmenskauf aus der Insolvenz planmäßig umsetzen.

Des Weiteren bietet sich in diesem Zusammenhang gerade bei mittelständischen Unternehmen, die sich oft im Familienbesitz befinden, in einem im Wege der Eigenverwaltung selbst gesteuerten Insolvenzverfahren die Möglichkeit, über einen bereits im Vorfeld des

---

[293] Abschnitt 4.2.1

[294] Kapitel 8

Insolvenzantrages vorbereiteten Insolvenzplan (prepackaged-plan) die große Chance, unter Wahrung der Zustimmungsrechte der Gläubiger[295] auch die Unternehmensnachfolge zu regeln. Kommen Familienunternehmen doch nicht selten auch deshalb in Schwierigkeiten, dass die Unternehmensnachfolge nicht oder nur unzureichend geregelt ist.

Hat erst einmal die „Neue Insolvenzkultur" durch Mentalitätswandel im Sinne einer ganzheitlichen Sanierungsstrategie (Restrukturierung und Sanierung durch Insolvenz) Fuß gefasst (Vision), so kann die ganze Palette einer ganzheitlichen Sanierung eingesetzt werden, sanierungsfähige und sanierungswürdige Unternehmen oder Teile hiervon in eigener unternehmerischer Leitung am Markt zu erhalten und gegebenenfalls in neue Hände überzuleiten. In der Tat eine Vision, aber eine recht reale.

---

[295] Abschnitt 9.2.2

Glossar

Wesentliche insolvenzrechtliche Grundbegriffe

Absonderungsrecht

Das Absonderungsrecht steht Gläubigern zu, die an Vermögensgegenständen des Schuldners Sicherungsrechte haben. Bei Verwertung des mit dem Sicherungsrecht behafteten Gegenstandes fließt der Verwertungserlös nach Abzug der gesetzlichen oder vereinbarten →Kostenbeiträge dem absonderungsberechtigten Gläubiger zu.

Aussonderungsrecht

Das Aussonderungsrecht gibt dem Berechtigten das Recht, einen nicht zur →Insolvenzmasse gehörenden Gegenstand heraus zu verlangen.

Berichtstermin

Berichtstermin ist die erste Zusammenkunft der Gläubiger (→Gläubigerversammlung), die spätestens drei Monate nach Eröffnung des →Insolvenzverfahrens stattfindet. Der Berichtstermin wird vom →Insolvenzgericht festgelegt. Der →Insolvenzverwalter hat in diesem Termin der →Gläubigerversammlung über die wirtschaftliche Lage des Schuldners, die Ursachen der Insolvenz und darüber zu berichten, ob Aussichten bestehen, das Schuldnerunternehmen ganz oder teilweise zu erhalten, möglicherweise sogar über ein →Insolvenzplanverfahren zu sanieren.

drohende Zahlungsunfähigkeit

Die drohende Zahlungsunfähigkeit ist allein für den die Eröffnung des →Insolvenzverfahrens beantragenden Schuldner →Eröffnungsgrund. Sie liegt dann vor, wenn der Schuldner voraussichtlich nicht in der Lage sein wird, die bestehenden Zahlungspflichten bei Fälligkeit zu erfüllen. Dies ist durch einen Liquiditätsplan zu dokumentieren.

Eigenantrag

→Insolvenzantrag des betroffenen Schuldners.

Eigenverwaltung

Gesetzlich vorgesehene, in der Praxis jedoch selten angewandte Möglichkeit, dem Schuldner auf seinen Antrag hin gerichtlich zu gestatten, die eigene Insolvenzverwaltung unter Aufsicht eines gerichtlich bestellten Sachwalters zu übernehmen. Die Akzeptanz in der Insolvenzpraxis soll durch gesetzgeberische Maßnahmen erhöht werden.

Eröffnungsgrund

Das Vorliegen eines Eröffnungsgrundes ist Voraussetzung für die Eröffnung eines →Insolvenzverfahrens. Allgemeiner Eröffnungsgrund ist die →Zahlungsunfähigkeit. Weiterer Eröffnungsgrund bei juristischen Personen ist die →Überschuldung. Ein →Eigenantrag kann darüber hinaus auch auf →drohende Zahlungsunfähigkeit gestützt werden.

Eröffnungsverfahren

Phase zwischen →Insolvenzantrag und der Entscheidung des →Insolvenzgerichts über diesen Antrag (auch: Antragsverfahren).

Erörterungs- und Abstimmungstermin

Besondere →Gläubigerversammlung, die bei einem eingeleiteten →Insolvenzplanverfahren stattfindet, um den Gläubigern die Möglichkeit zu geben, über den vorliegenden →Insolvenzplan zu diskutieren, Änderungen durchzusetzen und über den (geänderten) Insolvenzplan abzustimmen.

Forderungsanmeldung

Möglichkeit der →Insolvenzgläubiger, ihre →Insolvenzforderung nach Eröffnung des →Insolvenzverfahrens durch Anmeldung zur →Insolvenztabelle geltend zu machen.

Fortführungsprognose

Eine positive Fortführungsprognose liegt vor, wenn ein plausibles, nachvollziehbares Unternehmenskonzept, gestützt auf Ergebnis- und Finanzplanung, die Fortführung des Unternehmens objektiv als überwiegend wahrscheinlich dokumentiert. In diesem Fall entfällt aufgrund einer bis zum 31.12.2013 geltenden Gesetzesregelung die →Überschuldung

Fremdantrag

→Insolvenzantrag eines Gläubigers des Schuldners.

Gesamtvollstreckung

In den neuen Bundesländern bis zum 31.12.1998 geltendes Gesetz (Gesamtvollstreckungsordnung), welches ein konkursähnliches Verfahren zur Abwicklung des Vermögens insolventer Personen vorsah. Dieses Gesetz wurde durch die Insolvenzordnung mit Wirkung vom 01.01.1999 abgelöst.

Gläubigerausschuss

Ein vom →Insolvenzgericht insbesondere bei größeren →Insolvenzverfahren eingesetzter Ausschuss (vorläufiger Gläubigerausschuss), der in der ersten →Gläubigerversammlung (→Berichtstermin) bestätigt, geändert oder aufgehoben oder auch erst eingesetzt werden kann. Der Gläubigerausschuss besteht aus vom →Insolvenzgericht eingesetzten/der →Gläubigerversammlung gewählten Mitgliedern (mindestens drei Personen), die nicht selbst Gläubiger sein müssen. Dem Gläubigerausschuss obliegen gesetzlich vorgegebene Aufgaben im Interesse der Gläubiger.

Gläubigerautonomie

Dem →Insolvenzverfahren zu Grunde liegendes Prinzip, wonach die Gläubiger über Art und Weise der Verwertung des Schuldnervermögens autonom im Rahmen der Insolvenzordnung entscheiden.

Gläubigerversammlung

Vom →Insolvenzgericht einzuberufende Versammlung aller Gläubiger zur Wahrnehmung der ihnen durch die Insolvenzordnung übertragenen Rechte.

Grundsatz der Haftungsverwirklichung

Wesentlicher Zweck des →Insolvenzverfahrens, das Schuldnervermögen im Interesse der Gläubiger und nach Vorgaben/Entscheidungen der →Gläubigerversammlung/des →Gläubigerausschusses (→Gläubigerautonomie) bestmöglich zu verwerten.

Insolvenzanfechtung

Recht des →Insolvenzverwalters, Rechtshandlungen, die vor Eröffnung des →Insolvenzverfahrens vorgenommen wurden und die →Insolvenzgläubiger benachteiligen mit der Folge anzufechten, hierdurch Vermögen zur →Insolvenzmasse zu ziehen.

Insolvenzantrag

Beim (zuständigen) →Insolvenzgericht (Amtsgericht) einzureichender Antrag (→Eigenantrag, →Fremdantrag), das

→Insolvenzverfahren über das Vermögen einer natürlichen Person (Privatperson), juristischen Person (z. B. Kapitalgesellschaft wie AG, GmbH etc.) oder eines insolvenzrechtsfähigen Vermögens (z. B. offene Handelsgesellschaft (OHG), Kommanditgesellschaft (KG), BGB-Gesellschaft, Nachlass) zu eröffnen.

Insolvenzforderung
Forderung eines →Insolvenzgläubigers, die nach Anmeldung zur →Insolvenztabelle und Anerkenntnis an der →Schlussverteilung teilnimmt.

Insolvenzgeld
Den angestellten Mitarbeitern des Schuldnerunternehmens zustehender Anspruch, bis zu drei Monaten vor Entscheidung des Gerichts über den →Insolvenzantrag offene Entgeltansprüche in Höhe der vereinbarten Nettoentgelte, jedoch begrenzt auf die Höhe der jeweiligen, sozialversicherungsrechtlichen Beitragsbemessungsgrenze, von der Bundesagentur für Arbeit zu erhalten.

Insolvenzgericht
Für →Insolvenzverfahren zuständige Abteilung des Amtsgerichts.

Insolvenzgläubiger
Alle Gläubiger des Schuldners, die zum Zeitpunkt der Eröffnung des →Insolvenzverfahrens einen begründeten Vermögensanspruch haben.

Insolvenzmasse
Das gesamte Vermögen des Schuldners, das ihm zur Zeit der Eröffnung des Verfahrens gehört und während des →Insolvenzverfahrens erwirtschaftet wird.

Insolvenzplan
Vom Schuldner oder (im Auftrag der Gläubiger) →Insolvenzverwalter schriftlich vorzulegendes Konzept zur Regelung der Verwertung und Verteilung der Insolvenzmasse sowie zur Entschuldung des Schuldners unter Einschluss einer möglichen Betriebsfortführung. Wird der Insolvenzplan von den Gläubigern – aufgeteilt in Gläubigergruppen – mit der gesetzlich erforderlichen Mehrheit genehmigt und vom →Insolvenzgericht bestätigt, wird das →Insolvenzverfahren aufgehoben und der Schuldner bei Erfüllung des Insolvenzplans von seinen Verbindlichkeiten befreit.

Insolvenzplanverfahren
In der Insolvenzordnung geregeltes Verfahren, über einen von den Gläubigern akzeptierten und vom →Insolvenzgericht genehmigten →Insolvenzplan die Entschuldung des Schuldners herbeizuführen. Es ist beabsichtigt, das recht schwerfällige Verfahren zu vereinfachen und hierdurch „anwenderfreundlicher" zu gestalten.

Insolvenztabelle
Vom →Insolvenzverwalter aufgrund der Anmeldung von →Insolvenzforderungen zu errichtendes Verzeichnis, in welchem die angemeldeten Forderungen aufgenommen und nach Prüfung anerkannt oder bestritten werden.

Insolvenzverfahren
In der Insolvenzordnung geregeltes, auf Antrag vom →Insolvenzgericht bei Vorliegen der →Eröffnungsgründe und einer zur Deckung der Kosten des Insolvenzverfahrens ausreichenden freien Masse zu eröffnendes Verfahren, um die →Insolvenzgläubiger aus dem Schuldnervermögen gemeinschaftlich zu befriedigen.

Insolvenzverwalter
Natürliche, vom Gericht eingesetzte und von der →Gläubigerversammlung bestätigte oder neu gewählte Person, auf welche mit Eröffnung des →Insolvenzverfahrens das Recht übergeht, das Schuldnervermögen zu verwalten und über es zu verfügen.

Insolvenzzweckwidrigkeit
Maßnahmen, die den wesentlichen Grundzielen der Insolvenzordnung zuwider laufen und deshalb in der Regel unwirksam sind.

Kostenbeiträge
Kostenbeiträge sind gesetzlich vorgesehene oder mit dem Inhaber eines →Absonderungsrechts vereinbarte Entgelte, die bei der Verwertung von mit Sicherungsrechten behaftetem Schuldnervermögen in der →Insolvenzmasse verbleiben.

Massegläubiger
Gläubiger, die in der Regel erst nach Eröffnung des →Insolvenzverfahrens einen Anspruch gegen die →Insolvenzmasse (→Masseverbindlichkeit) erworben haben.

Massekosten
Kosten des →(vorläufigen) Insolvenzverfahrens als Teil der →Masseverbindlichkeiten.

Massekredit
Vom →Insolvenzverwalter mit Zustimmung des →Insolvenzgerichts aufgenommenes Darlehen, welches zur Begleichung von →Masseverbindlichkeiten dient und in vollem Umfang vor Verteilung des Schuldnervermögens an die →Insolvenzgläubiger verzinslich zurückgezahlt werden muss.

Masseunzulänglichkeit
Vermögenslosigkeit, die nach Eröffnung des →Insolvenzverfahrens eintritt mit der Folge, dass die →Massekosten, nicht aber die sonstigen →Masseverbindlichkeiten aus dem verfügbaren Schuldnervermögen nicht mehr vollständig bezahlt werden können.

Masseverbindlichkeiten
Verbindlichkeiten, die nach Eröffnung des →Insolvenzverfahrens insbesondere durch Handlungen des →Insolvenzverwalters im Zusammenhang mit der Verwaltung, Verwertung und Verteilung der →Insolvenzmasse begründet werden und an die entsprechenden Gläubiger (→Massegläubiger) vor Verteilung der →Insolvenzmasse an die →Insolvenzgläubiger bezahlt werden müssen. Hierzu gehören auch die Kosten des →Insolvenzverfahrens (→Massekosten).

Prüfungstermin
Im Prüfungstermin (allgemeiner und besonderer) werden die von den Gläubigern zur →Insolvenztabelle angemeldeten Forderungen geprüft und durch den →Insolvenzverwalter entschieden, ob er die angemeldete Forderung anerkennt. Dabei haben auch andere Beteiligte wie Schuldner und sonstige Gläubiger unterschiedlich gewichtete Widerspruchsrechte.

Schlusstermin
Im Schlusstermin berichtet der →Insolvenzverwalter über das Ergebnis des →Insolvenzverfahrens. Gleichzeitig wird die vom →Insolvenzgericht geprüfte Schlussrechnung erörtert, eventuelle Einwendungen gegen das Schlussverzeichnis diskutiert und die Entscheidung der Gläubiger über nicht verwertbare Gegenstände der →Insolvenzmasse herbeigeführt.

Schlussverteilung
Die Schlussverteilung beinhaltet die in der Regel quotale Ausschüttung der verfügbaren →Insolvenzmasse mit Genehmigung des →Insolvenzgerichts an die →Insolvenzgläubiger.

Überschuldung
Überschuldung (→Eröffnungsgrund) liegt vor, wenn das Vermögen des Schuldners die bestehenden Verbindlichkeiten nicht mehr deckt. Bei der Bewertung des Vermögens sind Fortführungswerte zugrunde zu legen, wenn eine Fortführung des Unternehmens unter Berücksichtigung aller Umstände überwiegend wahrscheinlich ist. Bis zum 31.12.2013 wird die Überschuldung verneint, wenn eine positive →Fortführungsprognose vorliegt.

übertragende Sanierung
Von der Praxis entwickelter Weg, das Schuldnerunternehmen, Betriebe oder Teilbetriebe auf einen Erwerber (Käufer) im Wege des Vermögenskaufs (Asset-Deal) zu übertragen.

vorläufiger Insolvenzverwalter
Vom →Insolvenzgericht in der Regel bei laufendem Geschäftsbetrieb des Schuldnerunternehmens eingesetzte, natürliche Person, der das Gericht im Einzelfall festzulegende Rechte und Pflichten überträgt (vorläufiger schwacher Insolvenzverwalter) oder auf den bereits im →Eröffnungsverfahren die gesamte Verwaltungs- und Verfügungsbefugnis übergeht (vorläufiger starker →Insolvenzverwalter).

Zahlungsunfähigkeit
Zahlungsunfähigkeit (→Eröffnungsgrund) liegt vor, wenn der Schuldner nicht in der Lage ist, seine fälligen Zahlungsverpflichtungen zu erfüllen. Die Rechtsprechung lässt dem Schuldner hierfür einen Zeitraum von etwa vier Wochen, um 90-95 Prozent seiner fälligen Zahlungspflichten nachzukommen. Können diese Vorgaben nicht erfüllt werden, liegt Zahlungsunfähigkeit vor.

Literaturhinweise

Handbücher, Kommentare und Monographien:

Balz, Manfred/**Landfermann**, Hans-Georg: Die neuen Insolvenzgesetze, 2. Aufl., Düsseldorf 1999

Bauer, Fritz/**Stürner**, Rolf: Sachenrecht, 18. Aufl., München 2009

Baumbach, Adolf/**Hopt**, Klaus: Handelsgesetzbuch, 33. Aufl., München 2008
Zit: Baumbach/*Bearbeiter*, HGB

Beck, Siegfried/**Depré**, Peter: Praxis der Insolvenz, 2. Aufl., München 2010

Beisel, Daniel/**Klumpp**, Hans-Hermann: Der Unternehmenskauf, 6. Aufl., München 2009

Bittmann, Folker (Hrsg.): Insolvenzstrafrecht, Handbuch für die Praxis, Berlin 2004

Braun, Eberhard (Hrsg.): Insolvenzordnung, Kommentar, 4. Aufl., München 2010
Zit.: Braun/*Bearbeiter*

Brühl, Volker/**Göpfert**, Burkard: Unternehmensrestrukturierung, Stuttgart 2004

Buth, Andrea K./**Hermanns**, Michael (Hrsg.): Restrukturierung, Sanierung, Insolvenz, 3. Aufl., München 2008

Canaris, Claus-Wilhelm: Handelsrecht, 24. Aufl., München 2006

Crone, Andras/**Werner**, Henning (Hrsg.): Modernes Sanierungsmanagement, 2. Aufl., München 2010
Zit.:*Verfasser* in

Dieterich, Thomas/**Müller-Glöge**, Rudi u.a. (Hrsg.): Erfurter Kommentar zum Arbeitsrecht, 9. Aufl., München 2009

Eickmann, Dieter u.a.: Heidelberger Kommentar zur Insolvenzordnung, 5. Aufl., Heidelberg 2008
Zit: HK/*Bearbeiter*, InsO

Erman, Walter/**Westermann**, Peter Harm: Bürgerliches Gesetzbuch, Band I, II, 12. Aufl., Köln 2008
Zit.: Erman/*Bearbeiter*

Etzel, Gerhard/**Becker**, Friedrich/**Bader**, Peter: KR Gemeinschaftskommentar zum Kündigungsschutzgesetz und zu sonstigen kündigungsschutzrechtlichen Vorschriften, 9. Aufl., Köln 2009
Zit: KR/*Bearbeiter*

Evertz, Dirk/**Krystek**, Ulrich (Hrsg.): Restrukturierung und Sanierung von Unternehmen, Stuttgart 2010
Zit.: *Verfasser* in

Gabler: Wirtschaftslexikon, 17. Aufl., Wiesbaden 2010

Gehrlein, Markus: Das neue GmbH-Recht, Köln 2009

Gerloff, Christian: Funktionen und Aufgaben des Insolvenzgerichts, Baden-Baden 2008

Goette, Wulf: Einführung in das neue GmbH-Recht, München 2008

Heidenhain, Martin (Hrsg.): GmbHG (Beck'sche Textausgaben), München 2009

Hess, Harald/**Obermüller**, Manfred: Insolvenzplan, Restschuldbefreiung und Verbraucherinsolvenz, 3. Aufl., Heidelberg 2003

Hettler, Stephan/**Stratz**, Rolf-Christian/**Hörtnagl**, Robert (Hrsg.): Beck'sches Mandatshandbuch Unternehmenskauf, München 2004

Zit.: Beck'sches Mandatshandbuch/*Bearbeiter*

Hölters, Wolfgang (Hrsg.): Handbuch Unternehmenskauf, 7. Aufl., Köln 2010

Zit.: *Verfasser* in

Holzapfel, Hans-Joachim/**Pöllath**, Reinhard: Unternehmenskauf in Recht und Praxis, 14. Aufl., Köln 2010

Hüffer, Uwe: Aktiengesetz, 9. Aufl., München 2010

Handelsblatt/Wirtschaftslexikon, Band 1 – 11, Stuttgart 2006

Kirchhof, Hans-Peter, **Lwowski**, Hans-Jürgen, **Stürner**, Rolf (Hrsg.): Münchner Kommentar zur Insolvenzordnung, Bd. I-III, 2. Aufl., München 2008

Zit.: MünchKommInsO/*Bearbeiter*

Kropf, Bruno, **Semler**, Johannes: Münchener Kommentar zum Aktiengesetz, Band 7, §§ 222-277, 3. Aufl., München 2011

Krystek, Ulrich: Unternehmungskrisen, Wiesbaden 1987

Kübler, Bruno M./**Prütting**, Hans: Kommentar zur Insolvenzordnung, Band I – V, Köln, Loseblattausgabe, Köln, Stand: August 2010

Lutter, Marcus/**Hommelhoff**, Peter: GmbH-Gesetz, 17. Aufl., Köln 2009

Mohrbutter, Heino, **Ringstmeier**, Andreas: Handbuch der Insolvenzverwaltung, 8. Aufl., Köln 2007

Münchner Handbuch des Gesellschaftsrechts, Bd. 1-5, 3. Aufl., München 2009

Zit.: *Bearbeiter* in

Nerlich, Jörg/**Römermann**, Volker (Hrsg.): Insolvenzordnung, Kommentar, München, Loseblattausgabe, München, Stand: Juni 2010

Palandt: Bürgerliches Gesetzbuch, 70. Aufl. München 2011

Pannen, Klaus (Hrsg.): Europäische Insolvenzordnung (Kommentar), Berlin 2007

Zit.: Pannen/*Verfasser*

Picot, Gerhard (Hrsg.): Unternehmenskauf und Restrukturierung, 3. Aufl., München 2004

Roth, Günter H./**Altmeppen**: Holger, Gesetz betreffend die Gesellschaften mit beschränkter Haftung, 6. Aufl., München 2009

Rödder, Thomas/**Hötzel**, Oliver/**Mueller-Thuns**, Thomas: Unternehmenskauf, Unternehmensverkauf, Zivil- und steuerrechtliche Gestaltungspraxis, München 2003

Schaub: Arbeitsrechtshandbuch, 13. Aufl., München 2009

Schmidt, Andreas (Hrsg.), Hamburger Kommentar zum Insolvenzrecht, 3. Aufl., Münster 2009

Schmidt, Karsten/**Uhlenbruck**, Wilhelm: Die GmbH in Krise, Sanierung und Insolvenz, 4. Aufl., Köln 2009

Scholz, GmbHG, 10. Aufl., Köln 2010

Zit.: Scholz/*Bearbeiter*

Schröter, Helmuth/**Jakob**, Thinam/**Mederer**, Wolfgang: Kommentar zum Europäischen Wettbewerbsrecht, Baden-Baden 2003

Theiselmann, Rüdiger (Hrsg.): Praxishandbuch des Restrukturierungsrechts, 1. Aufl., Köln 2010

Zit.: *Bearbeiter* in

Uhlenbruck, Wilhelm (Hrsg.): Insolvenzordnung, Kommentar, 13. Aufl., München 2010
Zit.: Uhlenbruck/*Bearbeiter*

Wachter, Thomas (Hrsg.): Fachanwaltshandbuch Handels- und Gesellschaftsrecht, 2. Aufl., Münster 2010

Wimmer, Klaus/**Dauernheim**, Jörg/**Wagner**, Martin/ **Gietl**, Josef: Handbuch des Fachanwalts Insolvenzrecht, 4. Aufl., Köln 2009

Zit.: FA-InsK/*Bearbeiter*

Wimmer, Klaus (Hrsg.): Frankfurter Kommentar zur Insolvenzordnung, 6. Aufl., Köln 2011

Zit.: FK-InsO/*Bearbeiter*

Windhöfel, Thomas/**Ziegenhagen**, Andreas/**Denkhaus**, Stefan: Unternehmenskauf in Krise und Insolvenz, 1. Aufl., Köln 2008

Zwanziger, Betram: Kommentar zum Arbeitsrecht der Insolvenzordnung, 4. Aufl., Frankfurt am Main 2010

Aufsätze:

Annuß, Georg/**Stamer,** Katrin: Die Kündigung des Betriebsveräußerers auf Erwerberkonzept, NZA 2003, 1247-1249

Bauer, Kilian: Das Bietverfahren im EG-Beihilfenrecht bei der übertragenden Sanierung rechtswidrig begünstigter Unternehmen, EuZW 2001, 748-756

Bauer, Jobst-Hubertus/**Steinau-Steinrück**, Robert v.: Neuregelung des Betriebsübergangs: erhebliche Risiken und viel mehr Bürokratie, ZIP 2002, 457-466

Berscheid, Ernst-Dieter: Ausgewählte arbeitsrechtliche Probleme im Insolvenzeröffnungsverfahren, NZI 2000, 1-10

Bertram, Peter: Die Kündigung durch den Insolvenzverwalter, NZI 2001, 625-632

Betteray, Wolfgang van/**Gass**, Wolfram: Vorverträge, Asset Deals und Unternehmenskaufverträge in der Insolvenz, BB 2004, 2309-2318

Berkowsky, Wilfried: Aktuelle arbeitsrechtliche Fragen in Krise und Insolvenz, NZI 2010, 855-858

Bork, Reinhard: Grundfragen des Restrukturierungsrechts, ZIP 2010, 397-413

Commandeur, Gert/**Kleinebrink,** Wolfgang: Gestaltungsoptionen im Anwendungsbereich des § 613a BGB. NZA-RR 2004, 449-464

Dautel, Ralph: Steuerliche Gestaltungsmöglichkeiten bei der Sanierung von Unternehmen, BB 2002, 1125-1130

Ehlers, Harald: Der Eröffnungsgrund der drohenden Zahlungsunfähigkeit, ZInsO 2005, 169-176

Eidenmüller, Horst: Rechtskauf und Unternehmenskauf, ZGS 2002, 290-296

Eidenmüller, Horst: Reformperspektiven im Restrukturierungsrecht, ZIP 2010, 649-660

Fembacher, Tobias/**Walz**, Robert: Mehr Haftung als Haftungsbeschränkung? Eine Gesamtschau zu den Risiken der GmbH-Anteilsabtretung, BB 2004, 680-686

Fiebig, Sylvia/**Undritz**, Sven-Holger: Checkliste: Due Diligence beim Unternehmenskauf in der Insolvenz, MDR 2003, 254-256

Fleischer, Holger: Zur deliktsrechtlichen Haftung der Vorstandsmitglieder für falsche Ad-hoc-Mitteilungen – Zugleich eine Besprechung der Infomatec-Entscheidungen des BGH vom 19.07.2004, DB 2004, S. 1928 ff., DB 2004, 2031-2036

Frind, Frank: Unabhängigkeit – kein Wert mehr an sich?, NZI 2010, 705-709

Gaul, Björn/**Kliemt**, Michael: Aktuelle Aspekte einer Zusammenarbeit mit Beschäftigungsgesellschaften, NZA 2000, 674-678

Göb, Marc Alexander: Aktuelle gesellschaftsrechtliche Fragen in Krise und Insolvenz, NZI 2010, 719-722

Grunewald, Barbara: Rechts- und Sachmängelhaftung beim Kauf von Unternehmensanteilen, NZG 2003, 372-374

Grub, Volker/**Streit**, Georg: Börsenzulassung und Insolvenz, BB 2004, 1397-1411

Haas, Ulrich/**Müller**, Henning: Haftungsrisiken des GmbH-Geschäftsführers im Zusammenhang mit Unternehmens(ver)käufen, GmbHR 2004, 1169-1179

Hanau, Peter: Perversion und Prävention bei § 613 a BGB, ZIP 1998, 1817-1822

Hanau, Peter: Neue Altersteilzeit, NZA 2009, 225-228

Hauck, Friedrich: Information über einen Betriebsübergang nach § 613 a V BGB und Widerspruch nach § 613 a VI BGB, NZA Beilage 1/2009, 18 -23

Hermanns, Marc: Garantien bei Unternehmens- und Anteilskaufvertrag – Gestaltungsmöglichkeiten und Formulierungsvorschläge, ZIP 2002, 696-700

Hölzle, Gerrit: Sanierende Übertragung – Besonderheiten des Unternehmenskaufs in Krise und Insolvenz, DStR 2004, 1433-1438

Hölzle, Gerrit: Unternehmenssanierung außerhalb der Insolvenz – Überlegungen zu einem Sanierungsvergleichsgesetz, NZI 2010, 207-214

Hoenig, Klaus Marinus/**Meyer-Löwy**, Bernd: Unternehmenskauf vom „starken" vorläufigen Insolvenzverwalter, ZIP 2002, 2162-2165

Hofmann, Matthias: Die Vorschläge des DiskE-ESUG zur Eigenverwaltung und zur Auswahl des Sachwalters – Wege und Irrwege zur Erleichterung von Unternehmenssanierungen, NZI 2010, 798-805

Huff, Martin: Die Öffentlichkeitsarbeit der Insolvenzverwalter – Möglichkeiten und Grenzen, NZI 2005, Heft 5, V

Huff, Martin: Notwendige Öffentlichkeitsarbeit der Justiz, NJW 2004, 403-407, 432-433

Janssen, Bernhard: Steuererlass in Sanierungsfällen – faktisches Wiederaufleben des § 3 Nr. 66 EStG a.F.?!, BB 2005, 1026-1027

Kammel, Volker: Ausgewählte Probleme des Unternehmenskaufs aus der Insolvenz, NZI 2000, 102-107

Kammel, Volker/**Staps,** Christian: Insolvenzverwalterauswahl und Eigenverwaltung im Diskussionsentwurf für ein Sanierungserleichterungsgesetz, NZI 2010, 791-798

Klein-Blenkers, Friedrich: Rechtsprechungsbericht: Unternehmenskauf (Steuern), NZG 2001, 1105-1113

Klein-Blenkers, Friedrich: Die Entwicklung des Unternehmenskaufrechts (Zivilrecht), NZG 2003, 903-908

Koenig, Christian: Bestimmung des passivlegitimierten Adressaten einer Beihilfenrückforderung nach der Veräußerung eines begünstigten „Unternehmens", EuZW 2001, 37-46

Koenig,. Christian: Funktionen des Bietverfahrens im EG-Beihilfenrecht, EuZW 2001, 741-747

Lembke, Mark: Umstrukturierung in der Insolvenz unter Einschaltung einer Beschäftigungs- und Qualifizierungsgesellschaft, BB 2004, 773-782

Lipinski, Wolfgang: Reichweite der Kündigungskontrolle durch § 613a IV 1 BGB, NZA 2002, 75-80

Louven, Christoph/**Böckmann,** Tobias: Ermächtigung des schwachen vorläufigen Insolvenzverwalters zur Begründung von Masseverbindlichkeiten beim Verkauf von Unternehmen, NZI 2004, 128-131

Lüke, Wolfgang: Zur Kultur der zweiten Chance – einige polemische Gedanken zum Diskussionsentwurf für ein Gesetz zur weiteren Erleichterung der Sanierung von Unternehmen, ZIP 2010, 1371

Meyer,Cord: Personalanpassung des Betriebsveräußerers auf Grund eines Erwerberkonzeptes, NZA 2003, 244-249

Meyer, Cord: Transfergesellschaften an der Schnittstelle zwischen Arbeits- und Sozialrecht, NZS 2002, S. 578-583

Ott, Wolfgang/**Brauckmann,** Dana: Zuständigkeitsgerangel zwischen Gesellschaftsorganen und Insolvenzverwalter in der börsennotierten Aktiengesellschaft, ZIP 2004, 2117-2123

Ott, Wolfgang: Anmerkung zum Urteil des BVerwG v. 16.12.2009 – BVerwG 8 C 9.09-, EWiR 2010, 365

Ott, Wolfgang: Zum ordnungspolitischen Versagen von Insolvenzgerichten und Gutachten in Antragsverfahren von Kapitalgesellschaften, NZI Aktuell 2008, Heft 9, VII

Pannen, Klaus/**Riedemann,** Susanne: Entwurf eines Gesetzes zur Vereinfachung des Insolvenzverfahrens vom 8.2.2006 – Ein weiterer Mosaikstein für eine Reform der InsO, NZI 2006, 193-198

Pape, Gerhard: Änderungen im eröffneten Verfahren durch das Gesetz zur Vereinfachung des Insolvenzverfahrens, NZI 2007, 481-484

Paulus, Christoph G.: Zuständigkeitsfragen nach der Europäischen Insolvenzordnung, ZIP 2003, 1725-1729

Penzlin, Dietmar: Kritische Anmerkungen zu den Insolvenzeröffnungsgründen der drohenden Zahlungsunfähigkeit und der Überschuldung (§§ 18 und 19 InsO), NZG 2000, 464-470

Plössner, Michael: Der (Teil-)Betriebsübergang im Insolvenzverfahren nach der neueren nationalen wie gemeinschaftsrechtlichen Rechtsprechung, NZI 2003, 401-409

Rattunde, Rolf: Sanierung von Großunternehmen durch Insolvenzpläne – Der Fall Herlitz, ZIP 2003, 596-600

Reinhard, Barbara: Die Pflicht zur Unterrichtung über wirtschaftliche Folgen eines Betriebsübergangs – ein weites Feld, NZA 2009, 63-69

Ries, Stephan: Sanierung über Beschäftigungs- und Qualifizierungsgesellschaften – Kosten, Nutzen, Risiken, NZI 2002, 521-530

Rosenberg, Oliver v./**Kruse,** Tilman W.: Patronatserklärungen in der M&A-Praxis und in der Unternehmenskrise, BB 2003, 641-650

Saenger, Ingo/**Bergjan,** Ralf: Voraussetzung für die Annahme eines Unternehmenskaufs; Grundsatz gesteigerter Aufklärungs- und Sorgfaltspflichten bei Verhandlungen über Unternehmungskauf, WuB 2002, 601-604

Saenger, Ingo/**Erttmann**, Dorothee: Aufklärungs- und Sorgfaltspflichten des Verkäufers bei Verhandlungen über den Kauf eines Unternehmens oder von GmbH-Geschäftsanteilen, WuB 2001, 943-946

Sassenrath, Gerd: Der Eingriff in Anteilseignerrechte durch den Insolvenzplan, ZIP 2003, 1517-1530

Schmädicke, Axel: Der Verfügungsgrund beim Antrag des Betriebsrats auf Unterlassung von Personalabbaumaßnahmen, NZA 2004, 295-298

Schmerbach, Ulrich/**Wegener**, Burghard: Insolvenzrechtsänderungsgesetz 2006, ZInsO 2006, 400-409

Schulte, Knut: Rechtliche Due Diligence-Untersuchungen über Internet-Anbieter, DStR 2000, 1437-1443

Sester, Peter: Insolvenzfeste Direktverträge in der Projektfinanzierung und bei Public-Private-Partnership-Projekten auf Basis eines Konzessionsvertrages, ZBB 2004, 283-289

Spahlinger, Andreas/**Fischer**, Roderich: Sanierung aus der Insolvenz – rechtlicher Rahmen, klassische Konzepte und kreative Alternativen, in: Rühl/Göpfert, Unternehmensrestrukturierung. (2004), 327-365

Spieker, Oliver: Unternehmensveräußerung zwischen Insolvenzeröffnung und Berichtstermin (Anfangsphase), NZI 2002, 472-478.

Steinbeck, Anja: Die Verwertbarkeit der Firma und der Marke in der Insolvenz, NZG 1999, 133-140

Sternal, Werner: Neuregelungen zum Unternehmensinsolvenzrecht, NZI 2006, 185-193

Stiller, Dirk: Unternehmenskauf im Wege des Asset Deal, BB 2002, 2619, 2619-2625

Sundermeier, Bernd/**Gruber,** Claudia: Die Haftung des Steuerberaters in der wirtschaftlichen Krise des Mandanten, DStR 2000, 929-937

Tappert, Markus: Auswirkungen eines Betriebsübergangs auf Aktienoptionsrechte von Arbeitnehmers, NZA 2002, 1188-1199

Uhlenbruck, Wilhelm: Ausgewählte Pflichten und Befugnisse des Gläubigerausschusses in der Insolvenz, ZIP 2002, 1373-1381

Uhlenbruck, Wilhelm/**Vallender,** Heinz: Zehn Jahre Insolvenzordnung – eine kritische Zwischenbilanz, NZI 2009, 1-11

Vallender, Heinz: Unternehmenskauf in der Insolvenz (I), GmbHR 2004, 543

Vallender, Heinz: Unternehmenskauf in der Insolvenz (II), GmbHR 2004, 642-649

Vallender, Heinz: Insolvenzkultur gestern, heute und morgen, NZI 2010, 838-844

Wagner, Franz: Anmerkung zu BGH, 4.4.2001 – VIII ZR 32/00, NZG 2001, 844-845

Walz, Robert/**Fembacher,** Tobias: Zweck und Umfang der Beurkundung nach § 15 GmbHG, NZG 2003, 1134-1143

Wellensiek, Jobst: Übertragende Sanierung, NZI 2002, 233-239

Wessels, Peter: Unternehmenskauf im Vorfeld der Verkäuferinsolvenz, ZIP 2004, 1237-1247

Wiesbrock, Michael R.: Formerfordernisse beim Unternehmenskauf, DB 2002, 2311-2315

Willemsen, Heinz Josef/**Lembke,** Mark: Die Neuregelung von Unterrichtung und Widerspruchsrecht der Arbeitnehmer beim Betriebsübergang, NJW 2002, 1159-1165

Wolter, Henner: Reformbedarf beim Kündigungsrecht aus Arbeitnehmersicht – Praxiserfahrungen und Schlussfolgerungen, NZA 2003, 1068-1076

Stichwortverzeichnis

Bei Schlüsselbegriffen, die in den jeweiligen Kapiteln zentral abgehandelt werden, wird nur die erste Seite des Abschnitts angegeben.

Fallbeispiele aus der Praxis:

Der Autor

Dr. iur. Wolfgang Ott

geboren 1948. Studium der Rechtswissenschaften in Saarbrücken und Freiburg i.Br., 1. Jur. Staatsexamen 1971 in Saarbrücken, 2. Jur. Staatsexamen 1974 in Saarbrücken.

Wiss. Assistent am Lehrstuhl für Staats- und Verwaltungsrecht, Universität Saarbrücken, Prof. Dr. Josef Isensee, sowie am Institut für Öffentliches Recht der Friedrich-Wilhelms-Universität Bonn, Prof. Dr. Josef Isensee. Promotion 1977 an der Universität des Saarlandes mit einer staats- und verwaltungsrechtlichen Arbeit.

Mehrjährige Tätigkeit in der Industrie, insbesondere als Syndikus einer Aktiengesellschaft in München. Seit 1982 selbstständiger Rechtsanwalt in München mit den Arbeitsschwerpunkten Insolvenzverwaltung und Sanierungsberatung. Gründer der auf Insolvenzverwaltungen spezialisierten Kanzlei Ott & Kollegen, nunmehr Ott · Gerloff Rechtsanwälte, München (www.ott-koll.de).

Seit 1999 auch Fachanwalt für Insolvenzrecht.

MIX
Papier aus verantwortungsvollen Quellen
Paper from responsible sources
FSC® C105338

www.fsc.org

If you have any concerns about our products,
you can contact us on
ProductSafety@springernature.com

In case Publisher is established outside the EU,
the EU authorized representative is:
Springer Nature Customer Service Center GmbH
Europaplatz 3, 69115 Heidelberg, Germany

Printed by Libri Plureos GmbH
in Hamburg, Germany